Diplomacia e defesa na gestão
Fernando Henrique Cardoso (1995-2002)

FUNDAÇÃO EDITORA DA UNESP

Presidente do Conselho Curador
Mário Sérgio Vasconcelos

Diretor-Presidente
Jézio Hernani Bomfim Gutierre

Editor-Executivo
Tulio Y. Kawata

Superintendente Administrativo e Financeiro
William de Souza Agostinho

Conselho Editorial Acadêmico
Carlos Magno Castelo Branco Fortaleza
Henrique Nunes de Oliveira
Jean Marcel Carvalho França
João Francisco Galera Monico
João Luís Cardoso Tápias Ceccantini
José Leonardo do Nascimento
Lourenço Chacon Jurado Filho
Paula da Cruz Landim
Rogério Rosenfeld
Rosa Maria Feiteiro Cavalari

Editores-Assistentes
Anderson Nobara
Leandro Rodrigues

PROGRAMA SAN TIAGO DANTAS DE PÓS-GRADUAÇÃO
EM RELAÇÕES INTERNACIONAIS

Universidade Estadual Paulista – UNESP

Universidade Estadual de Campinas – UNICAMP

Pontifícia Universidade Católica de São Paulo – PUC-SP

Diplomacia e defesa na gestão Fernando Henrique Cardoso (1995-2002)

História e conjuntura na análise das relações com a Argentina

Érica Cristina Alexandre Winand

editora
unesp

© 2016 Editora Unesp

Fundação Editora da Unesp (FEU)
Praça da Sé, 108
01001-900 – São Paulo – SP
Tel.: (0xx11) 3242-7171
Fax: (0xx11) 3242-7172
www.editoraunesp.com.br
www.livrariaunesp.com.br
feu@editora.unesp.br

CIP – Brasil. Catalogração na publicação
Sindicato Nacional dos Editores de Livros, RJ

W729d

Winand, Érica Cristina Alexandre
Diplomacia e defesa na gestão Fernando Henrique Cardoso (1995-2002): história e conjuntura na análise das relações com a Argentina / Érica Cristina Alexandre Winand. – 1.ed. – São Paulo: Editora Unesp, 2016.

ISBN 978-85-393-0638-1

1. Brasil. Presidente (1995-2002: Fernando Henrique Cardoso). 2. Brasil – Política e governo – 1995-2002. 3. Brasil – Relações exteriores. 4. Argentina – Relações exteriores. 5. Brasil – Relações econômicas exteriores. 6. Relações internacionais – História. 7. Brasil – Comércio exterior. I. Título.

16-34848   CDD: 327.81
                                            CDU: 327(81)

Editora afiliada:

Asociación de Editoriales Universitarias
de América Latina y el Caribe

Associação Brasileira de
Editoras Universitárias

AGRADECIMENTOS

À Capes, à Editora Unesp e à coleção *Paz, Defesa e Segurança Internacional*, por tornarem possível a publicação do presente livro. Como se trata de minha tese doutoral, defendida em 2010, junto ao Programa de Pós-Graduação em História da Unesp, câmpus Franca, aqui seguem meus agradecimentos a quem apoiou e acompanhou, de modo imprescindível, todo o processo de produção da mesma.

À Unesp sou grata pelo acolhimento como estudante, da graduação ao doutorado. À Fundação de Amparo à Pesquisa do Estado de São Paulo (Fapesp) por apoiar financeiramente minha dedicação diária à pesquisa e minhas repetidas viagens a Brasília e Buenos Aires, dentre outros destinos, para coleta de fontes documentais e testemunhos orais.

Àquele que me orientou academicamente, Héctor Luis Saint-Pierre, com quem compartilhei uma jornada de mais de nove anos, desde a iniciação científica, e que, humilde e generosamente, alentou meu crescimento, franqueando parcerias em diferentes artigos e capítulos de livro, confiando a mim, durante muitos anos, o trabalho junto ao Observatório Sul-Americano de Defesa e Forças Armadas e ao Grupo de Estudos da Defesa e Segurança Internacional (Gedes). A ele, ainda, agradeço, especialmente, pela sociedade ainda frutífera e pela amizade e profundo carinho que nos envolvem.

À Suzeley Kalil Mathias, ao Samuel Alves Soares e ao Eduardo Mei, porque marcaram presença em todas as etapas de minha formação e porque continuam presentes como amigos inspiradores.

À Resdal, especialmente à Paz Tibileti que agendou as entrevistas realizadas em Buenos Aires. À Biblioteca do Congreso de La Nación da Argentina e aos funcionários do arquivo histórico do Itamaraty, pelo respeito e pela atenção ao trabalho do pesquisador.

Ao professor José Flávio Sombra Saraiva, pela amizade, pelas dicas e sugestões, e por me conduzir à entrevista com o prof. Amado Cervo. À nobre atenção do prof. Shiguenoli Myiamoto, que esporadicamente recebia em seu e-mail algum pedido meu de ajuda, respondendo sempre com muita atenção e amizade.

A todos os que me concederam entrevistas, durante a elaboração da tese, iluminando algumas questões que o documento escrito – ou a ausência dele – não respondia: deputado Aldo Rebelo, prof. Amado Cervo, general Aníbal Llaíno (Argentina), diplomata João Paulo Alsina Soares Jr. (Itamaraty e Ministério da Defesa), José Manuel Ugarte (Senado da Argentina), embaixador e ex-ministro das Relações Exteriores Luiz Felipe Lampreia (Brasil), lic. Luis Tibileti (Secretaria de Segurança Interior da Argentina), prof. Oliveiros Ferreira (Brasil) e profa. Rut Diamint (Argentina).

Aos meus pais Edilson e Conceição e à minha irmã Milena, que sempre se orgulham de cada modesta conquista.

Ao meu marido, parceiro de vida e colega de trabalho, Lucas Pinheiro, por termos sido e continuarmos sendo um pelo outro. Por ser o marido que dobrou a carga de trabalho para que, quando já sem bolsa e grávida de nossa filha, eu pudesse terminar a tese com tranquilidade, repartindo comigo desde os afazeres de nossa casa até minha própria ansiedade, e, é claro, por revisar, fazer comentários e sugestões que me levaram a novas perspectivas de escrita e análise.

À minha filha Luísa, que me chegou de presente no momento de escrita do trabalho e que, de lá até hoje, é fonte dos meus sonhos e da minha força para seguir adiante.

SUMÁRIO

Introdução   1

1. **A rivalidade como sentimento profundo: nascimento, evolução e reflexos da rivalidade nas relações do Brasil com a Argentina**   19
   Nascimento e evolução do estereótipo de rivalidade   19
   A rivalidade existencial: o lugar da Argentina na formação da identidade internacional do Brasil   19
   A rivalidade no seio da premissa territorial e as questões platinas   21
   Duelo de egos: uma rivalidade ideológica e conveniente   33
   A reiteração da rivalidade ao longo do século XX   40
   Zeballos e a guerra anunciada   40
   O olhar da Argentina sobre o Brasil: a rivalidade entre os grandes conflitos mundiais   42
   O contencioso de Itaipu na visão de protagonistas brasileiros   55
   Ecos contemporâneos da rivalidade: os bastidores da diplomacia   72

2. **As percepções brasileiras sobre cooperação regional como condicionantes das relações com a Argentina**   91
   Brasil-EUA: as idas e vindas do pragmatismo na concepção do nacionalismo de fins   110

A união dos eixos pela segurança internacional e o lugar da cooperação com a Argentina na realização dos interesses nacionais do Brasil. De Sarney a Collor   125

A era FHC em perspectiva: a cooperação Brasil-Argentina em segurança internacional no contexto do paradigma da "autonomia pela integração"   141

A questão nuclear e as relações com a Argentina em FHC   161

Unindo os fios soltos: a afirmação da liderança brasileira na América do Sul como condicionante último dos processos cooperativos regionais   170

3. **Entre a teoria e a história: particularidades da dinâmica decisória na política externa brasileira   187**

Eixo teórico-conceitual   188

O caso do Brasil: elos desarticulados   203

Militares, diplomatas e a semelhança que os desune   204

O lugar de Caxias na Casa de Rio Branco. Passado e presente   210

Panorama do diálogo entre militares e diplomatas na era FHC   217

Uma política externa sem política?   226

4. **Defesa cooperativa e relações com a Argentina na era Cardoso (1995-2002). História e conjuntura na análise do caso Itaipava   249**

Continuidades e mudanças na administração Lula   278

Considerações finais   297

Referências bibliográficas e documentais   303

INTRODUÇÃO

A PRESENTE OBRA BUSCA COMPREENDER as relações do Brasil com a Argentina no campo da Defesa, durante os dois mandatos do presidente Fernando Henrique Cardoso (1995-2002), por meio de reflexão sobre condicionantes históricas e conjunturais. Entre as condicionantes históricas trabalhadas, destacam-se, primeiramente, a convivência entre padrões de rivalidade e cooperação e o atrelamento da cooperação a propósitos utilitaristas, por parte da diplomacia brasileira. Em seguida, os apanágios do processo decisório da política exterior do Brasil – o qual é caracterizado pela desarticulação institucional entre diplomatas e militares e pela ausência de debate parlamentar nos assuntos referentes à Defesa cooperativa – são tratados como responsáveis pela falta da organicidade salutar ao bom funcionamento de vínculos cooperativos. Por fim, elencam-se as condicionantes conjunturais, isto é, as respostas lançadas pelos formuladores de política externa do Brasil, no período eleito, aos desafios do contexto internacional e às demandas internas e regionais. As fontes pesquisadas são diversas, partindo de documentos discursivos, passando por entrevistas e chegando a correspondências da chancelaria brasileira, disponíveis no Arquivo Histórico do Itamaraty.

Questões de método

Este livro resulta do esforço de pensar as relações internacionais – uma área do saber relativamente recente e nascida no universo da ciência política – a partir da abordagem metodológica da história – longevo ramo do conhecimento acostumado a lidar com o passado mais distante. O presente trabalho, fruto de tese doutoral defendida em 2010, busca compreender as relações do Brasil com a Argentina no campo da Defesa.[1]

1 Foi Lucian W. Pye, sob influência de Gabriel Almond, o precursor dos estudos das relações internacionais, a partir da análise da existência de diferentes culturas políticas entre diversas nações em jogo. Por que alguns Estados são mais tolerantes com as diferenças políticas alheias do que outros? Por que alguns são mais inclinados a desenvolver lideranças autocráticas ou personalistas? Por que alguns acreditam em seu destino divino de guarda planetária, enquanto outros se conformam com sua condição periférica? Por que em alguns a decisão de política externa é mais ou menos democrática do que em outros? Essas são algumas das perguntas que o estudioso pode tentar responder pelo diagnóstico da existência de uma ou mais culturas políticas, ou apenas de elementos a elas relacionadas, que influenciam, ao longo de sua história, o comportamento político externo de determinada nação. Embora o termo cultura política date de décadas, no Brasil é parca a literatura que trata da influência de sua relação com o comportamento externo do país. Cf. Blackmer, Introduction: An Appreciation of Lucian W. Pye. In: Samuels; Weiner, *The Political Culture of Foreign Area & International Studies*, p.XI, e Weiner; Samuels, *Political Culture in Foreign Area Studies: Essays in Honor of Lucien W. Pye*, p.4-6.
De todo modo, o fato de a cultura política ser concebida como um elemento de difícil desagregação, correspondendo muitas vezes a um aspecto de ressonância secular no estilo político de determinado país, fez que dele cada vez mais se aproximassem os estudiosos desejosos de aprofundar o conhecimento nas causas da sobrevivência de determinados continuísmos. A política externa é um desses pontos. No caso brasileiro, especificamente, ela não registra em sua história revisionismos penetrantes, mas adaptações discursivas às novas conjunturas. A necessidade desse engessamento, por parte do Estado, está relacionada à garantia de viabilidade da defesa de seus interesses, numa perspectiva de longa duração, como sugere San Tiago Dantas: "A continuidade

INTRODUÇÃO

Optamos por abordar o problema pelo prisma metodológico da tradicional corrente francesa da história das relações internacionais – de Renouvin e Duroselle –, esclarecendo de antemão que, sendo o meio internacional o objeto essencial das relações internacionais, entendemos que a política externa seja apenas um aspecto delas, com a particularidade de enfatizar o papel do Estado.[2] Isso nos obriga a evidenciar que esta obra se caracteriza por uma atividade reflexiva de história da política exterior, tomando o Brasil como foco de exame.

Nossa escolha pela corrente francesa aconteceu não somente por sua inconteste consagração epistêmica, mas, inclusive, por apresentar entrecruzamentos fundamentais com a área de concentração institucional à qual se vincula a tese doutoral que originou o livro aqui apresentado, qual seja, História e Cultura Política.[3] Aliás, é forçoso

||||||||||||

é um requisito indispensável de toda política exterior, pois se em sua relação com os problemas administrativos do país, são menores os inconvenientes resultantes da rápida liquidação de uma experiência ou da mudança a um rumo adotado, em relação à política exterior, é essencial que a projeção da conduta do Estado no seio da sociedade internacional revele um alto grau de estabilidade aos compromissos assumidos". Dantas, *Política externa independente*, p.17 apud Lafer, *A identidade internacional do Brasil*, p.27.

2 Altemani, *Política externa brasileira*, p.2.

3 A partir da emergência da locução "cultura política", foram muitas as teorizações ao seu redor. Gabriel Almond definiu-a como "um padrão particular de orientações para a ação política", um "conjunto de significados e propósitos" dentro do qual cada sistema político está embutido. Dessa forma, o conceito também estaria relacionado às crenças, aos valores e aos símbolos expressivos de uma sociedade. Não obstante, não é nossa intenção mostrar os diversos vieses pelos quais caminha o conceito, mas deixar claras as premissas que adotamos para o estabelecimento de um diálogo com a história das relações internacionais, que são as seguintes: 1) A cultura política refere-se ao conjunto de atitudes, crenças e sentimentos que dão significado ao processo político, pondo em evidência os pressupostos nos quais se baseia o comportamento dos atores. Portanto, a aplicação do termo cultura política não se limita à compreensão da prática política e de seu resultado final, mas, de certo modo, reconstitui os fatores subjetivos que orientam tais práticas; 2) Podem existir em uma única sociedade, num dado período de tempo, várias culturas políticas; 3) "A força da cultura política como elemento determinante do comportamento político resulta da complexidade e da lentidão de sua elaboração"; 4) A cultura política é um "fenômeno evolutivo que corresponde a um dado momento da história e de que se

apontar que se trata de uma permuta intelectual espontânea, já que a evolução do conceito de cultura política, o qual surge a partir da renovação da história política, é contemporânea da mesma geração que transformou os preceitos da antiga história diplomática nas novas premissas da história das relações internacionais, estando ambos os adventos relacionados a um mesmo contexto de revisão historiográfica na França.[4]

||||||||||||

pode identificar o aparecimento, verificar o período de elaboração e acompanhar a evolução no tempo". Em resumo, a cultura política seria "apenas um dos elementos da cultura de uma dada sociedade, a que diz respeito aos *fenômenos políticos*" (grifo nosso) e que revela o interesse de compreender as motivações dos atos dos homens "num momento de sua história, por referência ao sistema de valores, de normas, de crenças que partilham, em função da sua leitura do passado, as suas aspirações para o futuro, das suas representações da sociedade, do lugar que nele têm e da imagem que têm da felicidade". Cf. Sani, Cultura política. In: Bobbio; Matteucci; Pasquino, *Dicionário de política*, p.306.

Ainda para Sani, a cultura política designa o conjunto de atitudes, normas, crenças, "mais ou menos largamente partilhadas pelos membros de uma determinada unidade social e tendo como objeto fenômenos políticos". Segundo o autor, são componentes da cultura política de uma certa sociedade "os conhecimentos, ou melhor, sua distribuição entre os indivíduos que a integram, relativos às instituições, às práticas políticas, às forças políticas operantes num determinado contexto; as tendências mais ou menos difusas, como por exemplo, indiferença, o cinismo, a rigidez, o dogmatismo, ou, ao invés, o sentido da confiança, a adesão, a tolerância para com as forças políticas diversas da própria etc.".

4 É válido ressaltar que tanto Renouvin (pai da história das relações internacionais), Duroselle (seu sucessor), como Rémond (promotor da renovação da história do político que, por sua vez, incentivou o melhor desenvolvimento da noção de cultura política) compartilharam o mesmo ambiente de contestação da historiografia tradicional francesa. A publicação de *Introdução à história de nosso tempo* (1974) e a de *Por uma história política* (1988), de Rémond – considerado o grande manifesto de revigoramento da história política –, são ulteriores às publicações de Renouvin e Duroselle. Ideias já introduzidas por Renouvin no campo das relações internacionais ganham nova argumentação nos escritos de Rémond, como a de que o fato político se relaciona, sim, a estruturas duráveis: "a história do político pode também incluir o estudo das estruturas, isso apenas pelo viés das instituições", diz o autor. Ou seja, ela pode ser uma história de longa duração, ou "talvez, uma daquelas em que os fenômenos são os mais perenes, por causa do peso do passado na memória consciente e inconsciente [...]". Em síntese, para a nova história do político: 1) O fenômeno político não só é autônomo como é capaz de influenciar todos os campos da vida social; 2) Há uma conexão entre cultura e comportamento – seja ele individual, coletivo ou

Pressionado pelo juízo dos *Annales*,[5] Renouvin, que apesar de não ser, nas palavras de Saraiva, "um seguidor das hostes estruturalistas", acabou se tornando partícipe "de uma cultura historiográfica francesa que rompera com a história sustentada no fato político e na personalidade do príncipe".[6] Nessa direção, o intelectual adotou um movimento para sepultamento da antiga cátedra universitária que se fundamentava no ponto de vista exclusivo das chancelarias, dos tratados internacionais, dos grandes feitos e das personalidades da diplomacia, ou seja, da prática da chamada história diplomática. A originalidade da obra de Renouvin está fundamentalmente composta por respostas às críticas tecidas pelos *Annales* à história política. Por exemplo, a corrente dos *Annales* argumentava que o fato político constituía mero acidente de conjuntura, não gozando de vida própria e estando sempre subordinado ao social. Nessa linha, as guerras e os fatos políticos, de modo geral, seriam fortuitos e não corresponderiam à perspectiva estrutural de longa duração imposta pelos *Annales* como verdade histórica. A essa concepção, Renouvin reagiu constatando que as rivalidades e os conflitos que geram as guerras entre os Estados têm existência estável e estão relacionados ao sentimento nacional e ao

||||||||||||

institucional; 3) O conhecimento interfere, por gerações, nas decisões individuais e na causalidade histórica. Ao peso da memória sobre determinado comportamento político, Rémond relacionou os fenômenos de cultura política, os quais, segundo ele, só podem ser compreendidos numa perspectiva de duração muito longa. Cf. Rémond, *Uma história presente*. In: _____ (org.), *Por uma história política*, p.17.

5 Para os quais, além de a antiga história política ser voltada à manutenção do poder e do *status quo* e à instrumentalização da memória histórica para eternizar a glória da nação, era também factual, narrativa e biográfica.

6 Utilizando as palavras de Saraiva, História das relações internacionais: objeto de estudo e evolução do conhecimento. In: _____ (org.). *Relações Internacionais: dois séculos de história*, p.12. Observação: Em 1935, Renouvin criou o *Institut d'histoire des relations internationales*, ainda hoje existente como *Institut Pierre Renouvin*; e em 1953 iniciou a publicação da maior obra da história das relações internacionais: os oito volumes de *Histoire des relations internationales*, fundando a escola francesa de História das Relações Internacionais, impulsionada pela curiosidade de conhecer melhor as causas das duas grandes guerras, para as quais, segundo a nova corrente, não havia explicação satisfatória.

desejo de poder;[7] ademais, ele mostrou que as relações internacionais se movimentam no tempo, à medida que variam os aspectos da vida em sociedade. Dito de outro modo, Renouvin mostrou que não apenas as relações internacionais como também a política em geral são movidas por um conjunto de causalidades duradouras que podem ser culturais (ou valorativas), geográficas, demográficas, econômicas, ideológicas etc. Renouvin e Duroselle[8] chamaram a tais características estruturais (ou perenes) de *forças profundas*:

> As condições geográficas, os movimentos demográficos, os interesses econômicos e financeiros, os traços da mentalidade coletiva, as grandes correntes sentimentais, essas as forças profundas (sic) que formaram o quadro das relações entre os grupos humanos e, em grande parte, lhes determinaram o caráter.[9]

Fundamentando-se no princípio de que "o homem de Estado pode agir sobre a conjuntura, tentar modificar os acontecimentos e sua duração",[10] o conceito de forças profundas foi posteriormente atualizado por Duroselle quando da publicação de *Introduction à l'histoire des relations internationales*, em 1964, livro que até hoje é considerado o mais aludido manual metodológico da história das relações internacionais, deixando como principal legado à nossa geração a ampliação do horizonte temático e a extensão da perspectiva de fontes primárias. A partir da contribuição de Duroselle, ao historiador das relações internacionais não cabe apenas tentar compreender como as forças profundas agem sobre os ambientes de tomada de decisão, mas interpretar os métodos de ação do homem de Estado no sentido de driblar ou limitar a influência de forças conjunturais e

||||||||||||

7 Saraiva, op. cit., p.13.
8 Renouvin; Duroselle, *Introdução à História das Relações Internacionais*, p.6.
9 Ibid.
10 Ibid., p.407-8.

estruturais. Se for certo que as denominadas forças profundas podem influenciar, condicionar ou limitar permanentemente a formulação da política externa de um Estado, também é possível que a personalidade ou o gênio do homem de Estado aja como ferramenta amortecedora das pressões profundas sobre a decisão final.

Compreender a política externa de um país é também um exercício de reconhecimento da concepção que cada povo tem de seus interesses nacionais, de sua "honra nacional" e de seu futuro. Em quais circunstâncias e com base em quais experiências se formou a concepção de "interesses nacionais"? Como se traçou a imagem que cada povo faz de si e mesmo de outros povos? (Apoiada em quais recordações, circunstâncias, experiências e sentimentos?) Essas são questões fulcrais para a historiografia francesa das relações internacionais.[11]

Ainda sobre o rigor metodológico recomendado pela corrente de Renouvin e Duroselle, é aconselhável que o historiador se debruce primariamente sobre vestígios, registros e testemunhos dos acontecimentos particulares e únicos, em detrimento de fundar-se em pré-concepções e apriorismos que inebriam a visão do analista sobre o processo histórico. Embora rejeite tipologias e modelos interpretativos como ponto de partida da pesquisa, a exemplo da maneira como costumam trabalhar os cientistas sociais e teóricos das relações

---

11 Ibid. p.243-5. O historiador deve também se atentar às pressões sofridas, consciente ou inconscientemente, por um homem de Estado, tanto para aquelas diretas (constituídas historicamente por grupos de interesses, partidos políticos etc.), quanto para as indiretas (que se dão quando os "mais diversos grupos, ou mesmo a opinião pública, em seu conjunto, agem de forma a influenciar certas decisões"). Também se recomenda considerar as pressões exercidas pelo ambiente, pela conjuntura econômica, pelos "estados de espírito", pelo meio social e geográfico e pelos preconceitos de classe. O homem de Estado pode, no âmbito interno, tomar algumas medidas no sentido de "dobrar" a opinião pública e desmontar certas ideologias e, no âmbito externo, exercer influência sobre atitudes coletivas no estrangeiro. Esses são considerados pelos autores os móveis dos "nacionalismos" que influenciam determinadas decisões. Cf. Renouvin; Duroselle, op. cit., p.378.

internacionais, a corrente francesa propõe o diálogo entre a história e a teoria, acreditando em sua proficuidade e complementaridade, o que se notabiliza quando Duroselle apresenta, em *Todo Império perecerá*, uma teoria baseada na história.[12] Essa teoria, a despeito de designar um conjunto de conceitos enlaçados, criados para dar significado às relações internacionais enquanto objeto de estudo, o faz calcada em um robusto alicerce empírico-factual. É importante que não se recorra à manipulação das fontes para forçar resultados que corroborem esta ou aquela teoria. Entretanto, se o trabalho do historiador é seguir vestígios, a teoria contempla a análise, fornecendo possíveis hipóteses para a interpretação do destino final ao qual levam os rastros seguidos pelo historiador.

Dessa maneira, nosso primeiro trabalho foi, a partir de delimitados o recorte temático e temporal, explorar as possibilidades de fontes históricas acessíveis para posteriormente situá-las e contextualizá-las, sem deixar de conhecer suas motivações profundas. Esse foi o maior desafio, pelo caráter da informação que se buscava coletar. Como ressalta Duroselle, a história das relações internacionais é a história das intenções embutidas nas iniciativas do homem de Estado, motivo pelo qual julgamos não ser suficiente analisar os documentos oficiais abertos ao público, sendo necessário cotejá-los, principalmente com aqueles que registram os bastidores das negociações, como é o caso, por exemplo, das correspondências trocadas entre os encarregados, dentro do Itamaraty, pela condução das relações do Brasil com a Argentina. Tratou-se, porém, de documentação confidencial que, dada a cronologia recortada por esta pesquisa, ainda não se encontrava por completo desclassificada e aberta à consulta pública. Assim, uma das dificuldades encontradas para a finalização da obra foi justamente ter que aguardar até dezembro de 2009 para poder acessar

---

12 Duroselle, *Todo Império perecerá*, p.17-27.

apenas a primeira parte da documentação confidencial referente ao segundo mandato de Cardoso (1999-2002).[13]

Tema, problema e organização da obra

Ao longo da história independente do Brasil e da Argentina, por diversos motivos os países nutriram uma rivalidade mútua que se pôde notar na persistente competição pela preponderância regional, constatada em inúmeros episódios. Por isso, o lugar que um país ocupa na ordem de prioridades do outro sempre foi alvo de debates.

É fato que a partir da década de 1980 os governos de ambos os países lançaram iniciativas para estabelecer uma relação confiável, estável e previsível, por meio da neutralização das mútuas suspeitas de interesses hegemônicos regionais, presentes de modo emblemático na questão Itaipu–Corpus.[14] Em geral, defende-se na academia que tal mudança teve como substrato uma série de entendimentos incentivados por percepções geradas nos dois países sobre a necessidade de se atribuir ao relacionamento bilateral níveis satisfatórios de segurança e previsibilidade. Acredita-se, entre os acadêmicos, que em prol de um projeto de desenvolvimento econômico regional e de ações cooperativas em matéria de Segurança Internacional e Defesa – tão caros ao período de incertezas que se abria com o arrefecimento do conflito bipolar e com a devastação que as crises econômicas espalhavam sobre o mundo – a cooperação, aos poucos, ganharia concretude.

Com efeito, o concerto proporcionado pela articulação entre Sarney e Alfonsín foi assinalado por um forte sentido de solidariedade entre os países ditos "terceiro-mundistas", bem como pelo

---

13 A documentação confidencial se desclassifica em dez anos depois do seu registro.
14 De modo sucinto, a questão Itaipu–Corpus resumia a disputa brasileiro-argentina em torno do aproveitamento dos recursos hídricos da Bacia do Prata.

reconhecimento da íntima relação entre desenvolvimento nacional e energia nuclear, e da assunção de que esta última deveria ser aprimorada, contando com a plena confiança e cooperação entre os vizinhos. O perfil adotado pelo governo apontado constituía um clima favorável à cooperação estratégica, vista, por sua vez, como alicerce de um prospecto de integração apoiado na ideia de soma de forças, visando aumentar o peso da América Latina na distribuição do poder mundial, ou simplesmente livrá-la da condição marginal que fora acentuada pelos acontecimentos das décadas de 1970 e 1980.

Não obstante, para os observadores e críticos daquele período, os formuladores da política externa brasileira se obstinariam a encaminhar a integração como um objetivo de Estado. Assim, todas as medidas de cooperação passavam a ser avaliadas como passos sucessivos que culminariam na consubstanciação de um bloco integrativo essencialmente político, que agregaria iniciativas comuns nas mais diferentes áreas. Daí por diante, as demandas regionais incitadas por constrangimentos externos suprimiram o estudo das particularidades nacionais dos países envolvidos no processo cooperativo. Apoiados na ideia de que a conjuntura gerava um imperativo para a união das forças latino-americanas, os estudos sobre o período elevaram uma onda de otimismo que embalou os debates sobre as perspectivas de materialização de um bloco integrativo, ao longo dos anos de 1990. Porém, ao fim daquela década notou-se que os resultados obtidos permaneciam aquém das expectativas geradas pelos debates acadêmicos, o que, por sua vez, levou pesquisadores a notar que demandas conjunturais externas não constituíam motivos mais fortes do que vontades nacionais quando o objeto de análise eram os fatores norteadores de sucessos e fracassos de processos cooperativos. De mais a mais, em muitos casos, os *interesses nacionais*[15] são naturalmente

||||||||||||

15 É a interpretação que cada Estado faz dos denominados *interesses nacionais* que inspira os princípios norteadores de uma linha de ação a ser adotada e perseguida. Nas palavras de José Honório Rodrigues, eles traduzem a somatória das aspirações nacionais

INTRODUÇÃO   11

tendentes a fazer de mecanismos cooperativos meios, em detrimento de fins.

Por exemplo, os governos Collor e Itamar Franco (1990-1994) pareciam tornar mais intensa a marcha iniciada por Sarney (1986-1990). Collor, em particular, providenciou elevações substanciais nos níveis de confiança entre Brasil e Argentina, sobretudo na sutil questão nuclear.[16] Uma análise mais estreita, todavia, conduz à percepção de outra linha de intenções pelas quais se guiariam as iniciativas de Collor. Mirando a renovação da imagem do Brasil diante dos dominadores do jogo mundial, ele buscou aprofundar a confiança nuclear com a Argentina, submetendo-a ao controle da Agência Brasileira de Energia Atômica (AIEA) menos para estreitar vínculos e selar a amizade com o vizinho e mais para ressaltar para os Estados Unidos que o Brasil, a partir de então, atualizava sua agenda internacional, de acordo com os novos preceitos de segurança internacional difundidos pelos EUA. Um indício de que a cooperação bilateral não tinha o mesmo sentido que no governo anterior é o fato de que, se o Brasil perseguia uma agenda positiva com os Estados Unidos, a Argentina, por sua vez, buscava com eles "relações carnais" e rejeitava

||||||||||||

permanentes e atuais "que se criam e se desenvolvem no processo histórico e dependem muito das características do povo e das etapas do desenvolvimento econômico". São, portanto, manifestações subjetivas que refletem a maneira como os desejos vitais se projetam na consciência nacional e, ainda de acordo com Rodrigues, "independem de diferenças regionais, de classes ou de minorias étnicas. Nascem das lutas e dos esforços pela unidade nacional, pela comunidade e solidariedade política, econômica, social, religiosa, cultural; surgem das labutas pela liberdade interna contra as forças antinacionais ou derrogatórias da Nação; emanam da manifesta originalidade, particularidade e individualidade próprias da terra e da gente, ou de suas características psicossociais; irrompem do sentimento de distinção, que consiste na posse, pelos membros da comunidade, de certos atributos e qualidades, visíveis em sua ação coletiva, que a distinguem de qualquer outra; fortificam-se pela presença de um poderoso sentimento nacional e pela consciência de uma comunidade política que se afirma diferente das outras [...]". Cf. Rodrigues, *Interesse nacional e política externa*, p.76-7.
16 Sutil, a nosso ver, por constituir a principal razão das suspeitas mútuas entre Brasil e Argentina nas décadas de 1970 e 1980.

arquiteturas sub-regionais de segurança lideradas pelo Brasil. Não obstante, deixando à parte as intenções, ambos os países afirmam reconhecer que o processo logrou fixar um clima de confiança mútua, no qual se sustentou uma cooperação caracterizada pela transparência dos programas nucleares de cada um e pela certeza de não agressão. Resguardados alguns traços de continuidade em relação a Collor, Cardoso em tese remodelaria o diálogo político, que voltaria a enfatizar a pretensão de uma cooperação estratégica – no sentido de coordenação de políticas comuns – entre Brasil e Argentina, já que pela primeira vez a vontade de "institucionalização do diálogo em Defesa" entre Brasil e Argentina era tão assertivamente mencionada em discurso oficial. Desde sua eleição, Cardoso enfatizava a prioridade para a América Latina como escopo precípuo da política externa brasileira, a qual era concebida sobre um corolário que não abria mão do elo brasileiro-argentino. Teoricamente, à Defesa nunca se havia dado tanta importância, ainda que discursiva: a primeira política de Defesa foi editada, o Ministério da Defesa foi instituído e com ele foram suprimidas as prerrogativas políticas dos comandos militares – antes configurados como ministérios; e, por fim, o Tratado de Não Proliferação Nuclear (TNP) ganhou a adesão do Brasil, retardada por décadas. Recortamos o período que compreende os dois mandatos de Fernando Henrique Cardoso (1995-2002) justamente porque, a despeito de considerarmos sua particularidade em termos de promoção de condições internas propícias[17] para a consolidação

||||||||||||

17 As condições a que nos referimos foram possibilitadas pela promoção da transparência de informações, de medidas de confiança mútua, de exercícios conjuntos e de projetos para a elaboração futura de políticas comuns na área da Defesa. No tocante à cooperação entre as duas Forças Armadas, podemos observar os seguintes exercícios conjuntos: "Operação Cruzeiro do Sul", na província argentina de Corrientes, entre 12 e 18 de outubro de 1996; os exercícios navais "Fraterno", de 14 a 24 de novembro de 1996; as operações de superfície e aéreas entre as Forças de Brasil e Argentina e o anual "ARAEX IV", de 8 a 14 de novembro de 1996. Sobre a institucionalização do entendimento brasileiro-argentino nessa área, destaca-se a assinatura do "Memorando de Entendimento sobre Consulta e Coordenação",

institucional da cooperação com a Argentina, resultados consistentes sobre as relações entre os dois países ainda sofrem contestação.

É possível entrever uma mudança de ritmo e, por que não, de direção se, na esteira de análise, forem esmiuçadas as partes constituintes e os elementos conjunturais que envolvem cada mandato, e isso é válido para a avaliação das duas partes em questão – Brasil e Argentina. O segundo mandato de Cardoso no Brasil, por exemplo, é coincidente com a troca de governo na Argentina. Enquanto Menem parecia agir à revelia da opinião brasileira, de la Rúa, não obstante pertencer à União Cívica Radical – que durante quase todo o século XX adotara perfil de adversidade ao Brasil –, apostou na retomada da cumplicidade vicinal, em detrimento de uma maior intimidade com os EUA. Isso não garantiu, todavia, que a nação Argentina voltasse a ser acreditada pelo Brasil como parceira incondicional. Por outro lado, também o cenário internacional sofreria importante inflexão. Após os atentados de 11 de setembro de 2001, a paz voltou a pisar em solo frouxo e a configuração do poder mundial também passava em revista. O poderio militar norte-americano permanecia intocável, mas mostrava-se impotente diante de suas novas ameaças. Ao mesmo tempo, os EUA voltaram a pressionar a América Latina para a adesão a seus novos preceitos de segurança, que tinham na guerra contra o terror o seu fundamento principal. Na arena econômica, porém, a progressiva marcha estadunidense rumo à crise era acompanhada pelo aumento de expressividades de potências emergentes,

||||||||||||

em 22 de abril de 1997, na cidade do Rio de Janeiro, que instituiu o "Mecanismo Permanente de Consulta e Coordenação em Matéria de Defesa e Segurança", o qual, teoricamente, promoveria reuniões periódicas de autoridades dos ministérios da Defesa e das Relações Exteriores dos dois países. O mecanismo foi reativado em 2002, quando também foi assinado um "Memorando de Entendimento entre a Comissão de Relações Exteriores e Defesa da Câmara dos Deputados do Brasil e as Comissões de Defesa Nacional e Relações Exteriores da Câmara dos Deputados da Argentina", estimulando a formulação de consensos nas áreas de Defesa e Segurança.

como a China. A partir disso, tanto Brasil como Argentina passaram a expressar com maior liberdade seu investimento na diversificação de parcerias e a fazer da cooperação bilateral uma política cada vez mais flexível e menos formal. Mas ainda que se percebam mudanças entre os dois mandatos de Cardoso, as quais poderiam refletir em variações no compasso do relacionamento Brasil-Argentina, é forçoso destacar que, ampliando o foco sobre o Brasil, as nuances são definidas mais pela ação diplomática do que por inflexões de política externa. Esta continuou primando pela essência de instrumentalizar as parcerias, quaisquer que fossem elas.

Concentrando o esforço na análise do caso brasileiro, definimos o escopo de sintetizar a interação entre motivos estruturais e conjunturais que determinaram a direção que o Brasil imprimiu às relações com a Argentina no campo da Defesa, durante o governo de Fernando Henrique Cardoso (1995-2002). Como explicou Moura, a política externa de um país como o Brasil carrega a especificidade de estar:

> [...] condicionada, simultaneamente, ao sistema de poder em que se situa, bem como às conjunturas políticas, interna e externa (a saber, o processo imediato de decisões no centro hegemônico, bem como nos países dependentes).[18]

Por isso, seu estudo deve buscar:

> [...] conjugar as *determinações estruturais*, que delimitam o campo dos agentes decisores, com as *determinações conjunturais*, dadas pela decisão e ação dos policy-makers; por um lado, repele a noção de que a política externa de um país dependente é um simples reflexo das decisões do centro hegemônico

---

18 Moura, *A autonomia na dependência: a política externa brasileira de 1935 a 1942*, p.42-3.

e nega também que se possa entendê-la mediante o exame exclusivo das decisões no país subordinado.[19]

Em primeiro lugar, buscamos reconstituir os fatores estruturais que ainda se fazem ressonar no direcionamento da política externa do Brasil. Na impossibilidade de analisar todos os fatores ou todas as mais diversas categorias de *forças profundas* que moldam a atuação externa do Brasil, elegemos duas que julgamos capitais para a compreensão das relações do país com a Argentina, na seara da Defesa cooperativa. Uma diz respeito ao sistema de crenças e ideias que moldam as opções de política externa e que estão mais intimamente ligadas aos fatores condicionantes da cooperação com a Argentina, quais sejam: as ideias de rivalidade e cooperação. Como elas se originaram, desenvolveram-se no tempo e ainda condicionam o comportamento brasileiro com seu parceiro? Qual seria o lugar ocupado pela Argentina na ordem de prioridades dos agentes estratégicos da política externa? Como a isso se relacionam as percepções históricas do Brasil acerca de si mesmo e de suas relações com outros Estados? Em síntese, qual o liame estabelecido entre as prioridades atribuídas à Argentina e a chamada identidade internacional do Brasil, para usar a perspectiva vinculada ao termo empregado por Lafer? Tais indagações e suas respectivas respostas não poderiam ser elaboradas senão de maneira incursiva, pela sua amplitude. Ainda assim, elas permearão os dois primeiros capítulos. Nesse sentido, o traço estrutural aqui abordado é ocupado pelas ideias, percepções e sentimentos nacionais que neste capítulo assumem o lugar de *forças profundas*. Enquanto os documentos ostensivos e declaratórios indicam apenas a face de uma cooperação que teria preenchido em absoluto o espaço deixado pela antiga rivalidade, os documentos confidenciais desclassificados nos levaram a notar a sobrevivência de traços de desconfiança e

||||||||||||

19 Ibid. (grifos do original).

rivalidade – esta última configurada por uma competição pela liderança regional que ainda se faz presente. Não é de todo verdade que a cooperação não funcione, mas não é de todo falso que o Brasil ainda veja na Argentina um obstáculo para fixar sua posição de liderança. Um deslocamento à história dessas duas ideias – de rivalidade e de cooperação – como forças profundas das relações bilaterais aqui tomadas como foco conduz-nos à inferência fulcral da análise dos fatores perceptivos condicionantes: a de que rivalidade e cooperação sempre coexistiram e ainda convivem em harmonia na agenda da política externa brasileira. A segunda jamais substituiu a primeira e cada qual exerce importante função estratégica e tática na garantia daquilo que o Brasil interpreta como interesses nacionais. É a essa inferência que deve levar a leitura dos dois primeiros capítulos. Porém, enquanto o Capítulo 1 explica o movimento no tempo do padrão de rivalidade, nutrido por uma dinâmica de retroalimentação entre memória e prática,[20] o Capítulo 2 explorará o desenvolvimento das ideias brasileiras de cooperação regional, as quais se baseiam, primordialmente, na prática de instrumentalização da política externa brasileira, visando contemplar dois eixos de atuação: um regional, no qual o país apareceria como líder, e outro, multilateral, dentro do qual o Brasil participa com crescente influência, aproveitando-se de sua parceria histórica com os Estados Unidos. Ambos os eixos são complementares. Resulta disso um modo próprio brasileiro de cooperar que busca pragmatismo, flexibilidade e informalidade nas tratativas.

O outro fator de influência perene se resume no modelo institucional histórico brasileiro de decisão e execução da política externa.

||||||||||

20 Já que, conforme o explorado no primeiro capítulo, a produção de registros diplomáticos que aludem à existência da desconfiança em relação à Argentina produz uma memória de rivalidade a servir de baliza para futuras gerações de diplomatas. Os próprios diplomatas são conscientes da função da memória histórica na elaboração de diretrizes de política externa e, mais do que isso, do caráter proposital da produção de memórias como forma de cristalizar linhas de ação.

É a preservação da prerrogativa do Itamaraty para a institucionalização política de atos exteriores em sua redoma burocrática, o que faz da política externa a reprodução da visão da chamada Casa de Rio Branco, quase sempre eximida de controle parlamentar; e que, por outro lado, dela separa a sua face militar, ao não compartilhar em nível desejável com as Forças Armadas o planejamento dos assuntos cooperativos que incluam os aspectos de Defesa. Tal situação pulveriza as vontades e as ações que delas decorrem, motivo pelo qual a ela imputamos parte da responsabilidade pela ausência de institucionalização política das medidas cooperativas com a Argentina que aqui estudamos. Logo, conferimos ao estilo decisório da política exterior do Brasil a ação de condicionante estrutural à cooperação com a Argentina no campo da Defesa. Isso resume a discussão do terceiro capítulo, ao qual se buscou conferir escopo histórico e teórico. É mister esclarecer que, tendo em vista que as inferências foram realizadas apoiadas pelo cotejo de diferentes fontes de informação, percebe-se no texto a ausência de qualquer filiação teórica, bem como a busca da liberdade explicativa tão característica da história das relações internacionais, cuja riqueza analítica se estabelece justamente na possibilidade de tratar como complementares ideias que no universo da teoria das relações internacionais se apresentam como mutuamente anulatórias.[21]

|||||||||||

21 O próprio Carr, ao discutir o primeiro grande debate entre realistas e idealistas, já preconizava a possibilidade de haver um complemento em detrimento da mútua exclusão entre as duas correntes. Cf. Carr, Vinte anos de crise: 1919-1939, apud Nogueira; Messari, *Teoria das Relações Internacionais: correntes e debates*, p.4. Por outro lado, Maria Izabel Mallman diz que "argumentos tanto de uma quanto de outra teoria encontram ressonância nos acontecimentos atuais. [...] Uma e outra natureza de fenômenos reeditam constantemente a necessidade de encontrarmos referenciais que deem sentido às ações humanas. No que diz respeito a análises científicas, o que é imprescindível saber é que a opção por uma ou outra abordagem não consiste em mera preferência do analista, mas resulta de uma análise contextual em que, muitas vezes, pode-se lançar mão de um sistema conceitual para lançar luz sobre um conjunto de fenômenos sem que isso implique necessariamente adesão irrevogável ao mesmo. Ou seja, o analista

Por fim, tendo explorado os motivos estruturais acima explicitados, o quarto e último capítulo faz uma análise conjuntural das relações do Brasil com a Argentina, na gestão de Fernando Henrique Cardoso, a partir do acompanhamento do processo de Itaipava. Considerado o emblema da instituição dos vínculos de Defesa cooperativa entre Brasil e Argentina, o mecanismo de Itaipava não surtiu os efeitos esperados, sendo, inclusive, descumprido pelos dois países. Quais motivações estruturais se fizeram presentes em seus insucessos? Em que medida eles foram fruto das respostas dos homens de Estado à conjuntura de negociação? Ou ainda, em que medida tal malogro refletiu a relação entre o caráter do homem de Estado e sua atitude no sentido de driblar conjuntura e estrutura? Esses são alguns dos pontos explorados, também a partir do cotejo entre fontes oficiais de informação ostensiva – ou aquelas que pretendem manifestar publicamente uma linha de ação – e fontes confidenciais desclassificadas – representadas por correspondências trocadas, sobretudo, entre o Ministério das Relações Exteriores e sua embaixada na Argentina, as quais retratam de modo mais fidedigno as intenções por trás de um ato já finalizado. O capítulo trata ainda de observar o movimento cooperativo até o primeiro governo de Lula da Silva (2003-2007), tentando constatar o que até ali é continuidade das políticas de Cardoso, ou quais lacunas se herdam daquela gestão, no que toca às relações com a Argentina no campo da Defesa. Em outras palavras, buscamos situar a pretensa institucionalização dos vínculos em Defesa com a Argentina, operada no governo Cardoso, na trama sintética entre estrutura e conjuntura, e no movimento entre passado e presente, recortando como estudo de caso o mecanismo de Itaipava.

||||||||||||

deve, conhecendo as várias teorias e a história, saber produzir sentido aos fenômenos decorrentes da ação humana com base em diferentes referenciais". A autora ainda adverte para que nos atentemos ao fato de que modelos teóricos são "historicamente desenvolvidos para interpretar o mundo", ou seja, são construídos a partir de determinado contexto. Ver Mallmann, Relações políticas internacionais: como entendê-las?, *Civitas. Revista de Ciências Sociais*, v.5, n.2, jul.-dez. de 2005, p.243-4.

1 A RIVALIDADE COMO SENTIMENTO PROFUNDO: NASCIMENTO, EVOLUÇÃO E REFLEXOS DA RIVALIDADE NAS RELAÇÕES DO BRASIL COM A ARGENTINA

Nascimento e evolução do estereótipo de rivalidade

NESTA PRIMEIRA SESSÃO, examinamos a progênie do sentimento de rivalidade que balizou por muito tempo as relações entre Brasil e Argentina, atentando para sua relação com as identidades internacionais das duas partes envolvidas, sua evolução no tempo e suas formas de atuação. Como conclusão, esperamos estabelecer um diálogo entre presente e passado que vislumbre os reflexos dessa história sobre o período analisado (1995-2002), advertindo que, sendo a política externa do Brasil nosso objeto por princípio, ficam justificadas as ênfases que a ela atribuímos ao longo do texto.

A rivalidade existencial: o lugar da Argentina na formação da identidade internacional do Brasil

A *identidade internacional* de um país, termo empregado por Celso Lafer em alusão ao reflexo da identidade nacional na política externa, expressa "o conjunto de circunstâncias e predicados que diferenciam sua visão e os seus interesses, como ator no sistema mundial, dos que caracterizam os demais países".[1] Ou seja, diz respeito ao traçado das grandes linhas de atuação externa do país a partir da percepção que ele tem de si próprio e de seu papel diante dos demais. Em outras palavras, ainda, a identidade internacional refere-se à equação entre a visão de si e a visão sobre o outro e sua resultante, como um estilo de política externa que se padroniza no tempo. O ex-chanceler adverte, todavia, sobre a dificuldade de se discernir o conceito de *identidade*, que estaria imbricado a outros, como alteridade, diferença, igualdade, embora entenda que em síntese se aproxime de "um conjunto mais ou menos ordenado de predicados por meio dos quais se responde à pergunta: quem sois?".[2]

Nosso interesse em recuar à constituição da identidade do Brasil reside no aspecto de que, tratando-se de um elemento de longa duração, ou estrutural, a identidade ecoa por séculos na fundamentação das relações internacionais de um país, demorando muitas gerações a ser reformada. Em que medida a identidade internacional do Brasil favorece ou embaraça as relações cooperativas com a Argentina no campo da Defesa é uma das perguntas que buscamos responder, ainda que reconheçamos que a resposta a tal indagação será menos conclusiva do que indicativa. Por ora, contudo, arriscamos a hipótese de que um dos condicionantes da cooperação bilateral no campo da Defesa é a reminiscência de uma cultura política ancestral de rivalidade mútua que ainda não foi completamente substituída por outra de cooperação.

Ainda que se trate apenas de uma incursão incipiente, acreditamos que este capítulo abre caminhos para novas inquietudes acerca do processo integrativo regional, hoje marcado por iniciativas inéditas como a União Sul-Americana de Nações (Unasul) e o Conselho de Defesa Sul-Americano (CDS). Para entender o relacionamento dos dois principais países envolvidos nesses arranjos – Brasil e

---

1 Lafer, *A identidade internacional do Brasil e a política externa brasileira*, p.20.
2 Ibid., p.15.

Argentina –, é fundamental compreender a visão que cada um construiu historicamente acerca do seu lugar e do papel do outro nos seus respectivos projetos de inserção internacional.

O Brasil construiu perante a América Latina uma identidade por diferenciação. Em primeiro lugar, pela identificação territorial: o único *monster country* do continente. Em segundo lugar, pela forma de governar esse imenso território: a instalação do governo soberano em 1822 e o processo de independência nacional aconteceram com capitais elementos de permanência da presença de Portugal – o que não ocorreu entre a Espanha e suas possessões americanas, por exemplo.[3] Em terceiro lugar, o Brasil sustentou uma monarquia em meio a um continente de repúblicas, empenhada em garantir sua estabilidade e desejosa de afirmar a soberania nacional sobre a integridade territorial.[4]

A questão territorial permeia, num primeiro momento, quase todos os interesses brasileiros, e sobre ela, ademais de se assentar a identidade do país, fundamentar-se-iam as linhas vindouras de política externa vigentes secularmente. Por isso, a elegemos como foco de análise, a fim de entender de que modo a ela se ajusta o contorno da rivalidade no relacionamento com a Argentina.

A rivalidade no seio da premissa territorial e as questões platinas

A percepção de si, enquanto país continental, ou um *monster country*, como Estados Unidos, Rússia, China e Índia,[5] é um traço identitário primordial no molde do comportamento externo do Brasil. No entanto,

||||||||||||

3 Ibid., p.32.
4 Aprofunda Lafer: "A monarquia foi a base da identidade internacional *sui generis* do Brasil no século XIX, no âmbito das Américas: um Império em meio a Repúblicas; uma grande massa territorial de fala portuguesa que permaneceu unida num mundo hispânico que se fragmentava, tendo no hemisfério Norte os Estados Unidos da América expandindo-se territorialmente. Por isso, no século XIX, em função de nossa inserção na América do Sul, ser brasileiro era ser não hispânico". Cf. ibid., p.35.
5 Ibid., p.23.

parece-nos que essa consideração só é importante porque o padrão de rivalidade[6] que guiou por muito tempo as relações entre Brasil e Argentina – e que ainda por vezes se manifesta – está relacionado à autopercepção territorial, que fundamentou conflitos como os resultantes da Questão Platina e cujos desdobramentos se sentem até hoje.[7]

O marco da Questão Platina, de acordo com Mello,[8] é a fundação da Colônia de Sacramento, estabelecida à margem esquerda do Rio da Prata, "praticamente defronte a Buenos Aires", consistindo em uma fortificação erigida como um posto militar que asseguraria à Coroa portuguesa um limite natural entre os seus domínios e os da Espanha, ao sul do continente. Essa delimitação já levava em consideração o princípio geopolítico segundo o qual o poder que dominasse a desembocadura controlaria todo o rio.[9] Para Magnoli,

||||||||||||

6 Concebemos a rivalidade como uma estrutura social e cultural que condiciona o padrão de relacionamento entre dois Estados, definida por Alexander Wendt como uma posição na qual dois países competem entre si para lograr seus interesses, usando a violência com freios para afastar a possibilidade de um aniquilar o outro. É diferente da condição de inimigos, a qual é caracterizada pela existência de dois adversários que se ameaçam mutuamente e não observam nenhuma regra para o uso da violência. Também está distante da amizade, em que os países, além de serem aliados e não empregarem a violência para solucionar suas disputas, trabalham em equipe para fazer frente às ameaças comuns à sua segurança. Wendt, *Social Theory of International Politics*, p.258.

7 Isso não diz respeito apenas às relações do Brasil com a Argentina, como mostra o recente caso do Brasil com o Paraguai em torno da Usina de Itaipu. Ver: Paraguai ameaça fazer com Itaipu o que Evo Morales fez com o gás, *O Estado de S. Paulo*, Economia e negócios, 24 fev. 2008.

Por trás de um problema energético é sabido que, ainda na década de 1960, Brasil e Paraguai disputavam o território sobre o qual hoje se instala a referida usina. Sua construção constituiu uma manobra diplomática brasileira para que o país não entrasse em outra guerra com o Paraguai e, ao mesmo tempo, não cedesse o território que ele reivindicava. No entanto, o Paraguai jamais deixou de conceber que por direito aquilo lhe pertencia. Por outro lado, a posse daquele território por parte do Brasil não era uma ideia agradável à Argentina, com quem o Brasil disputou, desde o século XIX, o domínio sobre o Paraguai, numa dinâmica de balança de poder.

8 Mello, *Argentina e Brasil. A balança de poder no Cone Sul*, p.25.

9 O autor acrescenta que: "A edificação do forte inseriu-se no contexto do recrudescimento da rivalidade luso-castelhana após o interregno de mais de meio século de

não obstante, a ideia de tal delimitação deitava raízes em um imaginário ligado à "lenda de uma entidade territorial segregada, envolvida pelas águas de dois grandes rios, cujas fontes situavam-se em um lago unificador".[10] Magnoli busca nas análises cartográficas e historiográficas de Jaime Cortesão[11] argumentos que traduzam o polêmico mito da *Ilha Brasil* como um artifício para a fixação de uma "'razão geográfica de Estado' e para a definição de um 'imperativo geopolítico' para os três primeiros séculos de formação territorial no Brasil".[12] A noção de *Ilha Brasil* incitava, em suas palavras, "a subversão do horizonte histórico e diplomático e sua substituição por um ordenamento ancestral". Assim, defende o autor,

> No lugar dos tratados entre as coroas – e, em particular, do acerto de Tordesilhas – ela invocava uma verdade prévia, anterior à história. Por essa via, introduzia-se a lógica da descoberta: a descoberta de uma terra preexistente, de um lugar com contornos definidos, de uma entidade indivisível. O Brasil erguia-se como realidade geográfica anterior à colonização, como herança recebida pelos portugueses.[13]

|||||||||||

união das Coroas ibéricas (1580-1640). Após a restauração portuguesa intensificou--se o processo de expansão bandeirante-vicentina por territórios espanhóis situados além da linha de Tordesilhas, reacendendo o choque entre as metrópoles ibéricas na América colonial". Cf. ibid.

10 Esses rios seriam o Amazonas e o Rio da Prata. Magnoli, *O corpo da pátria. Imaginação geográfica e política externa no Brasil (1808-1912)*, p.38 e 45.

11 Historiador português que, por intermédio da análise cartográfica e historiográfica, defende que a cartografia portuguesa teria falseado os contornos geográficos do Brasil, criando a noção de Ilha Brasil, de cuja representação far-se-ia uso político. Em sua tese, ele concebe a cartografia portuguesa como ação dirigida pelo Estado, o qual, responsável pela política de sigilo em relação a informações estratégicas, orientava o falseamento dos dados a fim de impedir o avanço de seus concorrentes no contexto da disputa interimperial europeia. Tal interpretação recebeu ferozes críticas de historiadores como Sérgio Buarque de Holanda, como mostra Kantor, Usos diplomáticos da Ilha Brasil. Polêmicas cartográficas e historiográficas, *Varia História*, v.23, n.37, 2007, p.70-80.

12 Magnoli, op. cit., p.47.

13 Ibid., p.48.

Da análise de Magnoli não nos interessam os pormenores cartográficos da denominada *Ilha Brasil,* tampouco de que maneira foi manejada por Portugal, mas a ideia de que ela tenha se tornado, antes de um saber geográfico, uma ideologia geopolítica. A alusão à *Ilha Brasil* ou à *Doutrina Geopolítica do Magnus Brasil,* por meio de apropriações de discurso constantemente renovadas, esteve presente na diplomacia brasileira desde sua origem. Em momento algum de nossa história a diplomacia deixou de se espelhar em tais impressões. O labor histórico e geográfico foi importante aliado da transmissão de tal ideia de geração a geração, sendo reavivada a partir da era Rio Branco.[14] Aliás, sobre esse personagem, é possível que seja válida uma reflexão: se, como defende Magnoli, a ideia do espaço territorial brasileiro já se encontrava no imaginário da metrópole portuguesa, sendo apenas transplantada para o ideário do que viria a constituir o Brasil, os nós das teses defensoras de que a expansão e a consolidação territorial foram promovidas, casualmente, por navegantes e bandeirantes ficariam desamarrados.[15] Também o "deus terminal de

||||||||||||

14 Magnoli faz uma rica análise do nexo entre o surgimento dos estudos cartográficos e o início dos registros históricos, durante os processos de Independência, com a finalidade de se inventar uma nação, cuja identidade se firmaria sobre as benesses naturais do território. Está envolta por esse objetivo a criação do Instituto Histórico e Geográfico Brasileiro, em 1838, do qual fez parte até sua morte o Barão do Rio Branco e com o qual sempre dialogou a diplomacia brasileira. Uma viagem pelo sítio do instituto mostra a filiação atual de importantes nomes da diplomacia e chancelaria recentes do Brasil. Ver: http://www.ihgb.org.br. Dessa forma, tem razão Seixas Corrêa quando propõe a ideia de "consciência histórica a serviço da diplomacia", mencionando a importância da memória na consolidação de uma identidade diplomática, já que relembrar um passado glorioso é uma forma de renovar a crença em determinada linha de ação. Cf. Seixas Corrêa, Diplomacia e história: política externa e identidade nacional brasileira, *Política Externa,* v.9, n.1. Para uma análise de como a relação entre a memória histórica e a atuação de determinadas personalidades diplomáticas contribuiu para a corroboração de linhas perenes da política externa do Brasil, ver: Mello e Silva, O Brasil no continente e no mundo. Atores e imagens na política externa brasileira contemporânea, *Estudos Históricos,* n.15, 1995.
15 Para Lafer, por exemplo, primeiro os navegantes descobriram o Brasil, em seguida os bandeirantes ocuparam seu território e ocuparam as fronteiras para além dos tratados,

nossas fronteiras"[16] não teria tanta responsabilidade no planejamento do traçado geográfico do Brasil, mas na concretização daquilo que os relatos cartográficos e históricos lhe inspiravam, uma vez que Rio Branco fora exímio estudioso da história e da geografia. Por outro lado, se a crença estimula a ação e esta reforça a crença, a energia de Rio Branco legitimou o mito, atribuindo-lhe certa materialidade jurídica; o que, por sua vez, colaborou para torná-lo símbolo maior da diplomacia nacional e para personificar o estandarte da cristalização de valores, doravante perenes na política externa do Brasil. Vejamos o modo como o ex-chanceler Mário Gibson Barboza interpretou o pensamento territorial de Rio Branco:

> O Barão do Rio Branco, homem totalmente integrado nos valores de sua época, compreendeu, melhor do que ninguém, que o território, desde tempos imemoriais, sempre fora a fonte e a principal base do poder de um país. [...] Os grandes impérios construíram-se ao longo da história, com base nesse fator de importância precípua: o território.[17]

A primeira ideia que o Brasil faz de si mesmo enquanto nação é a de um gigante que deve perseverar por um destino grandioso. De outro modo, "o território, mais que suporte material, adquirira 'um valor de homogeneidade simbólica, a pátria' [...]".[18] Por isso, durante muito tempo a política externa do país giraria em torno de questões territoriais: consolidação fronteiriça, unificação e integração territoriais, desenvolvimento do espaço nacional etc. A linha mestra

||||||||||||

ampliando a área de ocupação do país, e, finalmente, os diplomatas lograram a consolidação jurídica do território. Lafer, op. cit., p.25.

16 Conforme Rio Branco é aclamado pela diplomacia brasileira. Ver: Barboza, Apresentação. In: Cardim; Almino (orgs.). *Rio Branco: a América do Sul e a modernização do Brasil*, p.35.

17 Ibid.

18 Foucher, Fronts et frontiéres: un tour du mónd géopolitique, p.39 apud Magnoli, op. cit., p.37.

da política externa nacional – o desenvolvimento – surgira da ideia de que, depois de realizada a integração física desse amplo espaço, era preciso desenvolvê-lo a fim de que se sustentasse e que fosse garantida a sua unidade.[19] Essa é a primeira matriz conceitual da política externa do Brasil, a partir da qual foram se ramificando e renovando os objetivos, à medida que despontavam novas conjunturas. Alguns diplomatas reconhecem a conservação da identificação da política externa brasileira com tal princípio, como o faz Seixas Corrêa, que diz:

> A concepção que o brasileiro fez e faz do seu país ultrapassa os limites da definição renaniana[20] e vai além de um passado relativamente recente e de um presente ainda predominantemente caracterizado por insuficiências e frustrações, para incorporar o tempo futuro. Aquele momento esperado, em que a grandeza física e a unidade geradas pela força motriz da expansão virão a criar o grande país presente desde tempos imemoriais no imaginário coletivo: a utopia brasileira, o mito do poderoso império, em torno do qual se construiu o país que somos.[21]

Concluindo, a percepção de grandeza, que espiritualmente antecede a existência concreta do Estado brasileiro, é implícita às mais importantes aspirações nacionais do futuro e foi na base desse ideário que o Brasil veio a perceber a Argentina como uma rival natural e vice-versa, uma vez que a autoimagem deste país também foi baseada em percepções de grandeza e superioridade em relação aos vizinhos. Tal como no caso do Brasil, a identidade internacional da Argentina se formou como reflexo dos desígnios que a antiga metrópole

---

19 Como sugere Seixas Corrêa, op. cit.
20 Nesta parte, o autor esclarece que Ernest Renan, um nacionalista francês do século XIX, em seu ensaio "Qu´est-ce qu´une nation?", define nação como uma alma, um princípio espiritual composto por passado e presente. Cf. ibid., p.27.
21 Ibid.

espanhola lhe guardava. Também sua independência não significou uma libertação absoluta da política de sua metrópole. Foi, por conseguinte, com baliza na compreensão geopolítica da área de influência administrativa do chamado Vice-Reinado do Prata que a ideia de "Grande Argentina" passou a ser sustentada, sendo estendida até o século XX. A unidade administrativa composta pelo Vice-Reinado do Prata, sob regência da metrópole espanhola, englobava geograficamente a Argentina, a Banda Oriental, o Paraguai e o Alto Peru, com Buenos Aires como sua capital.

É importante ter em mente dois pontos. Primeiro, a estrutura do Vice-Reinado da Prata constituiu um mecanismo de defesa espanhol contra os desígnios portugueses, e muitas das disputas que sobreviveriam entre a Argentina e o Brasil, depois dos processos de Independência, refletiriam contendas baseadas na herança do sistema mental que orientava as disputas entre as metrópoles imperiais por suas respectivas áreas de influência. O caráter frágil e irresoluto dos acordos firmados entre Espanha e Portugal, como por exemplo o que determinava que cabia à primeira o controle da Bacia do Prata[22] e ao segundo, o domínio da Bacia Amazônica, foi motivo de incontinentes litígios. Ainda que Portugal tivesse abdicado da embocadura platina como fronteira meridional de sua supremacia americana, a Espanha vivia receosa de que uma invasão luso-brasileira pudesse ocorrer no sentido sudoeste-sul e, por isso, delegava ao Vice-Reinado do Prata a defesa de suas possessões. Há fortes indícios de que Buenos Aires conservou a crença atávica de que era destinada ao controle da área abrangida pelo Vice-Reinado do Prata – Banda Oriental, Paraguai e Alto Peru –, na qualidade de sua capital. Não apenas no século XIX, mas ao longo do século XX

‖‖‖‖‖‖‖‖

22 Na Bacia do Prata, no entanto, os portugueses receberam os Sete Povos das Missões como compensação pela transferência aos espanhóis da Colônia do Sacramento e da margem esquerda do rio, o que terminou por deixar a questão mal resolvida. Cf. ibid., p.25.

o ideal geopolítico daquele arranjo inspiraria o sonho nacionalista da Grande Argentina, como sugere Beired.[23] Tal ideário teria tido importância na essência nacional da Argentina, como concordam Shumway[24] e Heredia.[25] Para este último, inclusive, as estruturas político-administrativas do Vice-Reinado do Rio da Prata – ainda que de curta duração – influenciaram e emprestaram viabilidade ao processo de formação e construção dos aparatos estatais, já que, entre outras coisas, expressavam a vontade ostensiva de romper com os laços coloniais e firmar sua própria identidade. Assim, ainda que o Vice-Reinado deixasse de existir, para as elites argentinas a resposta à pergunta "Quem somos?" era quase automática: Somos a órbita de poder da região que abrange o Paraguai, o Uruguai e parte do Peru. Um ideal que seria transferido de geração para geração, por meio da memória diplomática e de relatos históricos. Apenas a título de exemplo, o conflito de Itaipu que culmina nas décadas de 1960 e 1970 pode ser interpretado como um reflexo disso, conforme mostraremos detalhadamente mais adiante.

Sintetizemos, pois, duas ideias capitais: Brasil e Argentina reconheceram-se como rivais a partir da percepção que cada um tinha sobre o que deveria representar territorialmente e, posteriormente, sobre o papel de cada um no conjunto geográfico ocupado. Brasil e Argentina construíram sua identidade com base em crenças frutificadas em um ambiente de rivalidade entre as potências pelo domínio colonial capitalista.[26] Com essa concepção de território e, em consequência,

---

23 Beired, "A grande Argentina": um sonho nacionalista para a construção de uma potência na América Latina, *Revista Brasileira de História*, v.21, n.42, 2002.

24 Shumway, *A invenção da Argentina*, p.37.

25 Ver: Heredia, El Cono Sur y América Latina: Interacciones (Siglo XIX), apud Rapoport; Cervo, *El Cono Sur. Una história común*, p.111. Tradução nossa.

26 Para Seixas Corrêa, desde as origens da história do Brasil as circunstâncias externas forneceram elementos para a identidade política do país, a exemplo de seu descobrimento, sua colonização, o Tratado de Tordesilhas, as invasões francesas, as invasões da União Ibérica, as guerras do açúcar com os holandeses, as lutas com os espanhóis em torno da Colônia do Sacramento, os Tratados de Madri e Santo Ildefonso, as guerras

de seu destino sobre o continente, tornar-se-iam rivais por princípio, tendo em vista que o logro dos objetivos de um significaria o fracasso dos propósitos do outro. A própria visão territorial e os princípios geopolíticos que cada um toma por base formam-se em detrimento do outro. Isso, por sua vez, permaneceu na mentalidade das elites no poder de cada país, no pós-independência, ainda que solucionados os litígios por território. As questões territoriais passam, mas as percepções políticas nascidas com elas permanecem.

Como sintetiza Cervo, mesmo "quando os agentes coloniais, Portugal e Espanha, retiraram-se de cena, emergiram os agentes locais, os Estados em formação à época da Independência, que também buscavam o controle sobre o espaço adjacente e sobre as sociedades embrionárias".[27] E ainda que para os dois estadistas protagonistas da formação dos Estados nacionais, José Bonifácio de Andrade e Silva no Brasil e Bernardino Rivadavia na Argentina, "os dois países deveriam encontrar soluções negociadas para suas diferenças de concepções acerca do espaço a ser controlado pelos Estados independentes", a disputa foi levada adiante.[28]

O que se pode chamar de "mito territorial do Brasil", dada a sua força e a sua vinculação a uma ideologia geopolítica,[29] é percebido na recidiva de conflitos fronteiriços que, em tese, já estariam pacificados

||||||||||||

napoleônicas, a mudança da Corte portuguesa e a preeminência britânica. Chegada a República, outros fatores externos moldaram o estilo de ação política do Brasil: o conflito com a Inglaterra sobre a Ilha Trindade, as questões de limite com os vizinhos, a incorporação do estado do Acre, a participação na Primeira Guerra Mundial, a retirada na Liga das Nações, a entrada na Segunda Guerra etc. Para o autor, em decorrência dos estratagemas criados para um bom desempenho do Brasil na superação dessas questões, a elite dirigente brasileira teria desenvolvido "uma sensibilidade especial para os nexos existentes entre fato externo, relação internacional, diplomacia e sua História". Ver Seixas Corrêa, op. cit.

27 Cervo, Intelectuais argentinos e brasileiros: olhares cruzados. In: Frigerio; Ribeiro, *Argentinos e brasileiros: encontros, imagens e estereótipos*, p.101.

28 Ibid.

29 Como sugere Magnoli ao longo de seu texto. Cf. Magnoli, op. cit.

por diversos tratados.[30] A percepção singular que cada país do sistema do Prata teria de si e do diferencial de poder que seu território lhe traria não apenas desembocou em inúmeros conflitos, mas se alimentou deles ao longo do tempo, sendo mais vigorosa que posteriores tratos político-diplomáticos.

Logo, é primeiramente na percepção de abrangência territorial que o Brasil fixa sua identidade, a partir da qual – ou para defender aquilo que acredita ter ou ser – se alimenta no país uma cultura de rivalidade em relação à Argentina e, basicamente pelo mesmo motivo, a recíproca argentina é verdadeira. Entretanto, o fim da Guerra do Paraguai constituiu um relevante divisor cronológico, já que à percepção mútua de rivalidade se incorporou uma dinâmica de "equilíbrio de poder"[31] que caracterizaria o "sistema internacional"[32] do Cone Sul ao longo do século XIX e que continuou exercendo influência sobre as relações internacionais daquele sistema no século XX.[33]

||||||||||||

30 Por exemplo, em tese, a disputa iniciada entre as coroas de Portugal e Espanha pela influência na Bacia do Prata teria sido posta em termo em 1777, quando da assinatura do Tratado de Santo Idelfonso, decidindo que as águas do Rio da Prata pertenceriam exclusivamente à Argentina. Mas, ainda que revestida de novo verniz, a questão se reabriu no contexto do expansionismo europeu do século XIX e, de modo mais estreito, durante e após a Guerra do Paraguai, também chamada Guerra da Tríplice Aliança. Esse conflito, além de retratar choques de interesses ligados às visões particulares do que deveria constituir a área de domínio de cada país da Bacia do Prata – o que estimulou litígios fronteiriços –, é um marco histórico por inaugurar o padrão de aliança internacional que caracterizaria a política externa dos países daquele sistema hidrográfico, ainda por algum tempo, indiciando, por seu turno, que sobre eles ainda ecoavam os interesses de terceiras potências colonizadoras. Também e não menos importante é o fato de que o desfecho da dita guerra conformaria a nova correlação de forças que vigoraria naquela região, a partir de então.

31 Segundo Aron, o equilíbrio de poder "deriva da prudência necessária aos Estados desejosos de preservar sua independência, de não estar à mercê de outro Estado que disponha de meios incontrastáveis". Aron, *Paz e guerra entre as nações*, p.193.

32 Definido por Aron como "o conjunto constituído pelas unidades políticas que mantêm relações regulares entre si e que são suscetíveis de entrar numa guerra geral". Cf. ibid., p.153.

33 Como destaca Mello, "de todas as regiões latino-americanas, a Bacia do Prata foi aquela que se transformou no palco dos mais numerosos e cruentos conflitos bélicos

A RIVALIDADE COMO SENTIMENTO PROFUNDO: NASCIMENTO, EVOLUÇÃO E REFLEXOS DA RIVALIDADE NAS RELAÇÕES...   31

Sobre as causas do conflito, pode-se resumir, de modo demasiado simplista, que à medida que o capitalismo se ampliava em escala mundial, tornava-se indispensável o robustecimento do Estado enquanto instância centralizadora de poder, capaz de garantir a expansão dos mercados e a continuidade do processo de acumulação. Como os países da América do Sul ainda não contavam com significante foco de industrialização, suas dinâmicas mercantis diferiam entre si de acordo com especificidades político-econômicas herdadas do período colonial. Tais diferenças incitaram, por seu turno, desigualdades no processo de acumulação que inflamavam discórdias regionais no campo do comércio internacional. Foi naquele quadro que um conjunto de controvérsias platinas começou a se agravar. De um lado, o Uruguai – que concentrava suas atividades no porto de Montevidéu – atraía a aliança do Paraguai, que possuía dificuldades econômicas e era carente de saída para o mar. Ambos os países possuíam desígnios econômicos convergentes com os das elites políticas das províncias argentinas do Entre Rios e Corrientes, conformando com elas o projeto de criação de um Estado único que fizesse frente ao Brasil. Este, por sua vez, percebendo de longa data que o caudilhismo argentino poderia ameaçar suas fronteiras,[34] buscou angariar respaldo da burguesia mercantil de Buenos Aires, a fim de conter o plano e, com seu apoio, invadiu militarmente o Uruguai, endossando a posse do Partido Colorado, que era simpático à hegemonia brasileira na região. Como represália, o governo do Paraguai invadiu um território brasileiro na província de Mato Grosso e outro argentino, desencadeando a guerra e sendo derrotado pela Tríplice Aliança

||||||||||||

travados entre os Estados do continente desde a emancipação política: as guerras da Cisplatina, do Paraguai e do Chaco. Ademais, há que se recordar também que, à exceção do Brasil com a Bolívia, todos os outros países platinos empreenderam guerras entre si". Mello, op. cit., p.25.

34 Rodrigues, *Interesse nacional e política externa*, p.23.

(formada pelos grupos afins do Brasil, Uruguai e Argentina).[35] Deixando de lado a trama acima sintetizada, o resultado final dos cinco anos de embate foi a destruição maciça do Paraguai, bem como a dizimação de seus recursos humanos.[36] O Paraguai tornou-se, a partir daí, totalmente curvado ao domínio de quem o pretendesse, e a Argentina era o país mais apto a exercê-lo; ademais, em relação ao Brasil o Paraguai cultivava um sentimento de profunda hostilidade, que barrava qualquer tentativa de aproximação.[37] Além da brecha aberta à Argentina para o exercício de sua supremacia regional, o Brasil quase não ganhou nada com a Guerra do Paraguai,[38] a não ser um enorme endividamento decorrente de empréstimos externos para arcar com os custos da investida militar. Em contrapartida, a Argentina fortaleceu-se econômica e politicamente. Nesse sentido, a Guerra do Paraguai causou uma inversão da balança de poderes na bacia do Prata em favor, obviamente, da Argentina.[39]

||||||||||||

35 Nossa intenção não compreende a exploração desse período histórico, sendo ele apenas figurativo do desenvolvimento da evolução temporal do estereótipo de rivalidade que baliza as relações do Brasil com a Argentina. Contudo, um minucioso relato pode ser encontrado no clássico *História da política exterior do Brasil*, de Cervo e Bueno.

36 Bandeira, *Conflito e integração na América do Sul. Brasil, Argentina e Estados Unidos. Da Tríplice Aliança ao Mercosul 1870-2003*, p.46.

37 No ano de 2007, esse sentimento veio à tona quando o jornal paraguaio *ABC Color* dedicou mais de uma página a um editorial que tinha como título "Brasil é imperialista e explorador". Segundo o jornal, o acordo binacional de Itaipu, firmado entre os dois países para compartir recursos hidrelétricos na década de 1970, é responsável pela privação do progresso pela qual passa o país. Acusando o Brasil de tirânico, o jornal defendeu uma revisão do acordo e advertiu sobre a possibilidade de violência física entre os cidadãos dos dois países. No Brasil, a publicação foi alardeada por quase todos os grandes jornais. Como exemplo, ver: <www.oglobo.com/>. Último acesso em: 20/5/2007.

38 A guerra apenas assegurou ao Brasil a abertura do Rio Paraguai à navegação, "necessária ao abastecimento e à defesa da província de Mato Grosso, e a anexação da área litigiosa entre o Rio Iguereí e a Serra do Maracaju, rica em ervatais, mas sem imediatos efeitos econômicos". Além disso, o Paraguai jamais pôde pagar sua dívida de guerra ao Brasil, como assinala Bandeira, op. cit., p.46.

39 A situação brasileira se dramatizou quando o Banco Mauá – tido como "embrião nacional do capitalismo financeiro" por sustentar a industrialização do Uruguai e da

A RIVALIDADE COMO SENTIMENTO PROFUNDO: NASCIMENTO, EVOLUÇÃO E REFLEXOS DA RIVALIDADE NAS RELAÇÕES... 33

E a Argentina seguia ostentando seu crescimento. Com o Paraguai derrotado e a influência do Brasil minimizada, as forças da capital argentina – antes amigas do Brasil – entusiasmaram-se com a ideia da fusão dos três Estados do Rio da Prata (Argentina, Paraguai e Uruguai) para enfrentar a suposta hegemonia brasileira. As investidas políticas do período deixaram clara a alusão à antiga geopolítica do Vice-Reinado do Prata, explicada há pouco.[40] O desejo de domínio político-econômico sobre aquela área era acompanhado por um sentimento de superioridade cultural ou "racial" da Argentina em relação ao Brasil que, conforme alguns autores, tem reflexos até a atualidade, na fixação de estereótipos sociais que ainda perfilam a relação entre os dois países.[41]

Duelo de egos: uma rivalidade ideológica e conveniente

Com o progresso ocasionado pela conclusão da Guerra do Paraguai, a Argentina viu-se desimpedida para dar seguimento às medidas de fortalecimento do Estado Nacional, promovendo a desarticulação das forças de secessão lá existentes. Para isso foi organizado o primeiro Exército nacional permanente – durante os

||||||||||||

Argentina, além da local – faliu. Sem dinheiro, também não foi possível ao Brasil revitalizar seu efetivo militar que paulatinamente foi se rebaixando em face dos contingentes argentino e chileno. Tudo isso frustrava uma espécie de profecia vigente no Brasil, expressa nos dizeres de Mauá, segundo os quais o país devia "exercer no Rio da Prata a influência que lhe dá o direito de sua posição de primeira potência na América do Sul". Cf. Bandeira, op. cit., p.47.

40 Como revelam alguns documentos escritos por Domingo Sarmiento: 1) O "espírito da época e as necessidades das nações modernas militam em favor dos três estados do Prata (Argentina, Uruguai e Paraguai) em um só corpo"; e 2) O "remédio radical e definitivo consistia em compelir o Paraguai e a Banda Oriental (Uruguai) a entrarem para fazer parte de uma federação com a República Argentina, a fim de criar um Estado de língua castelhana, que responda ao Brasil pelos seus atos e afaste por suas responsabilidades as ocasiões de guerra". Cf. ibid., p.48-9.

41 Ver, por exemplo: Frigerio; Ribeiro, *Argentinos e brasileiros: encontros, imagens e estereótipos*, p.101.

governos de Mitre e Sarmiento –, que se incumbiu de debelar os bandos constituídos pela plebe rural e por comerciantes que reivindicavam autonomia regional, bem como as dissidências federalistas de outras províncias. Não havia apenas motivos para que a Argentina investisse no fortalecimento de um exército, mas condições financeiras propícias. Ou seja, a Argentina de fato encontrava-se em posição de vantagem diante de seus vizinhos. Mesmo o historiador argentino José Paradiso admite que, desde então, a reviravolta argentina inflou o ego nacional, salientando a já existente autopercepção de grandeza, à medida que o país passava a ser consideravelmente admirado na cena internacional, como elucida o trecho abaixo:

> Corroborada por um notável desempenho econômico e alimentada pelos comentários de personalidades de todo o mundo, que chegavam para comprovar com seus próprios olhos o milagre que acontecia na longínqua periferia do Rio da Prata, essa imagem de si mesma sustentava uma atitude diante de outros países que mesclava o orgulho e a altivez com demanda de reconhecimento, uma forte dose de autovalorização, uma atitude imitativa e de identificações equivocadas.[42]

As elites lavravam um sentimento de superioridade, inclusive racial, em relação aos países sul-americanos, alegando que a distinção de sua força moral lhe conferia uma aptidão ímpar e irrevogável de hegemonia na região.[43] Para alguns, a presença do Brasil em um processo de integração regional poderia ser ruinosa à integridade da América Latina, numa crença de que iniciativas nessa direção deveriam prezar essencialmente pela reunião de raça, língua e religião, o que excluía o Brasil, exceto pelo último critério.[44] Não obstante,

---

42 Paradiso, Ideias, ideologias e política externa na Argentina, *Diplomacia, Estratégia, Política* (DEP), n.5, 2007, p.9.
43 Russel; Tokatlian, *El lugar de Brasil en la política exterior argentina*, p.19-20.
44 Ibid., p.21.

ao mesmo tempo que se notava superior, a Argentina não deixava de perceber a intenção expansionista do Brasil como uma ameaça. Segundo Russel e Tokaltlian, a noção de rival que o Brasil inspirava foi compartida pela maioria dos dirigentes argentinos e também por intelectuais nacionalistas que fizeram seus os supostos da teoria realista das relações internacionais, em voga na Europa do século XIX.[45] Brasil e Argentina não possuíam motivos palpáveis para rivalizarem entre si. Nem mesmo o fabuloso avanço institucional argentino deveria aguçar um sentimento de competição no Brasil, ao se considerar que o país já estava unificado, pois mantivera as instituições administrativas herdadas de Portugal. Do mesmo modo, justamente pelo fato de reproduzir automaticamente em seu relacionamento externo as alianças preferenciais de sua metrópole, o Brasil não tinha razões concretas de ver na Argentina uma rival comercial, e *vice-versa*, uma vez que os dois países estabeleciam vínculos econômicos com terceiras potências diferentes que disputavam entre si os mercados da América Latina. Ademais, os principais gêneros de exportação dos dois países não coincidiam, permitindo até que suas economias se complementassem. Dessa forma, Moniz Bandeira acredita que o fator ideológico se sobressaía na explicação da rivalidade que se nutria.[46] Vem daí a ideia de estereótipo ideológico de rivalidade defendida pelo autor, um estereótipo que sobreviveria por muito tempo sem necessitar de substrato concreto.[47]

|||||||||||

45 Ibid.
46 Bandeira, op. cit., p.49.
47 Porém, pode-se questionar em que medida a rivalidade está relacionada a um estereótipo ideológico, como sugeriu Bandeira, ou a uma determinada cultura política. Para Ebel, Taras e Cochrane, a cultura política denota os mais profundos padrões impressos na sociedade – atitudes, valores e crenças que se enraízam na mentalidade nacional desde sua infância –, sendo longevas, persistentes e de vagarosa mudança. Já a ideologia é o conjunto de visões e opiniões individuais ou coletivas que podem contribuir ou, dependendo de seu caráter, revigorar determinada cultura política. Entretanto, segundo os autores, a existência de ideologias opostas pode estimular a criação de várias subculturas políticas dentro de uma mesma nação, o que não desmonta a ideia

A reabertura da questão do limite das Missões seria um bom exemplo para a defesa dessa ideia, já que o fato de ela não apenas não ter cessado, como ter recrescido, mesmo depois de Brasil e Argentina terem equacionado suas causas, mostra que pode ter sido mero subterfúgio para aquela indisposição.[48] De acordo com Bandeira, a despeito de a disputa acontecer sobre uma área de capital interesse para ambos os países – principalmente para o Brasil[49] –, a Argentina

de que a cultura política tende a prevalecer sobre a ideologia. Além disso, a cultura política tem que ser necessariamente composta por três elementos: valores políticos, atitudes políticas e comportamento político. Os primeiros dizem respeito às normas idealizadas para a estruturação de um apropriado sistema político-operacional. As atitudes políticas seriam a base de orientação das pessoas até o processo político e, por fim, o comportamento político consistiria no modo como indivíduos e grupos aplicam seus valores e atitudes em situações concretas. Ver: Ebel; Taras; Cochrane, *Political Culture and Foreign Policy in Latin America*, p.9-11.

48 Quando o Brasil proclamou a República, em 1889, teoricamente a Argentina sentiria minimizada sua percepção de ameaça em relação ao Brasil – já que um dos argumentos para fazer do Brasil um rival era o fato de o país poder contaminar a região com o arcaísmo monarca. A despeito de gesticular apoio ao novo momento brasileiro, a Argentina não se flexibilizou diante da questão das Missões, mesmo com Quintino Bocaiúva tendo emitido sinais de disposição a dividir o polêmico território. Todavia, ao mesmo tempo que hasteava a bandeira brasileira em território próprio, como sinal de respeito e amizade, a Argentina embargava navios que saíam dos portos brasileiros alegando que o vizinho era foco de diversas doenças que podiam contaminar sua redondeza, e assim fazia no intuito de, subliminarmente, ressaltar a inferioridade do pretenso irmão. Ademais, estimulava sublevações no Uruguai e no Paraguai a fim de derrubar partidos que fossem favoráveis à aliança com o Brasil. Por exemplo, no Paraguai, disputavam a cena política o Partido Colorado – aliado brasileiro – e o Partido Liberal, que apoiava a liderança argentina sobre a frente platina. O primeiro foi vencido pelas armas do segundo e, como o Brasil desconfiava que a Argentina faria também uma anexação territorial, enviou tropas ao Mato Grosso em linha de frente ao Paraguai, quando o chanceler Barão do Rio Branco decidiu pedir a intervenção dos Estados Unidos, objetivando que uma guerra fosse evitada. Sobre isso Bandeira deduz que: "A troca de atos de cortesia com a Argentina não superara as desconfianças, dado que, conquanto sua economia e a do Brasil se complementassem, a favorecer o estreitamento do intercâmbio comercial, e nada tivesse concretamente para disputar, as reminiscências históricas das lutas coloniais entre Espanha e Portugal até o conflito com Juan Manoel Rosas nutriam ainda a rivalidade entre os dois países, no plano subjetivo, como um estereótipo ideológico". Ver: Bandeira, op. cit., p.52-9.

49 A Argentina reclamava uma área às margens dos rios Chopim e Chapecó, onde o governo imperial brasileiro instalara colônias militares, importantes para a defesa do

continuava a supervalorizar a questão das Missões para justificar à opinião pública os gastos com armamentos que, na verdade, faziam-se em virtude do alarme argentino em relação às vitórias navais do Chile, na guerra contra o Peru e a Bolívia. Ou seja, os motivos para uma rivalidade sempre foram mais sensíveis na equação Argentina X Chile do que com o Brasil, o que ainda tem procedência hoje. No entanto, era da suposta intenção imperialista do Brasil que se alimentara a elite argentina para sustentar a hipótese conspiratória que conferisse razoabilidade aos sucessivos gastos militares.[50]

Mais do que ao Brasil e à Argentina, o sustento de um padrão de rivalidade interessava às crescentes indústrias bélicas da França e da Alemanha – que competiam entre si e com a Grã-Bretanha pelo mercado latino-americano. Brasil, Argentina, Chile, Peru e Bolívia foram reféns das demandas da acumulação capitalista europeia do século XIX, a qual tomou o militarismo como instrumento privilegiado de conquista de mercado.[51] Tornava-se cada vez mais flagrante a corrida armamentista na região e a influência que as duas potências imperialistas (EUA e Grã-Bretanha) exerciam sobre as relações entre os países latino-americanos.

O fato é que desde o fim da Guerra do Paraguai até a década de 1970, Brasil e Argentina seguiram disputando o predomínio sobre a Bacia do Prata, sobretudo com relação ao Paraguai[52] – embora desde Rio Branco o Brasil negasse qualquer intenção de interferir naquele país para defender eventuais interesses. A Argentina temia que o Brasil se infiltrasse no Paraguai pela região do Mato Grosso. Enquanto a Argentina marchava apoiando forças políticas do Paraguai, o Brasil

||||||||||||

estado do Rio Grande do Sul e para a comunicação daquela região com o restante do país, e sobre a qual, como resposta argentina, foi instalada a província de Missões, entidade política com administração própria. Cf. ibid., p.50.

50 Ibid.
51 Ibid., p.51.
52 De crucial importância para o Brasil, uma vez que sua área de fronteira entre o Mato Grosso e o Paraguai ainda não estava consolidada. Cf. ibid., p.60.

buscava apoio do Uruguai, sustentando o governo do Partido Colorado e encorajando-o a reivindicar junto à Argentina o compartilhamento proporcional da jurisdição das águas do Rio da Prata. A Argentina, juntamente com os Estados Unidos, apoiava a Bolívia, que disputava com o Brasil o território do Acre. Por outro lado, o Brasil cultivava boas relações com o Chile, que escrevera complicada história com a Argentina; conspirava no Paraguai para minar a influência argentina sobre ele e encorajava o Equador a investir contra o Peru, tendo em vista a aliança deste último com a nação portenha. O Brasil também se precavia: fortaleceu sua esquadra naval e pensou a construção de ferrovias que unissem as fronteiras do país, facilitando a comunicação e tornando o abastecimento dos estados independente da navegação pelo Rio da Prata.

Muito embora a partir de 1909 as tensões no Cone Sul tivessem sofrido algum esmaecimento, Brasil e Argentina continuavam se desafiando no tocante ao fortalecimento do aparato militar. A corrida armamentista iniciada pela evasiva argentina em torno da questão das Missões não se abrandou nem mesmo durante a segunda presidência de Roque Sáenz Peña (1910-1914), que apresentava importantes pontos de coincidência com as ideias de Rio Branco. Ambos concordavam que era necessária e urgente a instauração da paz na América do Sul. Reconheciam que compartilhavam uma condição de país agrícola, exportador de matéria-prima e importador de manufaturados, que uma economia era tributária da outra, sem concorrerem no mercado mundial e, mais importante, que suas divergências não tinham sustentáculo econômico, decorrendo "dos seus respectivos ciúmes e amor-próprio, dado que ambos os países pretendiam exercer a hegemonia na América do Sul".[53]

Sáenz Peña tratou de negociar, junto a Rio Branco, a interrupção da corrida armamentista, por meio de um acordo que neutralizava os

---

53 Ibid., p.125.

receios mútuos e articulava uma relação recíproca de estudos e informações sobre armamentos e construções navais. Parte dessas propostas já se incluía no que Rio Branco idealizara como Pacto ABC, mas a Argentina impôs como condição que o Brasil renunciasse à última encomenda realizada para sua Marinha e estabelecesse uma paridade naval com a Argentina. Por fim, o Brasil não aceitou a proposta e não houve pacto.[54] Mais interessante, porém, é observar que desde aquele momento já havia contradições entre a política que Brasil e Argentina pretendiam em relação ao seu continente e seus interesses com outras potências. Por exemplo: a Argentina era adepta da paz, mas sentia carência de robustecer seu preparativo militar, ainda que sob a plausível justificativa referente aos litígios com o Chile. Ela se dizia europeísta, antiamericanista, avessa à Doutrina Monroe, mas abria seus cofres à entrada de empréstimos norte-americanos, destinados ao reforço de sua Marinha de Guerra. Em troca, oferecia como recompensa aos Estados Unidos a fidelidade no mercado de armamentos. Por fim, ela resistia ao ABC por cautela de que parecesse ofensivo ao seu novo credor. Em contrapartida, ao mesmo tempo que Rio Branco dizia buscar, com a sugestão do pacto, fazer frente ao domínio dos EUA, mantinha com eles boas relações, até para preservar o volume das exportações agrícolas.

---

54 O pacto só chegou a ser assinado após a morte de Rio Branco, sob a presidência de Victorino de La Plaza, o qual, depois de analisar que Brasil, Argentina e Chile teriam operado harmônica e sinergicamente na mediação do conflito eclodido entre México e Estados Unidos, repensou sua aproximação ao Chile e aceitou negociar com o Brasil a assinatura do Tratado de Não Agressão, Consulta e Arbitragem, conhecido como ABC, retomando a ideia de Rio Branco. Mas, como ressalta Bandeira, o tratado não teve o caráter de aliança, nem abordou a questão do desarmamento. Apenas estabeleceu que as controvérsias que por qualquer motivo surgissem entre as partes contratantes ou entre duas delas e que não pudessem ser resolvidas por via diplomática ou arbitragem teriam de ser submetidas à investigação e ao informe de uma comissão permanente, antes de qualquer abertura de hostilidades. Além disso, o ABC foi rechaçado pelos adeptos da União Cívica Radical, na Argentina, liderada por Hipólito Yrigoyen, profundamente adverso ao Brasil. Cf. ibid., p.126-31.

Lauro Müller, que sucedeu Rio Branco após sua morte em 1912, intensificou seus contatos com Washington, em simultâneo à maior presença de banqueiros e comerciantes norte-americanos em Buenos Aires. Seria o início do famoso triângulo Brasil-Argentina-Estados Unidos, que se nota na história mais recente das relações internacionais da América Latina e sobre o qual trataremos mais adiante.

A reiteração da rivalidade ao longo do século XX

Zeballos e a guerra anunciada

Um importante momento de rivalidade entre Brasil e Argentina se instala com a subida ao poder do vice-presidente argentino Figueroa Alcorta (1906-1910) – em virtude do falecimento de Manuel Quintana –, quando se designa para a pasta das Relações Exteriores Estanisláo Zeballos, declarado antibrasileirista e articulador do famoso caso do "Telegrama número 9". O fato é que, usando o *La Prensa*, jornal do qual Zeballos era um dos fundadores, teria se realizado uma campanha nacional de hostilidade ao Brasil, explorando os temas da balança comercial entre os dois países – em particular, o "ultraprotecionsimo" brasileiro, que estaria desmoronando a economia argentina – e o das intenções expansionistas que levariam o Brasil a fortalecer sua frota naval.[55] Isso teria alastrado e aprofundado o sentimento de rivalidade do povo argentino para com os brasileiros.

Zeballos, de personalidade profusa, defendia para a Argentina uma política externa agressiva que atentasse para a *Macht Politik* bismarkiana e às ideias de poder naval de Mahan. Defendeu a guerra para engrandecimento nacional e propagandeava os perigos trazidos

||||||||||

55 Bueno, *A República e sua política exterior. Os anos de apogeu – de 1902 a 1918*, p.171-5.

pelo excesso de vaidade do Brasil, como mostra a carta escrita a Roque Sáenz Peña:

> Em 10 de junho, conhecida a situação diplomática favorável [...] celebramos um acordo de gabinete, no qual apresentei o plano definitivo para descartar o problema. Ele consistia em formalizar imediatamente uma negociação diplomática com o Brasil, para exigir dele a partilha de sua esquadra conosco. Começaríamos com discrição e amabilidade, para evitar manifestações de amor-próprio, e no caso de resistência formal do Brasil, faríamos que ele soubesse que não estávamos dispostos a permitir a incorporação dos grandes encouraçados a sua esquadra. Mobilizaríamos 50.000 reservistas da guarda nacional e a esquadra que está em excelente situação, e então daríamos ao Brasil 8 dias de prazo para resolver sua situação [...] e a ocupação do Rio de Janeiro, que segundo os ministros de Guerra e da Marinha era um ponto estudado e fácil, pela situação indefesa do Brasil [...]. O projeto seria aprovado por unanimidade, sem observação alguma, até quarta-feira, 10 de junho, e convém que na quinta esteja pronta a documentação necessária para pedir os fundos de mobilização do Exército e da esquadra.[56]

Acusado por setores nacionais de promover a instabilidade regional, Zeballos foi convidado a deixar o ministério. Até o apaziguador Rio Branco estava consciente de que a alternativa à saída de Zeballos era a guerra com a Argentina. Antes da renúncia, durante o seu segundo mandato, Zeballos tratou de conseguir uma prova contundente para suas afirmações sobre o Brasil e, consequentemente, para a corrida armamentista que pretendia reforçar. Tal prova consistiu na interceptação de um telegrama de Rio Branco a um agente diplomático brasileiro e na adulteração do seu conteúdo, de modo a dar-se a compreender que se tratava de um mandato do Estado brasileiro

||||||||||||

56 Etchepareborda, Historia de las relaciones internacionales argentinas, p.40 apud Bueno, op. cit., p.259. Tradução nossa.

para que suas legações no Paraguai, Chile e Peru empreendessem propagandas aos mais altos círculos políticos sobre as pretensões expansionistas da Argentina naquela região, e sobre a disposição do Brasil a lutar pelos mais fracos. Tudo levava a subentender que o Brasil estaria plantando intrigas para angariar alianças e, em seguida, debelar a Argentina. Clodoaldo Bueno apurou, no entanto, que tendo em mãos a chave do telegrama, Rio Branco teria providenciado seu descerramento, levando ao público a prova de fraude. Por muito tempo esse fato obscureceu o relacionamento bilateral e, para os observadores externos, não ficou claro qual das partes falseava as informações. Com efeito, apenas se destacava a disputa entre os dois países pela hegemonia regional.[57]

O olhar da Argentina sobre o Brasil: a rivalidade entre os grandes conflitos mundiais

O período compreendido pelas duas guerras mundiais (1914-1945) não mudou o quadro de tensão nas relações Brasil-Argentina. Apesar de ambos os países adotarem certa neutralidade durante os primeiros momentos da Primeira Guerra, suas posteriores opções de aliança empurraram-nos para lados opostos no conflito. É possível notar, todavia, alguns momentos de aproximação entre os dois países, caracterizados por uma "cordialidade desconfiada", como caracteriza Bueno,[58] ou por uma "cordialidade oficial", como ressalva Cervo.[59] Contudo, no vaivém do diálogo entre os dois países, as ondas de rivalidade tiveram maior impacto relativo que as de cooperação. A leitura de Bandeira sobre aquele momento é a de que, a contar da Primeira Guerra, a aceleração do processo de industrialização em marcha no Brasil, assim como na Argentina, franqueou o desenvolvimento de

||||||||||||

57 Bueno, op. cit., p.260-70.
58 Ibid., p.383.
59 Cervo, *Inserção internacional: formação dos conceitos brasileiros.*

outras contradições a fomentarem "tendências favoráveis à aproximação ou ao conflito, segundo as mudanças ocorridas, internamente, em suas respectivas situações políticas e/ou em suas relações com os EUA". Para ele:

> Isto significou que as tendências para a cooperação ou o conflito se acentuavam ou se arrefeciam, conforme as afinidades ou os antagonismos dos grupos detentores de poder nos dois Estados, em função de suas políticas internas ou posições ideológicas, manipuladas, em longa medida, pelos interesses de terceiras potências diferentes.[60]

Naquele contexto os Estados Unidos tornam-se um fator intrínseco à rivalidade, pois a relação com eles passou a ser o principal instrumento de conquista do objetivo histórico da política externa dos dois países: a ascendência regional. Restringimo-nos por ora, todavia, a observar que mesmo durante as fases em que apareciam tentativas de cooperação, como foi o caso da assinatura do Pacto ABC, em 1915, a rivalidade permanecia.

Nos momentos precedentes à Segunda Guerra Mundial, a corrida armamentista entre as duas nações foi retomada com vigor. A negociação direta de Vargas com Roosevelt para arrendamento de seis *destroyers* converteu-se em importante complicador. A Argentina reagiu energicamente ao trato e o Brasil respondeu com indignação à sua crítica, já que o vizinho também havia encomendado da Grã-Bretanha várias unidades para sua Marinha. A desavença incitou o Exército e a Marinha a pressionarem o governo brasileiro para a compra de mais armamentos. A possibilidade de uma guerra foi tão plausível que Bandeira sugere que o sentimento das Forças Armadas brasileiras sobre a urgência de incremento bélico do país possa ter constituído uma das causas do golpe militar de 1937 no Brasil,

---

60 Bandeira, op. cit., p.135.

levando-se em conta que, com os militares no controle, tornava-se mais garantida a alocação de verbas nas questões de guerra.[61]

Guardadas algumas semelhanças entre Vargas (que governou entre1930-1945/1951-1954) e Perón (que governou entre 1946-1955/1973-1974)[62] – não apenas condizentes às suas políticas de controle social,[63] mas referentes à simpatia que lhes era comum em relação aos regimes nazifascistas da Europa –, Brasil e Argentina lançavam mão de diferentes métodos para instrumentalizar as alianças com os blocos antagônicos do conflito a favor de seu diferencial de poder na América do Sul. Para o Brasil estava claro que uma vantagem maior seria propiciada pela aliança estadunidense, porém, uma aproximação com a Alemanha abrir-lhe-ia grande margem de manobra, tendo em vista que configurava algum tipo de pressão aos Estados Unidos. Foi uma perspicaz política de barganhas, em boa parte responsável pelo financiamento da construção da Companhia Siderúrgica Nacional (CSN), entre outros. Até que o Brasil se posicionasse enfaticamente a favor dos aliados e participasse efetivamente da guerra, procedeu com uma agenda positiva com ambos os lados, conseguindo explorar diversas brechas abertas pelas potências em atrito, aproveitando-se de sua vulnerabilidade, para fazer da política externa um vigoroso suporte do desenvolvimento nacional.[64]

Já o alinhamento argentino à Alemanha parece ter ocorrido mais às cegas. A fatídica opção pelo nazismo durante a Segunda Guerra foi alvo das mais violentas críticas do processo revisionista

||||||||||||

61 Ibid., p.197.
62 Apesar de nunca terem se encontrado no período em que conduziram em concomitância as duas nações (1951-1954), Vargas e Perón acompanhavam cuidadosamente o que se passava do outro lado da fronteira. Cf. Almeida, *Sob os olhos de Perón*, p.17.
63 Sobre isto ver: Rolim, *Multidões em cena*.
64 Para discussões aprofundadas, ver: Moura, *Sucessos e ilusões: relações internacionais do Brasil durante e após a Segunda Guerra Mundial*; Seitenfus, *O Brasil vai à guerra: o processo de envolvimento brasileiro na Segunda Guerra Mundial*; Alves, *Da Itália à Coreia: decisões sobre ir ou não à guerra*.

da política externa argentina dos anos 1990. Para o embaixador Lampreia, o estabelecimento das chamadas relações carnais com os Estados Unidos, na década de 1990, é inclusive fruto de uma renitente tentativa de redenção em relação àquele período, como mostra seu depoimento:

> Acho que, de certo modo, o que está por trás de tudo isto é o fato de que os argentinos, Guido di Tella, principalmente, consideravam que o Brasil, desde a Segunda Guerra, sempre tinha feito as apostas corretas. Tinha participado mandando tropas para a Segunda Guerra Mundial, tinha feito triângulo com os Estados Unidos. Por causa disso, sempre esteve do lado certo. Enquanto a Argentina tinha estado do lado errado: durante a guerra tinha certa simpatia com o nazismo, depois Perón se recusou a ter uma relação normal com os Estados Unidos. Eles achavam que tudo isso tinha prejudicado muito a Argentina. Então seria preciso, digamos, até exagerar nos gestos para que a Argentina pudesse ser vista pelos Estados Unidos no mesmo patamar que o Brasil. Esse era o objetivo deles. Tinha aquela coisa mais anedótica do Guido de que queriam relações carnais com os Estados Unidos.[65]

Mas o curioso é que se tratou de uma conjuntura em que ambos os países cultivavam internamente a rivalidade um com o outro, quer por meio do registro diplomático ou da imprensa. Duas pesquisas recentes mostram que isso acontecia nos dois lados da fronteira: a primeira, referente a uma audaciosa atitude do diplomata aposentado Sérgio Corrêa da Costa, que trouxe a público não apenas o relato de suas memórias de quando servia a diplomacia, em Buenos Aires, nos últimos anos da Segunda Guerra Mundial, mas a transcrição de trechos de documentos ultrassecretos que ele mesmo fotografou do *Archivo General de la Nación*, os quais ele julga altamente comprometedores

---

65 Lampreia, Entrevista concedida à autora.

e que, segundo ele, só renderam publicação depois de décadas em segredo, mantido mesmo em relação à sua mulher e aos seus filhos, até que se garantisse que nenhum inquérito pudesse ser aberto.[66] Embora sua atuação naquele instante consistisse em colher informações na Argentina para o governo brasileiro, o diplomata não assume chegar até os documentos por recomendação de alguma tarefa estatal de inteligência secreta. Sua explicação é que as áreas mais vigiadas do arquivo teriam sido alcançadas casualmente, enquanto buscava para si próprio, a título de curiosidade, informações sobre o envolvimento argentino na insurreição de mercenários alemães no Rio de Janeiro, em 1828, e na elaboração do plano de sequestro do imperador e de sua posterior condução até uma prisão em Buenos Aires. Buscando tais dados, Corrêa da Costa teria se deparado com documentos que esquematizavam uma guerra clandestina entre a coalizão Argentina--Alemanha e o Brasil. Posteriormente, quando já afastado do cargo, Corrêa da Costa decidiu completar a pesquisa documental e realizar entrevistas que o levaram às seguintes inferências: O fato de ter encontrado nos arquivos argentinos um mapa nazista de recorte da América do Sul em áreas de influência, cujo original encontrava-se na Alemanha, seria um forte indício de que a Argentina era aliada alemã na transformação da América do Sul em espaço vital.[67] De acordo com ele,

> A grande Alemanha do Sul seria implantada no nosso subcontinente. [...], abrangeria todas as terras ao sul de uma linha que começa no litoral do Atlântico do Brasil, na altura do Rio de Janeiro, e termina no Pacífico, em Antofagasta, o grande porto chileno exportador de cobre e nitratos. País fabuloso abrangeria o Paraná, Santa Catarina, Rio Grande do Sul, Paraguai, o terço meridional da Bolívia e o Uruguai.[68]

||||||||||||

66 Corrêa da Costa, *Crónica de uma guerra secreta*.
67 Ibid., p.251.
68 Ibid., p.252.

Segundo Corrêa da Costa, o Brasil brilhava aos olhos da Alemanha não apenas por seu papel no comércio internacional, ou pela posição estratégica nas rotas marítimas, mas principalmente por possuir uma comunidade germânica de quase um milhão de pessoas.[69] A Argentina se interessava no plano porque sempre lhe representara uma ameaça o gigantismo territorial do Brasil e seu grande número populacional. Sobre isso, o autor afirma ter apurado diversos documentos de homens de Estado. A separação dos estados do Sul do Brasil em zona de influência alemã e o isolamento deles em relação ao que chamavam de "complexo luso-ameríndio" era de capital interesse à Argentina, que por isso apoiava a vitória do Eixo.[70] Tal vitória significaria para a Argentina o momento de acertar contas com o Brasil e de conversão da Argentina na única nação sul-americana em condições de estabelecer no Sul a influência que os Estados Unidos exerciam ao Norte.

Também constam na coleta do diplomata documentos que acusam o estreito envolvimento de Perón com a Alemanha, desde antes de sua subida ao poder, quando prometia ao Reich o comprometimento de seu governo e de sua diplomacia na interceptação de mensagens cifradas, assim como um plano de assassinato do então chanceler brasileiro Oswaldo Aranha. Em outra mão, o apoio incondicional que Perón oferecera a Getúlio Vargas levava em conta não apenas as semelhanças entre as vertentes trabalhistas que se pretendia praticar nos dois países, mas também a simpatia de Vargas por regimes totalitários. Perón esperava de Vargas uma neutralização da presença dos Estados Unidos e a conversão do Brasil em uma aliança germânica.

Sem entrar no mérito do estudo, nem do enviesamento das informações, essa narração articulada busca aproveitar uma ideia principal:

|||||||||||

69 Ibid., p.21-4.
70 Ibid., p.263.

os relatos confidenciais da diplomacia, abertos à consulta apenas para os oficiais da carreira, não teriam alguma responsabilidade na cristalização de uma memória de rivalidade que continua influenciando a cautela dos dois países? Até que ponto o relato de Corrêa da Costa, hoje um diplomata aposentado, ontem secretário-geral do Itamaraty, reflete a visão que a diplomacia brasileira guardava de seu vizinho, por meio das informações colhidas por sua embaixada em Buenos Aires? E, sobretudo, em que medida tais informações ajudariam a delinear não apenas decisões de política externa de longo prazo, mas a visão de futuras gerações de diplomatas que encontram na memória uma fonte de inspiração?

A Argentina também cultivou a memória diplomática de rivalidade com o Brasil, como mostra a pesquisa do jornalista Hamilton Almeida. Utilizando sua curta residência em Buenos Aires, quando trabalhou como correspondente para o *Zero Hora*, no início da década de 1990, ele transformou seu intuito de pesquisar o Mercosul sob a ótica argentina no escopo de estudar o Brasil de Vargas, "Sob os olhos de Perón", com base em relatórios secretos do período, escritos pelo embaixador da Argentina no Brasil, Juan I. Cooke, ao então ministro das Relações Exteriores e Culto, Jerónimo Remorino, bem como em pareceres de Perón.[71] Em linhas muito gerais, já que o livro é rico em detalhes instigantes, o jornalista chega a alguns arremates cronologicamente ordenados: 1) Perón financiou a campanha vitoriosa que reconduziu Vargas ao poder na década de 1950, através de um pacto secreto urdido pelos dois. A derrota da Alemanha na Segunda Guerra e o consequente fracasso dos planos argentinos levou o país a repensar seu lugar na América do Sul, chegando à conclusão de que era premente uma união com os vizinhos, até pela inevitabilidade da presença dos Estados Unidos na região. Perón reconhecia as rivalidades ancestrais, mas ponderava que a Argentina não conseguiria

|||||||||||

71 A pesquisa resultou no livro: Almeida, *Sob os olhos de Perón*.

A RIVALIDADE COMO SENTIMENTO PROFUNDO: NASCIMENTO, EVOLUÇÃO E REFLEXOS DA RIVALIDADE NAS RELAÇÕES... 49

manter por si uma unidade econômica, assim como o Brasil não teria condições de se desenvolver sozinho dada a sua alta taxa de analfabetismo. Assim, Perón considerava que o Brasil "devia fazer uma verdadeira cruzada para educar seu povo, como condição *sine qua non* para o seu crescimento como potência",[72] e que precisaria contar com o apoio do vizinho culto.

Um pacto secreto de união econômica, militar e política chegou a ser elaborado com Vargas antes mesmo de este retornar ao poder, pois uma ampla campanha seria executada a partir do Sul do Brasil para que sua eleição se consumasse. Esse pacto nunca chegou a ser selado. Vargas alegava que não podia cumprir o combinado em razão da impotência em governar a força da oposição fortemente aderente ao *pan-americanismo*. Perón parecia acreditar nas justificativas de Vargas, conforme discursava à sua base, mas, nos bastidores, qualificava a situação como um "baile de cretinismo".[73]

Por outro lado, parecia ocorrer uma inversão das vontades na medida em que, antes rechaçado pela Argentina, o ABC desde então passara a ser repudiado pela elite dominante brasileira, agora simpatizante do *pan-americanismo*. Mas, no mesmo sentido da pesquisa de Corrêa Castro, o relato de Almeida é interessante não só pela sucessão de fatos narrados a partir de documentos secretos, mas especialmente por desvendar a memória que Perón e sua cúpula diplomática buscaram forjar acerca das relações com o Brasil. O trabalho de registro diplomático cristalizava a imagem de uma Argentina vitimada que tentara arduamente estreitar laços com o Brasil, mas que esbarrava no veto de alguns setores específicos: a imprensa,[74]

||||||||||||

72 Ibid., p.63.
73 "Quero que as pessoas pensem, no futuro, que, se houve cretinos, não fui o único e todos juntos iremos ao 'baile del cretinismo'." Fonte citada em: ibid., p.61.
74 No relato de jornais inimigos da Argentina, feito pelo embaixador Cooke, constam: *Correio da Manhã*, *O Jornal* (de Chateubriand, considerado o mais feroz), *Jornal do Brasil*, *O Globo*, *Diário da Noite*, *Tribuna da Imprensa*, *Imprensa Popular*, *A Força da Razão*, entre outros. De acordo com Cooke, "Dado o pensamento geralmente

os militares[75] e o Itamaraty.[76] Sendo legítima ou não, até hoje a impressão que alguns membros governamentais argentinos têm das dificuldades de cooperação com o Brasil é que sua inércia se deve tão somente a barreiras fixadas pelo Itamaraty. Indagado sobre o posicionamento de agentes específicos da política externa brasileira acerca da cooperação estratégica com a Argentina, o assessor da Comissão de Defesa do Senado argentino, José Manuel Ugarte, expressa que "fica a percepção de que a resistência maior venha da política externa formulada pela diplomacia brasileira, mais do que das Forças Armadas".[77]

||||||||||||

antiargentino do brasileiro culto, construído por anos de propaganda hostil e por evidentes complexos, inclusive de inferioridade racial, produz-se o fenômeno do ponto três, ou seja, dos constantes ataques à Argentina por parte dos escritores, jornalistas e homens públicos". O embaixador também faz, nos documentos, comentários a jornais neutros e amigos da Argentina, que seriam uma minoria. Fonte citada em: ibid., p.139-40 e p.147-68.

75 Cooke cita como exemplo o almirante Penna Botto, que seria "antiargentino até a medula dos ossos" e cujas opiniões expostas ante políticos e militares, frequentemente, unidas ao conceito de seu livro *Campanhas navais sul-americanas*, que conteria "todo o gênero de calúnias, injúrias e desagradáveis apreciações" contra a Argentina, propiciar- -lhe-iam "autoridade junto aos oficiais jovens que consideram verdadeiramente acertados os seus pontos de vista". Cf. ibid., p.98. Mas, além dele, o embaixador entrega ao ministro das Relações Exteriores argentino uma lista de militares favoráveis e contra a Argentina. Tanto no campo militar como político, os rivais estariam entre as figuras relacionadas à UDN e ao PSD, enquanto os amigos estariam, geralmente, vinculados ao PTB e ao PSP. Um exemplo de nome apontado como amigo da Argentina é Góes Monteiro. Chefes superiores dirigentes da Marinha e do Exército, de modo geral, não eram favoráveis ao Pacto ABC. Ver: ibid., p.181-93.

76 Perón via o Itamaraty como "uma instituição supragovernamental que deveria ser desmontada juntamente com outras excrescências imperiais". Cf. ibid., p.58. De acordo com os relatos de Cooke ao ministro Remorino: "Não se seguem orientações do Executivo, mas do Itamaraty que tem persistência notável e nasceu aparelhado às doutrinas de condução militar. O Itamaraty é uma espécie de entidade autônoma dentro do Estado". E sendo o Itamaraty contra ligações com qualquer país daquele entorno regional, o obstáculo à cooperação era praticamente insuperável. "Ficou comprovado que o melhor exército é o Itamaraty", diz o relatório secreto 888/1954. Ver: ibid., p.280-1.

77 Ugarte, Entrevista concedida à autora.

Mas voltando à era de Perón, a impressão que Cooke deixava inscrita à memória diplomática era de um Brasil desinteressado na formação de quaisquer blocos regionais ou em quaisquer facções que caracterizassem infidelidade ao conceito de *pan-americanismo*. Incomodava-lhe, ademais, o fato de o Brasil alardear momentos de vitória e superioridade em relação à Argentina. Segundo ele, os fatos históricos estavam sendo distorcidos no Brasil, como elucida o relatório secreto de 6 de fevereiro de 1953:

> [...] durante os anos de permanência neste país, um dos motivos que me produzem uma constante irritação é a falta de lealdade, por parte da imprensa e dos homens que escrevem história, nas suas apreciações sobre a política internacional e as lutas entre nossos dois países. Aqui existe a arraigada convicção na alma popular de que a batalha de Ituzingó não constituiu uma derrota das armas brasileiras. Nas escolas primárias, nos institutos especializados, nos círculos históricos, nos compêndios sobre a matéria, nos comentários jornalísticos etc., nega-se com um patriótico ciúme doentio que o Brasil foi vencido naquela ação militar, gloriosa para as armas argentinas.[78]

A atuação do Itamaraty, segundo os relatórios secretos argentinos, se chocava com os esforços de cooperação, estando a ação individual dos diplomatas subordinada à corporação da qual receberiam treinamento, impedindo a consideração de qualquer possibilidade de união com a Argentina, considerada como prejudicial ao Brasil. Por outro lado, a visão que registrava a Argentina era a de que a diplomacia brasileira era orientada a manifestar publicamente uma falsa cumplicidade com sua nação, como expõe o trecho abaixo:

> Sua oposição à política argentina tem dois aspectos: está oculta sob as aparências de cordialidade e boa vontade, que existem verdadeiramente,

---

78 Almeida, op. cit., p.99.

mas que não são suficientes para mudar a medula de concepções e diretrizes da política exterior que eles estimam fundamentais para sua pátria e que provêm da época do império. Os homens que professam essa ideia de simpatia à Argentina se inclinam até certo limite, em que seu afeto toca as suas crenças e normas de fundo em matéria internacional, e, como é lógico, daí não passam. Em outros casos, os dirigentes do Ministério das Relações Exteriores deixam que essas concepções básicas influam até em sua conduta formal e se convertam em decididos e públicos adversários da República Argentina. [...] Tais condições não se referem somente às influências políticas ou econômicas, mas também culturais. Há que se reconhecer que, apesar de todo o progresso realizado nas relações internacionais durante os últimos tempos, Argentina e Brasil são herdeiros de duas tendências contrapostas e de duas culturas muito diferentes. [...] Cabe destacar que, enquanto a formulação da política exterior argentina está baseada, como as principais premissas de seu governo, na vontade e tendências populares, a condução internacional da posição brasileira depende completamente do pensamento de uma minoria que dirige o Itamaraty e que se forma dentro das concepções do Barão do Rio Branco, modificando-as muito levemente e sem acompanhar o compasso dos acontecimentos modernos.[79]

---

79 Ver: ibid., p.106-7. De acordo com Cooke: "A política internacional do Brasil em relação à Argentina tem se guiado por três aspectos: oposição sistemática e encoberta pelo Itamaraty ao que possa favorecer nosso país; declarações públicas ostensivas de simpatia pela Argentina dos homens do Itamaraty; críticas reiteradas à Argentina e à aparente postura do Itamaraty pelos homens mais destacados da vida brasileira, tanto no ambiente cultural como na imprensa. Essa apreciação requer explicações. Quanto aos dois primeiros pontos, o seu significado é claro: o Itamaraty mantém, desde a época do Barão do Rio Branco, um pensamento e uma condução baseados no axioma de que o predomínio brasileiro na América do Sul só está ameaçado pela possível expansão argentina, caso continue o progresso da nossa nação nos setores industrial, cultural e econômico. A palavra de ordem para seus diplomatas é, desde as primeiras aulas que recebem no instituto, opor-se ao engrandecimento argentino. Ao mesmo tempo, os dirigentes das relações exteriores do Brasil compreendem que uma atitude publicamente hostil seria contraproducente, inclusive pela desconfiança que causaria nos demais governos do continente, os quais não deixam de observar com preocupação os afãs de 'liderança' do Brasil [...]". Cf. ibid., p.139-40.

A diplomacia argentina interpretava que a liderança era o corolário da política externa do Brasil, a ser alcançada com apoio de uma prática de balanço de poder que utilizaria os Estados Unidos como diferencial. À aliança que o Brasil buscava com outras nações sul--americanas com o mesmo fim, Cooke dava o nome de *contragolpe*.[80] Assim, ele elencava ao ministro Remorino os princípios de condução da política internacional do Brasil, segundo sua observação:

> Princípios estratégicos de condução: Apoio dos Estados Unidos, o que é obtido mediante seu voto nos eventos internacionais, as concessões limitadas ao aporte de capitais, a defesa das liberdades democráticas; reação ostensiva contra os regimes totalitários; observância das sugestões americanas. Aproximação do Peru. Manutenção da relação comercial, política, cultural com as nações excluídas da sua órbita e atraídas pela Argentina.
>
> Princípios psicológicos de condução: Difusão constante do conhecimento de seu potencial, especialmente entre os países limítrofes. Ocultamento de suas debilidades. Difusão cultural (principalmente do idioma) entre as nações vizinhas.
>
> Princípios normativos: O papel das forças armadas brasileiras é *a priori* defensivo. Fica para a diplomacia a realização dos objetivos internacionais. A condução dos negócios exteriores deve estar, exclusivamente e sem interferência, nas mãos do Itamaraty.[81]

Fica claro pelos documentos que as ideias que a Argentina observava serem cultivadas no Brasil, em seu conjunto político, não lhe representavam ameaça, já que o vizinho era tido como cultural e politicamente incipiente. A principal fonte de ameaça era o Itamaraty, como indica o fragmento abaixo:

||||||||||||

80 Interpretamos, no entanto, que ao considerarem a atitude do Brasil como contragolpe, os documentos argentinos trazem à tona uma confissão velada de golpe por parte da Argentina, o qual deveria conduzir ao domínio argentino na região. Cf. ibid., p.133.
81 Ibid., p.283.

[...] somente existem no Brasil duas forças com uma ideologia definida: o nacionalismo e o comunismo. Mas nenhuma delas é realmente orgânica. [...] O Brasil é politicamente imaturo e por isso sua doutrina é construída por uma elite de estudiosos. A massa é inculta e vive aflita pelos imperativos imediatos e primários. É muito pouca gente que lê [...] Somente a UDN mantém permanentemente sua postura anti-Argentina e isto é mais tradicional do que ideológico [...] O Itamaraty está acima dos homens do Brasil porque possui, justamente, uma linha política definida e sedimentada, que pode ser valorizada como a única manifestação doutrinária permanente da posição política externa desse país.[82]

Cabe sempre lembrar que, ao longo da história, Brasil e Argentina preservaram o padrão de rivalidade, mas seguiram exaltando um destino comum que os dirigia a uma fraternidade inexorável. Ambos os padrões, ainda que aparentemente antagônicos, conviveram sem que um substituísse o outro. De acordo com Wendt, a rivalidade constitui uma relação interpsicologista, caracterizada pela participação bilateral de crenças subjetivas a respeito do eu e do outro. A mudança nessas crenças afetaria, em consequência, o grau da rivalidade.[83]

Para Martins, há três modos de lidar com a experiência histórica:[84] (1) "trata-se de uma forma de interpretar o passado, de modo (2) a explicar plausivelmente a situação presente em que se encontra o agente e (3) a projetar um futuro compatível".[85] Transpondo esse ensinamento para o caso do registro diplomático, inferimos o seguinte: a ação diplomática é regulamentada por um quadro de normas e valores, por sua vez, orientados pela visão que uma sociedade

||||||||||||

82 Ibid.

83 Wendt, *Social Theory of International Politics*, p.283.

84 Para ele, o agir racional do homem se baseia em ideias e o conjunto dessas ideias forma uma cultura "que fornece um quadro de referências, no qual, indivíduos e comunidades se encontram, ou se reencontram, e estipulam objetivos, metas, fins". Martins, *Cultura e poder*, p.2.

85 Ibid., p.8.

tem de si, de seu passado e de seu futuro. A memória diplomática molda não apenas a visão do passado nacional daqueles que estão sendo introduzidos ao universo diplomático, como constitui objeto de reflexão aos que centralizam as decisões, ou seja, está constantemente a serviço da diplomacia.[86] Dado que também é formadora de uma mentalidade de longa duração, a observação dos registros diplomáticos permite, inclusive, arriscar prognósticos futuros da saúde e concretude de determinadas parcerias bilaterais.

O contencioso de Itaipu na visão de protagonistas brasileiros

É comum atribuir ao caso Itaipu a razão da rivalidade aguda que Brasil e Argentina nutriram durante seus regimes militares das décadas de 1960 e 1970 e imputar, a seu fim, o início de uma era de amizade entre Brasil e Argentina. A complicada situação em que se envolveram os dois países em torno da construção da usina de Itaipu costuma ser analisada como o cume de um processo de conflito de interesses resultante de embates entre os seus respectivos projetos geopolíticos militares. Não resta dúvida de que a geopolítica está relacionada, principalmente ao considerarmos que ela colaborou para o traçado identitário de cada país, imbuindo de seus pressupostos tanto a diplomacia quanto os militares imperiais. No entanto, seria um equívoco atribuir com exclusividade as causas do conflito de Itaipu ao projeto geopolítico liderado pelos militares desde a década de 1920 e que influiu com certa incisão nos governos militares da década de 1960.[87] Embora reconheçamos que naquele contexto tenha

||||||||||||

86 Como nos indicou o embaixador Seixas Corrêa, op. cit.

87 Da década de 1920 até a posterior, configura-se a primeira fase da geopolítica no Brasil como estudo a serviço do Estado. À época da Segunda Guerra Mundial, a geopolítica amadurece demarcando uma segunda fase que, porém, é sucedida por uma terceira, assinalada pela fundação da Escola Superior de Guerra. Entra em vigor uma geopolítica essencialmente doutrinária, que se estende até o golpe de 1964. Após essa fase, segundo Miyamoto, inicia-se uma quarta fase, quando os estudos são voltados para o

ganhado maior impulso, o contencioso de Itaipu parece-nos mais um reflexo do estereótipo de rivalidade fixado pela identidade de cada país, que permeou historicamente os corpos diplomáticos e militares brasileiros e argentinos.

Crucialmente, o conflito trazia à tona a antiga disputa entre Brasil e Argentina pela influência sobre o Paraguai, que perpassa o incidente da Colônia de Sacramento e o litígio em torno do território das Missões. Ou seja, Itaipu é um legado da mais remota origem das questões platinas. Foi um conflito, entretanto, que envolveu diversos campos de embate. No Brasil, por exemplo, as opiniões estiveram divididas entre o empresariado do Rio de Janeiro, que somava força aos militares da ala mais nacionalista, e a diplomacia, que buscava um meio-termo de forma a não sacrificar a soberania nacional.

O embaixador Mário Gibson Barboza enfatiza em seu livro de memórias o fato de que o que estava em jogo não eram os recursos hidrelétricos em si, mas a continuação da disputa brasileiro-argentina pelo controle político sobre o Paraguai.[88] Barboza explora um

||||||||||

binômio segurança e desenvolvimento, o qual resulta na perspectiva de que o Brasil se torne uma potência. E por fim, o último momento, entre as décadas de 1980 e 1990, é caracterizado pelo esquecimento da ambição de potência e pela aposta em projetos no Norte do país. A ideia de potência foi nutrida no âmbito militar entre os anos 1960 e 1970, fomentada por projetos que inferiam que o Brasil teria a maioria dos quesitos para alcançar esse objetivo, sendo alguns deles: seu considerável número populacional, sua propícia localização geográfica, sua extensão territorial e sua reserva natural de matérias-primas e recursos estratégicos. Assim, sob um ponto de vista reduzido ao campo militar, podemos inserir o conflito de Itaipu num contexto de esforço de conversão do Brasil em núcleo de poder regional, o chamado projeto "Brasil Potência", que coincide, por sua vez, com o projeto "Argentina Continental, Bioceânica e Antártica". Entre os militares de ambos os países, reinava o propósito mútuo de elaboração de projetos para a neutralização dos esforços do vizinho. Miyamoto, *Geopolítica e poder no Brasil*, p.44 e 72; Cavagnari, Introdução ao estudo de uma potência média, *Premissas*, 1994, p.35.

88 Barboza foi embaixador, secretário-geral do Itamaraty e ministro das Relações Exteriores durante o regime militar no Brasil. Uma longa entrevista concedida ao Centro de Pesquisa e Documentação Histórica da FGV inspirou-o a publicar seu livro de memórias, em 2002, quando já afastado das obrigações diplomáticas.

momento caracterizado pela iminência de guerra do Brasil com o Paraguai, quando o pivô era um pequeno trecho territorial que o Paraguai reivindicava como seu e para a defesa do qual colocava tropas militares em constante prontidão, as quais, por sua vez, representavam para o Brasil uma ameaça.[89] Ao mesmo tempo que se preocupava com a possibilidade de invasão militar empreendida pelo vizinho, o Brasil estava absolutamente seguro de que não deveria ceder aquela ínfima porção, sob pena de sacrificar a soberania e a integridade territoriais. Visando à intermediação da questão, Barboza foi levado a administrar a embaixada no Paraguai, vivenciando diversas atitudes hostis enquanto lá permaneceu. Essa foi a situação que Barboza nos deixou impressa:

> Conflito forte, violento. O Paraguai achava que o território disputado era dele, e o Brasil pensava que não havia razão para discutir, porque a área, sem a menor dúvida, nos pertencia. O impasse era total e intransponível. De proporções ainda pequenas, porém já com publicidade extremamente desfavorável ao Brasil. Na Europa, o que se dizia nos meios governamentais e diplomáticos era que um grande país como o Brasil, com uma área territorial gigantesca, estava querendo, mais uma vez, oprimir o Paraguai, um pobre país sem qualquer riqueza e nem ao menos uma saída para o mar, tirando-lhe um pedaço de seu território.[90]

Entendendo que se tratava de um pleito apaixonado, Barboza relata que a única solução encontrada era fazer com que o Paraguai passasse a enxergar a disputa como insignificante perante a urdidura de uma teia de interesses de tal porte que "transformasse a

---

||||||||||||

89 Conta o então embaixador que sua atuação se deu no momento em que o Paraguai comemorava os cem anos do "martírio da raça", ou da Guerra da Tríplice Aliança, e que, impulsionado por tal sentimento, decidira cobrar do Brasil um pequeno trecho fronteiriço. Barboza, *Na diplomacia, o traço todo da vida*, p.120.
90 Ibid., p.122.

contenda territorial em algo de importância secundária – ou mesmo, o anulasse".[91] Dado que se demandava o incremento de recursos hidrelétricos no Brasil e em seu entorno, Barboza viu na construção de uma usina um ensejo que uniria a intenção de incremento energético do Brasil com a possibilidade de neutralizar o conflito com o Paraguai, tendo em vista que, ao se inundar forçosamente o território em litígio – para construção da usina –, eliminar-se-ia o objeto de discussão. Barboza relata que, além do argumento de criação de interesses comuns, também a alegação da Ata das Cataratas de 1966, que versava sobre o aproveitamento proporcional pelos países-membros dos recursos hídricos, foi utilizada para convencer o Paraguai. Todavia, estava claro que o próprio Paraguai era consciente de que não possuía direitos sobre o território. Mesmo o chanceler paraguaio, Sapena Pastor, havia assentido à alegação de Barboza de que o problema territorial não se baseava em fundamentos sólidos, dado que não se podia discutir a posse de um território atribuído por um tratado celebrado em 1872, devidamente ratificado pelos dois países. Barboza sinalizou a Sapena Pastor que compreendia que o Paraguai não poderia, àquela altura, recuar do objetivo que assumira com sua nação, tampouco ir a público declarar que o Brasil tinha razão e que a questão decorrera de erro paraguaio, o que obviamente combaliria a legitimidade popular do governo. Barboza então advertiu o chanceler paraguaio de que o progresso decorrente da construção de uma grande usina teria maior impacto popular do que a vitória na disputa de um pequeno trecho fronteiriço. O Paraguai aceitou e "assim nascia Itaipu".[92]

A ideia foi bem recebida pela diplomacia brasileira. O chanceler e também general Juracy Magalhães foi o mediador entre o embaixador Gibson Barboza e o presidente Médici, facilitando a assinatura

||||||||||||

91 Ibid., p.127.
92 Ibid., p.132.

do acordo em 1973. Entretanto, recorda Barboza, o problema da fronteira continuou durante anos. No Brasil, persistiam posições que defendiam que as pretensões do Paraguai fossem repreendidas pela força. O empresariado, representado por Marcondes Ferraz, autor de projetos hidrelétricos para o Brasil, começou a levantar junto à mídia a opinião de que, sendo o território legitimamente brasileiro, seria conveniente a construção de uma usina puramente nacional.[93] Nessa direção, os militares brasileiros se envolveram em uma série de incidentes na fronteira, mesmo depois de assinado o acordo.[94] A contínua reclamação de Sapena Pastor a Barboza quanto ao comportamento dos militares brasileiros fez que o chanceler brasileiro buscasse explicações junto ao Estado-Maior do Exército, o qual, segundo ele, desmentia a acusação. Naquele momento era crucial que militares e diplomatas agissem de comum acordo e, sobre esse diálogo, encontram-se uma série de visitas que o embaixador realizou a unidades de Comando do Exército. Barboza relata ter recebido frieza e certa hostilidade dos militares que procurou. Do general comandante de Campo Grande – no estado do Mato Grosso do Sul – ele conseguiu extrair a confissão de que sua unidade não cumpria ordens de apaziguamento do Estado-Maior do Exército, dado que eram guiados pelo sentimento de obrigação de devolver com devida proporção as invariáveis agressões dos militares paraguaios. Sílvio Frota era um dos oficiais da alta cúpula militar que se contrapunham ferrenhamente a um ajuste conformado com o Paraguai.[95]

Enquanto o Brasil se preocupava com o Paraguai, a Argentina acompanhava todos os movimentos das tentativas de negociação,

||||||||||||

93 Ibid., p.136.
94 Barboza narra trechos de conversa que teve com diversas figuras da época, como o general Sílvio Frota e o general Lyra Tavares. Apesar da simpatia do segundo, o primeiro dispensou tratamento irredutível e reiterou continuar considerando o problema como motivo de guerra do Brasil contra o Paraguai. Cf. ibid., p.187.
95 Ibid., p.140.

aproveitando o momento favorável para supervalorizar junto ao Paraguai um sentimento de antibrasileirismo. Com o Brasil prestes a angariar uma parceria energética junto a um antigo inimigo, a Argentina poderia perder a influência sobre uma área que sempre foi alvo de sua política exterior. Alegando que a construção de Itaipu entre Brasil e Paraguai causaria seu isolamento hidrográfico, a Argentina passou a militar contra ela e a idealizar, como contrapeso, a construção da usina de Corpus. A Argentina tentava expor e denunciar ao mundo a ilegitimidade da prática diplomática brasileira, ao evocar os termos do Tratado da Bacia do Prata, assinado em 23 de abril de 1969. Tal tratado, que estipulava o aproveitamento harmonioso dos recursos hídricos daquele sistema, rezava que, devido ao fato de qualquer modificação em um dos trechos da bacia poder acarretar um desequilíbrio no subsistema, todo projeto advindo de qualquer país exigia consulta prévia a todas as nações envolvidas.

Um episódio narrado por Mário Gibson Barboza retrata a obstinação argentina de impedir Itaipu. Trata-se de uma viagem feita por Lanusse por toda a América do Sul, onde discursou declaradamente contra o imperialismo do Brasil. O coroamento do périplo seria no Brasil, onde, em suposto ato de homenagem, Lanusse entregaria a Médici uma estátua de San Martín – a mesma que se encontra hoje na lagoa Rodrigo de Freitas, no Rio de Janeiro. Como é de costume das honras diplomáticas, dois presidentes sempre trocam os textos dos respectivos discursos a fim de que não se tenha surpresas desagradáveis. Mas o discurso que Lanusse leu no momento de inauguração da estátua não foi o mesmo texto cordial previamente conhecido por Médici. Tratava-se de um texto que atacava o Brasil e queixava-se do prejuízo que a construção de Itaipu levaria ao seu país.[96] De acordo com Barboza, naquele momento Médici e a diplomacia brasileira se convenceram sobre a impossibilidade de abrir

---

96 Ibid., p.166.

precedentes à Argentina. A perplexidade brasileira é assim narrada por Barboza:

> Se tivéssemos sabido antes dessa objurgatória é claro que não a aceitaríamos e, caso necessário, até cancelaríamos a visita. Mas Lanusse nos surpreendeu, e, como foi o último a falar, conforme é de praxe, sendo ele o hóspede, não havia possibilidade de réplica. Enquanto ele discursava, Médici debruçou-se sobre a mesa, olhando para mim como quem pedia uma explicação sobre o que estava acontecendo. Terminado o banquete, ao passar por mim, perguntou-me:
> – Aquele parágrafo não estava no discurso. Ou estou enganado?
> – Não estava.
> – Tem certeza?
> – Absoluta.
> – E isso se faz?
> – Nunca vi, em toda minha vida profissional.
> [...]
> No banquete de despedida, no dia seguinte, oferecido pelo Presidente argentino, não houve discursos [...] Apenas entramos em fila para as despedidas. Ao chegar minha vez, Lanusse reteve-me pela mão e disse-me:
> – Chanceler, perdoe-me se eu disse alguma coisa inconveniente. Não entendo dessas coisas de diplomacia.
> – Presidente, há certas coisas que não são de diplomacia, sao de ética. [...][97]

A outra linha de controvérsia explorada pela Argentina girava em torno da inviabilização da usina de Corpus, como explica Mello:

> [...] o aproveitamento ótimo de Corpus, cujo potencial de 5,5 milhões de KW era imprescindível à indústria de seu país, só seria viável a uma cota

||||||||||||
97 Ibid., p.167-8.

de 105 metros a 115 metros acima do nível do mar. A fixação desta cota dependia, no entanto, de negociações com o Brasil e com o Paraguai, já que dependendo da altura da barragem, o nível da água represada no reservatório poderia prejudicar a geração de energia em Itaipu e inundar territórios brasileiros e paraguaios situados a montante de Corpus. [...].[98]

Porém, Barboza sustenta que nenhuma das impugnações era legítima.[99] Começando pela questão das cotas, o embaixador afirma que, ainda que a usina de Corpus realmente estivesse em vias de construção, o Brasil nem sequer havia fixado com o Paraguai as cotas de altitude de Itaipu. Em segundo lugar, junto ao Direito Internacional, a Argentina apresentava teses também equivocadas que, ao invés de reprovar, endossavam a atitude brasileira.

A Declaração de Assunção, aprovada por unanimidade pelos países da Bacia do Prata, em 3 de junho de 1971, passou, daí em diante, a constituir a mais forte e inviolável proteção do Brasil contra as objeções da Argentina à construção da hidrelétrica brasileiro-paraguaia. Por quê? Atente-se para os princípios enunciados:

No caso da hidrelétrica que estávamos projetando e negociando, o que se aplicava, em relação ao Paraguai, era o primeiro parágrafo, isto é,

||||||||||||

98 Ibid., p.142-7.
99 Com o general Mac Laughlin, Barboza diz ter revisado todos os pontos de embate que a Argentina fixara, um após o outro, com o Brasil, para travar a construção de Itaipu. Primeiramente, a Argentina chegou a divulgar a possibilidade de rompimento da barragem e inundação de seu território. Depois de cientificamente comprovado que, no caso de ocorrência do que ele chamava de "hipótese catastrófica", o primeiro território a submergir seria o brasileiro, veio o terceiro argumento: o risco de a Argentina ser atingida por um surto de esquistossomose. Para isso o Brasil propôs a reunião de uma equipe bilateral de sanitaristas, justificando que ao país também não interessava ter um surto da doença. Findo tal argumento surgiu o problema de as cotas de Itaipu prejudicarem o rendimento ótimo de Corpus. Entretanto, justifica o então embaixador: "a Argentina não chegara a qualquer acordo sobre *Corpus* com o Paraguai, nem mesmo iniciara negociações". Tampouco se sabia onde seria construída a usina ou havia sido encomendado estudo de viabilidade para sua operação. Cf. ibid., p.172-4.

o que trata de rios internacionais contíguos. Nestes, a soberania sendo compartida, qualquer aproveitamento de suas águas deve ser precedido de acordo entre os ribeirinhos. É o caso do rio Paraná, que faz fronteira entre o Brasil e o Paraguai. E era exatamente o que estávamos fazendo, isto é, negociando com o Paraguai um acordo bilateral, pois, em se tratando de soberania compartida, obviamente uma parte nada poderia fazer sem o consentimento da outra.

No que se referia à Argentina, aplicava-se o segundo parágrafo, o dos rios internacionais de curso sucessivo. Com efeito, entre o Brasil e a Argentina, o mesmo Paraná torna-se um rio internacional de curso sucessivo. Neste caso, cada Estado, de conformidade com a Declaração de Assunção, podia aproveitar as águas do rio na medida de suas necessidades, desde que não causasse prejuízo sensível ao outro Estado.

O equívoco dos argentinos era que, no entender deles, os termos da resolução obrigavam à consulta prévia, devendo ser-lhes submetidos todos os planos para que se apurasse se causaríamos ou não "prejuízo sensível" à Argentina. A esta caberia, então, provar o contrário, pois, como se sabe, em Direito o ônus da prova cabe a quem formula a acusação ou objeção. Nisso finquei o pé – e jamais admiti a tese argentina da *consulta prévia* que, como os dentes do dragão mitológico, estava sempre a renascer.[100]

Barboza traz também à baila uma conversa secreta que, na época, teve com o chanceler argentino, Luis Maria de Pablo Pardo, de quem se tornou grande amigo:

> Pablo Pardo confessou-me, então, que a estratégia argentina era construir, passo a passo, uma base de argumentação, para eventualmente levar-nos à Corte de Justiça Internacional [...].
> Perguntei a Luis Maria o que aconteceria se aceitássemos essa tese e passássemos a consultá-los sobre os passos necessários à construção da

||||||||||||

100 Ibid., p.161-2.

usina. Respondeu-me que provavelmente o governo argentino não concordaria com nossas propostas e procuraria adiar a obra o máximo possível. Espantei-me. Não poderia haver nada mais negativo, e o disse a Pablo Pardo.

– O que não queremos, realmente, é que vocês construam essa hidrelétrica com o Paraguai – respondeu-me ele, com desconcertante franqueza.

Era difícil acreditar no que eu ouvia. Pablo Pardo prosseguiu, explicando que prevalecia na Argentina uma corrente de pensamento geoestratégico segundo a qual, se o Brasil construísse um polo econômico de tal grandeza, na fronteira norte da Argentina, pobre e escassamente habitada, praticamente dominaria aquela região. Explicou-me que ele, particularmente, não compartilhava desse receio, mas que era esta a ideia predominante no seu governo e na oposição, assim como nas classes armadas. Era o impasse! Não havia possibilidade de acordo, a menos que cedêssemos em tudo o que eles queriam; era impensável. Mantive esta estranha conversa em total segredo. [...] Além disso, se revelasse o que ele me confessara [...] a consequência seria sua substituição por um outro que seguiria orientação semelhante ou pior.[101]

Enfim, o caso foi levado à Conferência de Estocolmo, em 1972, e tudo indicava que, por *lobbysmo*, a votação seria desfavorável ao Brasil. A boa vontade do brigadeiro Mac Laughlin – chanceler argentino – e de Sapena Pastor foram cruciais para que naquela circunstância, depois de uma ampla exposição de Barboza sobre a irracionalidade da celeuma levantada pela Argentina, a Assembleia da ONU reunisse uma quase unanimidade de votos em favor da resolução conjunta. Sem abrir mão de sua postura, contudo, a Argentina anunciou a decisão não como cessão ao Brasil, mas como uma vitória própria, decorrente da clara disposição de benevolência que mantinha para com seus vizinhos.

||||||||||||

101 Ibid., p.160-1.

Ainda que o discurso oficial explorasse a superioridade da Argentina para com aquele desfecho, a decisão de Mac Laughlin e de Sapena Pastor foi amplamente contestada pela opinião pública e pela oposição argentina, e o acordo foi tão duradouro quanto a presença daqueles na chancelaria. As polêmicas relacionadas às cotas de altitude e à quantidade de turbinas a serem instaladas em Itaipu perpassaram o governo Geisel, ganhando definição apenas no governo Figueiredo, no Brasil. Nessa fase, porém, o Brasil encontrava-se tanto mais respaldado, e a resolução conjunta a que se chegou contou, a partir de então, com a chancela da Assembleia Geral da ONU, o que, de certo modo, freou os ímpetos argentinos, ao mesmo tempo que garantiu alguma melhora da imagem do Brasil diante dos organismos internacionais.

Com a conciliação das relações entre os governos de Figueiredo no Brasil e Videla na Argentina, estabeleceu-se enfim o Acordo Brasil-Paraguai-Argentina sobre cooperação técnico-operativa Itaipu--Corpus,[102] que negociou a compatibilização da cota de Corpus com a potência de Itaipu. A Argentina aceitou uma cota de 105 metros para Corpus, enquanto o Brasil e o Paraguai se comprometeram a instalar apenas dezoito turbinas originais, abandonando a ideia anterior de vinte turbinas, como mostra trecho do acordo:

> O nível de água máximo normal de operação – salvo circunstâncias excepcionais de reservatório – da barragem que o Paraguai e a Argentina projetam construir na zona de Corpus fica estabelecido, na cota de 105 metros acima do nível do mar, no local da citada barragem referido

||||||||||||

102 Acordo assinado em "Ciudad Presidente Stroessner", em 19 de outubro de 1979, mediante a troca de notas entre os chanceleres do Brasil, Ramiro Saraiva Guerreiro; do Paraguai, Alberto Nogués; e da Argentina, Carlos Washington Pastor. Ver: Acordo Brasil-Paraguai-Argentina sobre cooperação técnico-operativo entre Itaipu e Corpus. In: Brasil, *Resenha de política exterior do Brasil*, n.23, 1979, p.139.

ao zero altimétrico que se especifica no Anexo I, parte integrante da presente nota.[103]

Ainda de acordo com o mesmo documento, ficaram resolvidas as questões de aproveitamento hídrico do Rio Paraná pela Usina de Itaipu e pela Usina de Corpus, de forma que nenhum dos países signatários ficasse defasado tanto no que tange à potencialidade de seus recursos como no tocante à navegabilidade de sua área fluvial.

O Itamaraty, contudo, já na chefia de Ramiro Saraiva Guerreiro, sabia que se estava criando uma solução imaginária para um problema irreal. Já aposentado, o então chanceler, que estava na ponta das negociações de Itaipu, assim se referiu à questão: "*O problema me parecia extremamente difícil de resolver por ser falso e, portanto, não muito suscetível de abordagem objetiva*".[104] A batalha continuava árdua. A chancelaria brasileira perseverou em encontrar solução, enfrentando tanto as alas mais nacionalistas do Itamaraty que não concordavam com tamanha sujeição, como as alas garantes das Forças Armadas que viam o problema como agressão à soberania do Brasil. O apaziguamento final, expresso pelo Acordo de 1979, foi possível graças a dois vetores: a profunda crise econômica que pairou sobre toda a América Latina naquela década e a vontade daquele governo em driblar a corrente profunda da rivalidade – ainda que para satisfazer necessidades conjunturais. Tal quadro é passível de vislumbre no seguinte trecho de palestra proferida por Guerreiro, por ocasião do Segundo Seminário Internacional de Política Estratégica:

> Seguramente, há mais de uma década e meia a economia internacional exibe sinais de preocupante evolução. [...] os indícios de desequilíbrio nos impulsos de expansão do sistema, cujos efeitos recentes maiores se fizeram

---

103 Ibid.
104 Guerreiro, *Lembranças de um empregado do Itamaraty*, grifo nosso.

sentir – como sempre acontece – sobre o universo mais frágil dos países em desenvolvimento. [...] o surgimento de elevados déficits governamentais norte-americanos em meados dos anos sessenta alimentou um corolário de pressões inflacionárias em escala internacional; o nascimento do mercado de euromoedas provocou expansão exponencial do crédito internacional já nos primeiros anos da década de 1970; a decisão unilateral dos Estados Unidos de suspender a conversibilidade do dólar-ouro e desvalorizar a moeda inaugurou, em 1971, um ciclo de prolongada instabilidade cambial; os dois choques de petróleo de 1973 e 1979 agravaram não só a dependência do Terceiro Mundo em relação às fontes de financiamento internacional, mas também os desequilíbrios nos balanços de pagamentos, dramatizados, no final da década, pela elevação explosiva das taxas de juros; a expansão acelerada do comércio e a maior taxa de abertura da economia norte-americana promoveram a crescente internacionalização do sistema econômico.[105]

A situação econômica da época, caracterizada pela estagnação e pela inflação e simultaneamente pela elevação exorbitante das taxas de juros, levou o "Terceiro Mundo" a um crescente endividamento. Tratou-se de um "despertar de consciências" que trouxe como corolário a necessidade vital de cooperação. Foi no sentido de buscar novos aportes para um período tão incerto que a chancelaria brasileira não hesitou em tentar virar o jogo, embora soubesse que o estabelecimento de um período de tréguas se vincularia menos a um projeto de Estado por parte da Argentina do que à flexibilidade das pessoas que a governavam, como indicou Ramiro Saraiva Guerreiro:

> Parecia-me que preliminarmente urgia pôr em parênteses princípios cuja harmonização é possível em uma negociação puramente normativa, ou em trabalho acadêmico, nunca, porém, no meio de uma controvérsia concreta, com forte carga política e emocional.

|||||||||||

105 Brasil, *Resenha de política exterior*, p.59.

Sorte nossa que, à frente da chancelaria argentina, estava o brigadeiro-
-do-ar reformado, Carlos Pastor, que não tinha experiência de assuntos
internacionais mas tinha o que era realmente importante: patriotismo,
inteligência, fácil acesso ao presidente Videla, seu concunhado e vontade
de resolver a questão.[106]

Guerreiro conta que, para a concretização do Tratado Tripartite
Itaipu-Corpus, recorreu-se à cautela de ter presente nas mesas de
conversações apenas as pessoas mais próximas e confiáveis da chancelaria brasileira, a fim de que as informações sobre as polêmicas não
chegassem à imprensa e que esta tivesse acesso apenas ao resultado
final dos trâmites. Assim, dever-se-ia passar à comunidade nacional
e internacional a impressão de que tudo decorreu harmonicamente,
como fruto da vontade mútua de amizade das três partes envolvidas
e, principalmente, como resultante da nascente e promissora amizade
brasileiro-argentina.

Resolvi tratar da Itaipu com muito pouca gente do Itamaraty: o secretário-geral, João Clemente Baena Soares; o chefe de gabinete, Orlando Soares
Carbonar, e o chefe do Departamento das Américas, João Hermes Pereira
de Araújo, que conhecia profundamente os assuntos e as negociações dos
últimos anos. Carbonar era representante meu na Itaipu (como ministro do
Exterior, e eu era membro nato do Conselho de Itaipu Binacional). Baena
deveria saber de tudo, pois, como secretário-geral, poderia ter de substituir-
-me em qualquer emergência. Eram três pessoas de alta qualidade pessoal e
profissional, e capazes, como bons diplomatas, de perfeita discrição. Entendia eu que tudo teria de ser feito com sigilo. Sobretudo sem que os vaivéns
de uma complexa negociação vazassem à imprensa e criassem um clima
de confrontação. O que tinha que ser público era o resultado final, o qual
só ocorreria caso fôssemos discretos ao prepará-lo. Entendi que deveria

||||||||||||
106 Guerreiro, op. cit., p.92.

começar por fixar nossa posição mínima, que seria aprovada pelo presidente e depois não poderia mais estar sujeita a variações. Negociar firme, sem hesitações, bem plantado. Para tanto, era preciso obter que nossa área técnica tivesse uma opinião unívoca.[107]

Desse modo, o acordo foi destacado na publicação oficial como marco inicial de um processo de desconstrução das suspeitas mútuas ou, em outras palavras, de um processo de distensão nas relações entre Brasil e Argentina, e como símbolo da renúncia a projetos hegemônicos individuais. Em entrevista ao jornal *Clarín*, da Argentina, o então presidente brasileiro João Figueiredo declarou:

> A assinatura do Acordo de Coordenação Técnico-Operativa entre Itaipu e Corpus é um acontecimento altamente significativo no contexto das relações entre a Argentina, o Brasil e o Paraguai. É ele fruto de acurados estudos e de um intenso ciclo de negociações cujo objetivo primordial foi o de estabelecer bases de entendimento que contemplassem de forma equitativa os interesses legítimos dos três países.
>
> A cooperação nele presente é ainda mais valorizada pela circunstância simbólica de que sua assinatura se efetua na zona dos aproveitamentos que recebe benefícios diretos da execução de nossos projetos comuns. [...]
>
> Considero, assim, que o Acordo sobre Itaipu e Corpus, ao juntar-se ao elenco de entendimentos que propugnam pelo progresso da região, nos incentiva a persistir no caminho da cooperação e da realização de empreendimentos que visam ao desenvolvimento, através da associação de esforços.
>
> Estou seguro, portanto, de que o Acordo de Coordenação Técnico-Operativa entre Itaipu e Corpus será mais um fator positivo no estreitamento de nossas relações, e que ao Brasil e à Argentina se apresentam inúmeras oportunidades de aprofundar a cooperação bilateral, ou de explorar, conjuntamente, sem exclusões, novas perspectivas de colaboração. Nada

‖‖‖‖‖‖‖‖‖‖
107 Ibid., p.94.

impede, pois, em princípio, que, se vier a ser julgado oportuno pelos dois países, essa cooperação se estenda ao campo pacífico da energia nuclear.[108]

Foi na direção dos discursos oficiais e das declarações à imprensa que grande parte dos estudiosos tomou o Tratado de Itaipu como encerramento definitivo da rivalidade brasileiro-argentina. Uma sequência de gestos cordiais emitidos ao longo da década de 1980 reforçou essa impressão. O primeiro, o apoio do Brasil à Argentina durante a guerra das Malvinas, é tido como símbolo dessa mudança gradual. Mas algumas ressalvas devem ser feitas a esse respeito. A primeira é que entre o Itamaraty e os militares não houve convergência de opiniões sobre o apoio à Argentina.[109] Depois, houve dissenso também dentro do próprio Itamaraty e, de acordo com Saraiva Guerreiro, à chancelaria muito custou acalmar os calorosos debates da imprensa brasileira, inconformada com o fato de o Brasil colocar em risco sua relação com a Grã-Bretanha por causa de um vizinho intransigente como a Argentina. Guerreiro relata que uma das situações mais complicadas em que se encontrou foi justamente quando a mídia o procurou para opinar sobre a invasão da Argentina às Ilhas Malvinas. Procurando não retroceder à recente tensão com a Argentina e, ao mesmo tempo, não perder a amizade da outra parte envolvida, Guerreiro conta ter ocupado parte de seu tempo pensando nas declarações públicas que daria sobre a guerra. A saída era declarar apoio ao tratado internacional datado de 1833 que garantia à Argentina o direito sobre aquelas ilhas, sem deixar de

|||||||||||

108 Entrevista do presidente Figueiredo ao jornal argentino *Clarín*. In: Brasil, *Resenha de política exterior*, 1979, p.85-6.

109 Para Ferreira, o governo Figueiredo hesitou porque assumia "teoricamente" uma postura estratégica defensiva. A crise econômica, segundo ele, impôs a revisão estratégico-conceitual das Forças Armadas brasileiras, a partir da qual a política externa passou a se apoiar numa concepção de *manobra*. Isso teria levado os militares no governo a favorecer as teses argentinas. Ferreira, *Forças Armadas para quê?*, p.132-3.

notar à comunidade internacional que não concordava com a opção militar adotada por seu vizinho.[110] De nada valeria esse extenso relato se não aceitássemos como plausível que tais lembranças permanecem vivas em algumas alas da diplomacia e das Forças Armadas e que isso é considerado no cálculo dos riscos de um estreitamento de laços com a Argentina. Parcela dos mais renomados especialistas reconhece tal possibilidade. Para Oliveiros Ferreira, o conhecimento do passado de rivalidade basta para que se acredite que nem entre ambas as chancelarias nem entre os militares de ambos os países haja uma sólida confiança mútua, mesmo após inúmeras iniciativas nessa direção.[111] Outro relevante intelectual entrevistado também considerou que, a despeito de o Brasil reconhecer que as circunstâncias obrigam a fazer da parceria com a Argentina um destino inexorável, toda negociação deve ser conduzida com muita prudência, tendo em vista que a Argentina apresenta um histórico de volatilidade e instabilidade, no que toca aos seus propósitos internacionais.[112]

Enfatizando novamente que rivalidade não é sinônimo de inimizade, mas de competição, é possível inferir a sobrevivência da rivalidade brasileiro-argentina, enquanto percepção mútua, em distintos âmbitos no período da administração Cardoso no Brasil. Assim, costurando a ideia que nos propomos a defender, a rivalidade persiste como uma cultura que molda o comportamento da política externa de ambos os países, coexistindo com outra de cooperação que ainda cresce a passos curtos.

||||||||||||
110 Guerreiro, op. cit., p.102-3.
111 Ferreira, Entrevista concedida à autora.
112 A pedido do intelectual entrevistado, ele não será identificado.

Ecos contemporâneos da rivalidade: os bastidores da diplomacia

A fase preliminar da chancelaria de Fernando Henrique Cardoso é marcada pela sublimação da integração latino-americana como prioridade da política externa, tendo como principal emenda as relações com a Argentina. Assim como os discursos de posse do presidente da República e do ministro Lampreia dão sinais disso, a tramitação interna também sugere a preocupação brasileira em intensificar a marcha da integração, como revela um telegrama de Azambuja – embaixador do Brasil na Argentina – ao chanceler brasileiro. Na correspondência, Azambuja advertia Lampreia de que a Argentina vinha acompanhando os comentários da imprensa brasileira acerca do superávit da balança comercial do Brasil, em detrimento do caráter deficitário de sua própria economia. Solicitava, assim, providências para que a imprensa do país agisse com mais cautela, a fim de não acirrar na opinião pública argentina o rancor próprio de uma relação desvantajosa, o que constituiria obstáculo à integração pretendida.[113] Se o telegrama aponta a prudência de Azambuja em querer amenizar o julgamento que a Argentina fazia de seu país, por outro lado, aventa-se que na Argentina já existia uma percepção de prejuízo em relação aos negócios com o Brasil. Ainda é possível presumir que, tratando-se de uma impressão gerada a partir de um documento registrado no primeiro mês do primeiro mandato de Cardoso, a desconfiança não é algo idiossincrático de sua administração, mas que já se manifestava desde os primeiros passos do Mercosul (com os governos Collor e Franco). Note-se também que Marcos Castrioto de Azambuja – embaixador do Brasil na Argentina no primeiro mandato Cardoso – exercera no governo Collor

---

||||||||||||

113 MSG OF 00023 BX 06/01/1995 DMC/DAMI/DIR. De: Brasemb para Exteriores. Arquivo Histórico do Ministério das Relações Exteriores.

um dos cargos mais altos do Itamaraty: o de secretário-geral das Relações Exteriores. Ou seja, não estaria Azambuja confirmando, enquanto observador *in loco* – ou chefe da embaixada brasileira na Argentina –, aquilo que já supusera anos mais cedo, quando se incumbia de dar rédeas ao serviço burocrático do Itamaraty?

Por outro lado, o Brasil respondeu durante dez anos (1989-1999) às diretrizes de política externa de um único chefe de Estado argentino, ou seja, de Menem. Assim, é possível divisar que uma vez desencadeada uma continuidade de ações por parte da Argentina, nesses dez anos, também se observe coerência na sequência de respostas do Brasil. Mas, esses arranjos serão contemplados nos dois últimos capítulos, nos quais exporemos a relação entre a resposta dos atores à conjuntura de tomada de decisões.

Vale destacar que a correspondência diplomática menciona um sem-número de declarações da imprensa argentina a respeito do suposto uso que o Brasil fazia do Mercosul como plataforma de exploração comercial de seus parceiros, visando apenas ao seu ganho, sem proporcionar a devida contrapartida. Algumas vezes, os ruídos partiam das próprias chancelarias, que logo providenciavam cordiais encontros para prestação mútua de esclarecimentos e pedidos de desculpas. Tudo era atentamente monitorado por Azambuja, que demonstrava, porém, grande empenho conciliatório. Nessa linha da conciliação encontra-se o telegrama do então embaixador, que informa a seu superior no Brasil sobre o fato de ter sido chamado pelo secretário das Relações Econômicas Internacionais do San Martin, à época o embaixador Jorge Campbell, para receber deste uma nota verbal que apontava não apenas a divergência de interpretação acerca de como deveria funcionar o regime automotriz dentro do Mercosul, mas que enfatizou sua profunda insatisfação com as políticas comerciais do bloco, observando que naquela conversa ainda não se estava utilizando da linguagem e das hipóteses negativas pelas quais a Argentina pretendia encaminhar o assunto. Embora os homens de Estado declarassem à imprensa que as constantes conversações acontaciam tão somente pelo fato de os dois países gozarem de um diálogo intenso e franco, Domingo Cavallo, alegando não serem satisfatórios os argumentos brasileiros, suspendeu todas as negociações por sessenta dias, até que o Brasil revisse sua posição.[114]

A despeito de a polêmica ser travada na maior parte das vezes pela Argentina, a diplomacia brasileira, além de cuidar para que país vizinho não percebesse o afã de liderança do Brasil, também se mostrava incomodada com certa presunção de Menem em imputar a seu país a liderança do bloco. Um exemplo relaciona-se ao telegrama expedido por Azambuja a Lampreia, expressando seu mal-estar ao tomar conhecimento sobre o livro *Que es el Mercosur,* escrito por Menem, e que seria distribuído pela Europa:

> O presidente Menem mostra mais uma vez sua agilidade ao fazer-se autor de um texto, que pretende distribuir em sua próxima visita a Bruxelas e nos deslocamentos que fará enquanto ocupar a presidência *pro-tempore* do Mercosul.
>
> A ideia do presidente Menem me pareceu muito inteligente, na medida em que procura associar seu nome e o do país que governa com a credibilidade e o sucesso alcançados pelo Mercosul, cuja paternidade, imagino, reclamará no texto de sua obra. Ainda não li o texto, e farei comentários tão logo possa concluir sua leitura.
>
> O presidente Menem volta a agir nesse começo de 1996 de maneira a cancelar algumas más recordações do ano passado.[115]

||||||||||||

114 De BRASEMB Buenos Aires Para Exteriores/ Dist.G,SG,SGIE,DMC,DAM-1/ Confidencial ARTBREM 152332 OF00750B/ TEKA15/ 14/06/95. Desclassificado de acordo com a Dec.5.301 de 9/12/2004. Arquivo histórico do Ministério das Relações Exteriores.

115 MSG OF002207 TEKA 21 ARTBREM 212145. DAMI/DMC/PEXT. De Brasemb Buenos Aires para Exteriores. Arquivo Histórico do Ministério das Relações Exteriores.

Partiam da Argentina, portanto, duas posturas distintas: uma dirigida à opinião argentina e aos demais países latino-americanos e que a vitimava perante o protecionismo comercial do Brasil; outra lançada à comunidade de países desenvolvidos, que revestia a Argentina de superioridade e liderança. Esse jogo era acompanhado de maneira arguta pela embaixada brasileira. Além do fato de tentar buscar artificialmente um papel de liderança no Mercosul e de com isso pretender restaurar a imagem internacional da Argentina, incomodava à diplomacia brasileira a empreitada em apresentar-se como porta-voz da segurança regional, como mostra este outro trecho do mesmo documento: *"Procura apresentar-se como líder mundial ativo nos campos da segurança internacional, das forças de paz, do socorro alimentar a populações carentes e, agora como mentor do Mercosul"*.[116]

O Brasil, que passava a fazer do assento permanente no Conselho de Segurança um objetivo doravante permanente de sua política externa, via na atuação da Argentina um esforço para deslegitimar sua pretensão. Um exemplo dessa percepção brasileira é o telegrama de Azambuja ao Ministério das Relações Exteriores, no qual relata a malévola participação do especialista argentino Carlos Escudé em conferência sobre segurança hemisférica, no âmbito da Organização dos Estados Americanos (OEA). Para Azambuja, a opinião de Escudé junto ao governo argentino não deveria ser subestimada, esclarecendo que *"Escudé pertence a uma linhagem de argentinos que, por bem ou por mal, nos atribui poderes maiores do que dispomos, desígnios certamente mais maquiavélicos do que temos"*.[117] Não apenas da comunicação de Escudé na OEA, como da leitura de textos de sua

||||||||||||

116 Ibid.
117 MSG OF01188DX 22/09/95 Distribuição DEA/DAM I. Confidencial. Desclassificado de acordo com a Dec.5.301 de 9/12/2004. Arquivo histórico do Ministério das Relações Exteriores.

autoria, Azambuja depreendia que o intelectual suspeitava do Brasil, *"por dois objetivos que parecem não só perversos, como contraditórios"*.[118]

O primeiro desses propósitos seria o de identificar o posicionamento externo independente dos EUA, desfazendo a política de adesão automática à grande potência mundial que ele, Escudé, vigorosamente defende. O segundo é o temor de que a Argentina deixe de ser caudatária de Washington para se transformar em satélite de Brasília, para o que contaria o Brasil com o beneplácito de Washington.

Com a primeira hipótese, Escudé defende seu papel acadêmico de maior prestígio aqui, em que propõe em agosto de 1993 o modelo de "realismo periférico" que, em boa medida, compõe o embasamento teórico da política que o chanceler Guido Di Tella tem seguido em relação aos grandes países industriais. Na segunda trincheira, Escudé volta a levantar o espectro do "subimperialismo brasileiro", tão em voga aqui nas décadas de 60 e 70, tempos da revista "Estratégia", e influenciada pelo pensamento do General Osiris Villegas e do Almirante Isaac Rojas.

O âmago da vertente que Escudé expressa é sempre a percepção de que o Brasil é grande demais e próximo demais e que, de uma maneira ou de outra, acabaríamos por descaracterizar a Argentina ao atraí-la para a nossa órbita.

Na defesa dessa visão, as posições podem ser tropicamente contraditórias, como muitas vezes o são, a exemplo do que passou quando a Argentina temia simultaneamente que o Brasil a desertificasse pela retenção de todas as águas do Rio Paraná ou que a inundasse pela liberação cataclísmica de todo o reservatório de Itaipu.[119]

||||||||||||

118 Ibid.

119 De acordo com Azambuja, Escudé não lhe preocupava por sua linha intelectual, uma vez que, como ressaltou, deve-se reconhecer com naturalidade a liberdade acadêmica. O que lamentou foi o fato de ter dito coisas que ele classificou como "disparatas e hostis" em foro internacional e que ganharam validez por partirem de especialista de renome. Cf. ibid.

A consciência da forma como o Brasil ainda era visto por setores argentinos embasava a advertência de Azambuja sobre a necessidade de se fechar o cerco contra o discurso de Escudé. Sendo assim, ele mesmo se comprometia a acompanhar, a partir de então, "o que fazia e dizia Carlos Escudé", para averiguar em que medida sua credibilidade internacional tinha influência na esfera política. Como medidas cautelares, Azambuja conta ter sido aconselhado por amigos argentinos a não criar situações polêmicas com aquele intelectual "cujo temperamento se caracteriza por alguma dimensão teatral e a quem interessaria ser elevado à condição de ator com envergadura para provocar uma reação dos meios oficiais brasileiros que lhe fosse prestigiosa". Ao contrário, dever-se-ia buscar fortalecer todos os canais de entendimento possíveis para que o espaço aberto a Escudé fosse cada vez mais reduzido. Também seriam pontuadas ao ministro das Relações Exteriores da Argentina todas as ofensas lançadas. Nota-se que Azambuja percebia a Argentina como *volátil* e *emotiva*,[120] o que o tornava ainda mais preocupado com a reação desencadeada por cada gesto brasileiro. Seus relatos levam-nos, entretanto, à observação da racionalidade da política externa brasileira, a qual não abandona a perseguição à liderança, mas se preocupa em não fazer alarde, reconhecendo seu potencial conflitivo. A prevenção de Azambuja em não incitar uma percepção competitiva por parte da Argentina era constante, como sugerem os documentos.

Em telegrama ao Ministério das Relações Exteriores, datado de novembro de 1995, o então embaixador prepara uma resenha crítica sobre a política externa argentina no último mês em curso. O primeiro assunto a ser tratado é a reação daquele país à possibilidade de que tanto o Brasil quanto o Chile tenham avançado na área de mísseis. Isso era inadmissível, já que a Argentina havia desativado o projeto Condor. O governo fora duramente criticado por diversos

---

120 Ibid.

editoriais por estar em gritante desvantagem em relação aos dois países naquela matéria. Isso havia levado o então ministro da Defesa argentino, Horácio Janurena, a elaborar uma declaração que enfatizava que seu país não possuía nenhuma política de Defesa. A importância que o Brasil atribuiu à tal notificação é elucidada pelo fato de ter sido assinalada como "urgentíssima", e por ter sido enviada concomitantemente a diversas secretarias, entre elas a Secretaria Geral do Itamaraty.[121]

A competição em torno da liderança na vigília da segurança regional é patente em diversas outras situações, e da leitura dos documentos depreende-se que ela não cessa no decorrer dos dois mandatos de Cardoso, mas se faz acompanhar do incremento de medidas que parecem querer estabelecer, a todo custo, a tão cara e complexa confiança mútua, como se forças antagônicas travassem constantemente uma luta quase invisível, coberta pelo véu da amizade e da cooperação. Por conseguinte, na mesma linha defendida neste capítulo, a cooperação é pensada também como um modo de frear o ímpeto de competição, mas nunca o substitui completamente. Por outro lado, a cooperação é o padrão discursivo usado estrategicamente por ambos os países, como meio de realização de suas próprias vontades.

O *status* vinculado à liderança na guarda da paz e da segurança regionais foi, durante quase todo o período que analisamos, perseguido arduamente por Brasil e Argentina, tornando-se, de modo independente de qualquer acordo de amizade estabelecido, alvo de disputa bilateral. Embora a maior parte da literatura acerca do relacionamento bilateral se dedique a tratar da resistência da Argentina em aceitar que o Brasil se candidatasse ao Conselho de Segurança da ONU, ou, ao contrário, do enfraquecimento da vontade cooperativa

---

121 CRARTBREM 02/11/95 De BRASEMB Buenos Aires para Exteriores. MSG OF 01430A Dist. G/SG/SGAP/SGEZ. Urgentíssimo. Pext Argt. Confidencial. Desclassificado de acordo com a Dec.5.301 de 9/12/2004. Disponível no Arquivo histórico do Ministério das Relações Exteriores.

do Brasil quando assistiu a seu vizinho tratando de obter aliança especial com a Otan, esta é apenas uma parte de uma trama que não começa nem cessa nos anos em que Cardoso e Menem estiveram à frente dos respectivos governos. Diversos outros episódios ocuparam a atenção da chancelaria brasileira. No ano de 1995, um significativo número de telegramas trocados entre a embaixada do Brasil na Argentina e o ministro das Relações Exteriores no Brasil – ou o secretário-geral – preencheu-se pelo conflito entre o Equador e o Peru, ou melhor, pela atuação argentina como mediadora em tal conflito. Dois foram os momentos mais tensos desse conflito, no século XX: a Guerra da Paquisha, em 1981, e a Guerra da Cenepa, em 1995. Consultando atualmente o histórico de atuação do Brasil em missões de paz da página do Ministério das Relações Exteriores do Brasil, deparamo-nos com um relato, preparado pelo embaixador Ivan Cannabrava, sobre o processo de paz Equador-Peru (1995-1998), segundo o qual, após quatro anos de árduo trabalho dos países garantes – Brasil, Argentina, Estados Unidos e Chile –, resolveu-se a discórdia e se instaurou a paz. De acordo com o embaixador:

> O mérito principal do Processo de Paz, conduzido pelos países garantes, foi a "construção" de soluções na esteira de longas frustrações. Na história recente da América Latina a paz Equador-Peru é certamente um dos maiores triunfos da diplomacia da região.[122]

Para Lampreia, dois pontos devem ser destacados. Um diz respeito ao conflito ter sido resolvido sem a intervenção da OEA nem da ONU, tampouco do Vaticano, como acontecera no caso do litígio do canal de Beagle, entre Chile e Argentina. Outro é que: "Devemos ter orgulho de nosso papel diplomático, que permitiu que, com uma liderança construtiva, encerrássemos um dos contenciosos

---

122 Cannabrava, O processo de paz Equador-Peru (1995-1998).

internacionais mais antigos da região".[123] E reforça o então ministro: "Liderança não se proclama em bravatas ou discursos bombásticos, exerce-se ainda que em condições difíceis ou até adversas".[124] Voltando às informações fornecidas por Cannabrava, há uma ênfase no fato de Brasília ter sediado, ainda em 1995, um encontro entre as duas partes litigiosas que confluiu na assinatura do acordo consagrado como "Paz do Itamaraty", o qual estabeleceu as condições preliminares indispensáveis à trégua concretizada em 1998, pelo "Acordo Global e Definitivo de Paz".[125] Apesar de tanto Lampreia quanto Cannabrava tonificarem a liderança natural do Brasil junto aos demais países garantes na resolução do conflito, a reconstituição dos fatos via registro diplomático confidencial indica que o Brasil não conquistou a liderança tranquilamente, mas rastreando cada passo da Argentina e apostando em seu fracasso enquanto mediadora. Esta, segundo a diplomacia brasileira, buscava se valer da intervenção para obter prestígio junto aos Estados Unidos. Por outro lado, procurava aliança tanto com o Peru quanto com o Equador – as duas partes em conflito –, a fim de que conseguisse junto aos dois o apoio à sua candidatura ao Conselho de Segurança da ONU.

Contudo, se por um lado a chancelaria argentina disputava a atenção do Peru, outros setores da administração pública, como o próprio Ministério da Defesa, eram acusados de participar de um esquema de triangulação de armas, as quais passariam primeiramente pela Venezuela, tendo como destino final o Equador. Pela ampla gama de telegramas trocados entre a embaixada do Brasil na Argentina e diversas secretarias do Ministério das Relações Exteriores, pode-se concluir que, pelo menos durante dois anos, este foi um dos principais temas que ocupou o Brasil: a Argentina não era digna de crédito por permitir tal transação.

123 Lampreia, *O Brasil e os ventos do mundo*, p.149.
124 Ibid., p.150.
125 Cannabrava, op. cit.

O governo argentino negava com veemência qualquer tipo de cumplicidade com o plano, mas o Brasil tratava o tema com crescente desconfiança. A própria opinião pública argentina receava tanto o chanceler Guido di Tella, como o ministro da Defesa, Oscar Camilión. Diversas audiências de esclarecimento foram exigidas pelas Comissões da Câmara dos Deputados e do Senado àqueles. Não era o primeiro caso em que a Argentina, como partícipe de uma missão de paz, era acusada de venda de armas a uma das partes beligerantes. A exemplo disso, as forças argentinas foram convidadas a se retirar da Croácia, depois da confirmação de que o exército croata estaria de posse de armas argentinas que teriam chegado lá por meio de um navio que deixara o porto de Buenos Aires.[126]

Em 2 de janeiro de 1996, Pedro Mota Pinto Coelho escreveu às divisões de América Meridional I e II do Itamaraty comunicando que, em depoimento prestado à Justiça, o brigadeiro Roberto Manuel de Sá desmentia a versão oficial de que o governo argentino não tinha conhecimento dos trâmites de venda de armas ao Equador. Aliás, descobria-se ali que as armas nem teriam passado pela Venezuela, chegando diretamente ao Equador. De acordo com Coelho, a notícia colocava em posição delicada o ministro Camilión e o chefe do Estado-Maior da Aeronáutica, brigadeiro Juan Paulik, que declaravam desconhecer o destino das armas. Relata Coelho:

> Com base no depoimento do brigadeiro Sá, a referida publicação assinala que, em 17 de fevereiro de 1995, o adido aeronáutico à embaixada peruana em Buenos Aires informou à Aeronáutica argentina que estava em gestação uma operação para venda ilegal de armas argentinas ao Equador.

---

126 CRARTBREM 31/03/95 MASG OF00377A. Normal. Dist. DamI/DamII/DNU/ SINEX/DE. Confidencial. Desclassificado de acordo com a Dec.5.301 de 9/12/2004. Arquivo histórico do Ministério das Relações Exteriores.

Apesar da advertência, naquele mesmo dia seguia o primeiro dos voos em direção a Quito, seguido de outros, nos dias 18 e 22 do mesmo mês.[127]

De acordo com a exposição de Coelho, o depoimento deixava claro que Camilión fora notificado tanto da chegada à Argentina da empresa que transportaria as armas, como de sua partida ao Equador. Parecia, enfim, que o Brasil havia descoberto a brecha de que precisava para voltar a defender sua legitimidade enquanto líder da região na garantia da paz. Desde o início do processo de paz entre o Equador e o Peru, o Brasil desconfiava da generosidade argentina em defender a coordenação do Brasil na operação. O fato é que, admitindo que não tivesse condições para a coordenação, a Argentina perseguia apoio por outros meios para que um dia tivesse um papel de destaque no Conselho de Segurança. A intuição brasileira não tardaria a se confirmar.

Se num primeiro momento o vice-chanceler argentino Petrella expressou o desejo de que o Brasil presidisse a Comissão de Supervisão Técnica da Missão de Observadores junto às Nações Unidas,[128] poucos meses depois ele convidaria Azambuja para um almoço a sós, durante o qual a ampliação do Conselho de Segurança seria o principal assunto tratado. Petrella, que atribuía ao encontro máxima urgência, queria precaver o Brasil sobre a futura atuação da Argentina, com apoio da Austrália, visando a uma maior presença. Alegava que tentava evitar que o Brasil percebesse as atitudes vindouras como gesto "adversarial e intransigente" da Argentina, por isso o pedido de uma

||||||||||||

127 Cratrbrem 02/01/96. De BRASEMB Buenos Aires Para Exteriores. MSG OF00012BX. Dist. DAMI/DAMII. Desc. PDEF ARGT EQUA. Confidencial. Desclassificado de acordo com a Dec.5.301 de 9/12/2004. Arquivo histórico do Ministério das Relações Exteriores.

128 Tal declaração teria sido feita por Petrella – à época, vice-chanceler argentino – a Azambuja, o qual, por sua vez, a relatava ao MRE. Ver: CRARTBREM 26/03/95 De Brasemb Buenos Aires a Exteriores MSG OF 00353A. Normal. Dist. DAM-I/ DNU/DMC TEKA 26. Desclassificado de acordo com a Dec.5.301 de 9/12/2004. Arquivo histórico do Ministério das Relações Exteriores.

conversa prévia. Azambuja entendia que o país vizinho reconhecia que não contava com apoio para disputar um assento permanente e, como atestam suas palavras: *"menos ainda para desalojar o Brasil de sua posição de amplo favoristismo"*.[129] Porém, a Argentina não apenas persistia no ideal de prestígio e ampliação de seu espaço, como buscaria acomodação junto ao México, Itália, Austrália, Indonésia e Paquistão.

A desconfiança brasileira de que a Argentina, durante o processo de paz Equador-Peru, a despeito da venda de armas ao Equador, estivesse construindo parceria com o Peru para angariar apoio à sua candidatura viria se reforçar anos depois, quando na Argentina instalava-se um boato sobre o apoio de Fujimori. Luis Felipe Seixas Corrêa, na posição de embaixador do Brasil na Argentina, informa ao Ministério das Relações Exteriores:

> Foi publicado no "Clarín" de hoje, dia 29, uma pequena nota, sem identificação da fonte ou do autor, afirmando que o presidente do Peru, Alberto Fujimori, teria comprometido o apoio de seu país ao ingresso da Argentina como membro permanente do Conselho de Segurança das Nações Unidas. Fujimori teria feito o anúncio durante a cerimônia de entrega de credenciais do novo embaixador argentino em Lima, Abel Posse. O presidente peruano teria acrescentado que o apoio de seu país era um reconhecimento pelos esforços realizados pela Argentina ao processo de paz Peru-Equador.[130]

Embora Lima tenha alegado que a matéria do *Clarín* havia distorcido a conversa do presidente Fujimori, o qual teria simplesmente expressado o apoio do Peru à candidatura como um dos membros não permanentes do biênio 1999-2000, o Brasil teve suas suspeitas reforçadas em relação às intenções de política exterior da Argentina,

||||||||||||

129 Ibid.

130 SEDNET QD BRAZEXT ARTBREM 2907530OF 00129Z CO. De Brasemb para Exteriores em 29/01/1998. DNU/DAM I/DAM II. Confidencial. Urgente. Desclassificado de acordo com a Dec.5.301 de 9/12/2004. Arquivo histórico do Ministério das Relações Exteriores.

pois isso só desfechava uma cadeia de fatos que já se produziam havia algum tempo.

Como trataremos nos dois últimos capítulos, o progressivo desgaste da imagem das forças de paz e ação humanitária da Argentina e, por outro lado, a insistência daquela diplomacia para que o Brasil apoiasse as iniciativas dos chamados "Cascos Blancos" constituíram, ao longo do período estudado, importante obstáculo à consolidação de diversas medidas de cooperação em Defesa. Uma série de documentos indica a tensão com a qual o Brasil trata o assunto. Fica sempre a impressão de que a diplomacia nacional tenta evitar que a Argentina use seu apoio para aparecer ao mundo como vanguarda da paz sul-americana. Ao mesmo tempo, o Brasil busca garantir a condição de líder que considera lhe pertencer naturalmente, fazendo-o sem alarde e sem colocar-se em oposição a seu vizinho.

Em 1997, a então secretária de Estado dos Estados Unidos, Madeleine Albright, anunciou que a Argentina havia conquistado o *status* de aliado-extra Otan. Por outro lado, em 1994, o Brasil havia lançado sua candidatura a um assento permanente no Conselho de Segurança da ONU, mas foi também em 1997 que Menem, durante entrevista ao jornal brasileiro *O Estado de S. Paulo*, declarou que a pretensão brasileira traria graves desequilíbrios regionais. O problema foi levado à Reunião Anual do Grupo do Rio no mesmo ano. Mas o que parece ter agravado a situação foi que o Brasil declarou, no ano seguinte, renunciar a sua intenção visando à preservação das relações com a Argentina, esperando que esse país tomasse atitude semelhante em relação à Otan. Porém o que sucedeu foi que, em 1999, Menem, não se contentando com seu *status* de aliado-extra, lançou um pedido formal ao presidente Bill Clinton e ao Conselho Atlântico – mais alto recinto decisório da Otan – de ingresso como membro permanente do tratado.[131] O

---

131 Colacrai, *Las relaciones de la Argentina y Brasil durante los noventa: temas de defensa y seguridad.*

anuviamento das relações bilaterais ficou manifesto, por parte do Brasil, na declaração do Ministério das Relações Exteriores[132] e do retrocesso do Brasil a uma posição intransigente quanto à reforma do CS.

Por fim, cabia ao país permanecer em vigília. O antigo contrapeso que as relações com o Chile trariam para um ou para outro parecia permanecer válido no cálculo brasileiro. Dessa maneira, encontram--se na troca de correspondência oficial entre a embaixada do Brasil na Argentina e o MRE muitos documentos atestando o acompanhamento dos movimentos de aproximação e recuo da Argentina com o Chile. Na mensagem cujo trecho reproduzimos abaixo, o embaixador Pedro Motta Pinto Coelho adverte as secretarias do MRE sobre a possibilidade de abertura definitiva de uma era de cooperação entre aqueles dois países:

> Argentina acredita que ainda no primeiro semestre de 1996 estará resolvida a pendência fronteiriça com o Chile na área dos chamados "gelos continentais". Trata-se da última das 24 questões de controvérsia fronteiriça que existiam entre os dois países quando assumiu o presidente Menem, em 1989. Abrir-se-á, então, caminho para uma muito ampla parceria entre os dois países.
>
> Tal expectativa favorável tem apoio na percepção de que, no âmbito dos congressos dos dois países, não subsistem os entraves de até há pouco, responsáveis pela lentidão no processo de aprovação de acordo de delimitação da referida linha de fronteira, firmado em 1991 pelos presidentes Menem e Aylwin.

|||||||||||

132 Disse o porta-voz do Ministério das Relações Exteriores no Brasil: "a vinculação formal da Argentina à Otan introduziria elementos estranhos no contexto de segurança regional sul-americano. Teria, portanto, consequências palpáveis para o Brasil, [...] analisadas em todos os seus aspectos de natureza política e militar". Ver: Declaração do Porta-voz do Ministério das Relações Exteriores do Brasil, sobre a solicitude argentina de ingresso à Otan. Disponível em: <http://www.embarg.org.br/DeclArgOTAN090799.htm>.

Na interpretação que tem divulgado o San Martín, a ideia de alguns parlamentares chilenos de tentar se levar a questão a um tribunal arbitral perdeu substância depois do laudo, desfavorável ao Chile, relativo à área de "Laguna del desierto".

Da parte argentina, o novo congresso conta, desde 10 de dezembro passado, com maioria do Partido Justicialista em ambas as casas, na medida, também, em que não há oposição geral contra o acordo por parte dos partidos oposicionistas, não parece haver impedimentos maiores para o governo obter, nos próximos meses, a desejada aprovação do Acordo sobre os "gelos continentais".

Não parece destinada a prejudicar a tramitação do referido acordo a decisão do Chile de instalar uma base aérea em Villa O'Niggins. Embora a imprensa venha há algum tempo publicando notícias sensacionalistas – como a de que a referida base seria instalada em área ainda sob litígio –, o San Martín está reagindo com tranquilidade, o vice-chanceler Fernando Petrella disse à imprensa ter obtido confirmação de que o local da referida base será em território indisputadamente chileno.

[...] Uma vez resolvido este último ponto de controvérsia, abre-se importante espaço na agenda dos dois países para ampliar o clima de entendimento e de cooperação mútua hoje já existente, dentro de um quadro institucional que tenderá a ser cada vez mais amplo e diversificado, notadamente a partir do momento em que as negociações do Chile com o Mercosul puderem demonstrar acomodação de interesses entre os dois países.[133]

Todavia, ao mesmo tempo que desconfia da abertura de um processo de cooperação intensa, Coelho também presume que o gesto não seja sincero, quando opina:

[133] MSG OF000178. De Brasemb Buenos Aires a Exteriores, em 03/01/1996. Confidencial. Desclassificado de acordo com a Dec.5.301 de 9/12/2004. DAM-I. Arquivo histórico do Ministério das Relações Exteriores.

As autoridades argentinas admitem que a base estaria em território indiscutivelmente chileno, mas recolho a impressão generalizada de que a iniciativa não é oportuna, nem conveniente. Parece mais o tipo de gesto habitual nas relações entre os dois países no tempo em que um e outro viviam sob regime militar.[134]

Para Coelho, abdicar da construção de uma base militar não parecia sensato a um país que enfrentava preocupante situação de sucateamento de seu aparato bélico, o que o conduzia a acreditar na existência de interesses secundários por parte da Argentina. Por ora, supunha ele, a Argentina desistiria da já anunciada decisão de fechar outra base militar na área do Rio Gallegos (província de Santa Cruz, também limítrofe à área dos gelos continentais chilenos). Reforçava Coelho que tal fechamento já estava em vias de concretização, com a transferência dos caça-bombardeios sediados no Rio Gallegos para as bases de Tandil (província de Buenos Aires) e Comodoro Rivadavia (província de Chubut).[135] Corroborava também o raciocínio de Coelho uma matéria de Mariano Grondona que, segundo ele:

Menciona a relativa fraqueza militar argentina diante do Chile (continuam rearmando-se), assimetria que perderia importância com o ingresso do Chile no Mercosul. Depois de registrar o bom relacionamento do presidente Menem com os presidentes chilenos Aylwin e, agora, Frei, e fazer referência aos grandes investimentos chilenos na Argentina, Grondona assinala que gestos como o da construção da base aérea permitem perguntar-se até que ponto um setor da nação irmã não segue pensando como antes, em direção de rivalidades geopolíticas que poderiam considerar-se superadas.[136]

||||||||||||

134 Ibid.
135 Ibid.
136 MSG OF000178. De Brasemb Buenos Aires a Exteriores, em 03/01/1996. Confidencial. Desclassificado de acordo com a Dec.5.301 de 9/12/2004. DAM-I. Arquivo histórico do Ministério das Relações Exteriores.

O que mais lhe chamou atenção no artigo, entretanto, foi sua conclusão:

> [...] uma vez que o Chile acabe de desprender-se de seu resíduo militar e a Argentina aprenda a ser competitiva, já não subsistirão barreiras nos Andes. Talvez daqui a poucos anos seremos o Brasil do Chile, e o Chile, nossa Argentina.[137]

O que depreendemos desse relato é que Brasil e Argentina, ainda em meados da década de 1990, seguiam buscando a liderança regional, bem como se monitorando mutuamente, a fim de que jogadas cruciais pudessem ser neutralizadas diplomaticamente. No caso do Brasil, é factível acreditar que a Argentina ainda era um motivo de desconfiança, vista como potencial entrave à realização dos interesses nacionais. Trocando em miúdos, o padrão de rivalidade continuava presente, apesar de diversos acordos terem sido ensaiados. Nos períodos trazidos à tona neste capítulo, fica evidente que os dois países não vinculavam um intento de liderança compartilhada rumo à cooperação, mas um instrumento de alcance da historicamente sonhada liderança individual.

Essa seria uma das justificativas para o fato de a maioria dos entendimentos bilaterais entre ambos serem desenhados juridicamente de modo a dispensar aprovação e ratificação do Congresso Nacional e, a partir disso, tornarem-se isentos de cobranças quanto à sua operacionalização. O próprio documento de Itaipava, um dos principais entre Brasil e Argentina durante o governo Cardoso, que "institucionalizaria os vínculos bilaterais na área de Defesa", não passa de uma ata, sem qualquer comprometimento perante o direito internacional. Um "pacto de cavalheiros", como se diz na diplomacia. Se, por um lado, os fatos narrados indicam que a rivalidade sobreviveu

---

137 Ibid.

naquele período, embora em novo ambiente, em outro diapasão tentaremos mostrar que a cooperação se reforça como meio – instrumental ou utilitário – para que o Brasil chegue cada vez mais perto da liderança regional.

Quaisquer que sejam os objetos de competição, ainda se mistura ao ânimo de amizade uma disposição de rivalidade que por muito tempo habitou as entranhas dos dois Estados e de cujas lembranças ambas as diplomacias ainda se utilizam para ponderar os possíveis alcances e os limites para caracterizar o relacionamento bilateral em marcha. Tomando a Defesa como tema e a diplomacia como atriz, acreditamos que a rivalidade é componente essencial da compreensão do eu e do outro e de sua interação. Ou seja, do entendimento acerca da visão que o Brasil constrói da Argentina, tomando como parâmetro a análise de sua própria postura.

Em nossa análise fica ressaltada a seguinte premissa: a solução do conflito de Itaipu não pode ser considerada como um marco da amizade brasileiro-argentina, porque ele não encerra em si a causa essencial da disputa bilateral. Pelo contrário, o conflito de Itaipu evoca os espíritos do passado que se envolveram nas duradouras questões platinas, as quais, por sua vez, foram reflexos da forma como cada país identificou-se e identificou o outro no conjunto geográfico da América do Sul. A partir daí, a rivalidade entre Brasil e Argentina tornou-se uma questão de afirmação da maneira como cada um via a si mesmo e ao outro. Desde então, os motivos para contendas foram quase sempre pretextos que visavam dar concretude aparente a razões puramente afetivas. Isso pode ser notado na comparação dos discursos oficiais proferidos à época do acordo de Itaipu com as memórias diplomáticas de Mário Gibson Barbosa e Ramiro Saraiva Guerreiro que, tendo vivenciado aquele momento como protagonistas, publicaram suas memórias tempos depois do afastamento do labor diplomático. Um relato da mais recuada história das relações brasileiro-argentinas indica que a solução do conflito de Itaipu é apenas mais um gesto de disposição a cooperar que, dentre tantos outros na longa história do vaivém brasileiro-argentino, emergia para apagar incêndios potencialmente destrutivos. Mas que uma vez cumprida sua função, perdia seu sentido. É possível que a ação do homem de Estado amenize a percepção de rivalidade, como juntos fizeram Sarney e Alfonsín. Mas basta que se altere a chefia do Itamaraty para que se veja a cooperação sumir no horizonte internacional, o que acontece porque, no âmago do Estado e de suas instituições instrumentais – como a diplomacia e a Defesa –, se mantém a memória de rivalidade que nasceu juntamente com a emergência das duas nações e que permeou toda sua história. É, no entanto, um sentimento independente e totalmente passível de convivência com noções cooperativas. Constitui uma corrente sentimental de longa duração, correspondendo, por isso, a uma condicionante estrutural das relações entre Brasil e Argentina, ou uma força profunda, como chamaria Renouvin.

Dando sequência a esse raciocínio, não estranhamos o fato de, no percurso de pesquisa realizada junto ao Arquivo Histórico do Itamaraty, encontrarmos documentos brasileiros que remetem tanto à necessidade de manutenção do clima de concórdia reiterado por Brasil e Argentina ao longo das décadas de 1980 e 1990, como outros da mesma fonte anunciando a incancelável desconfiança brasileira em relação às intenções de seu parceiro.

2 AS PERCEPÇÕES BRASILEIRAS SOBRE COOPERAÇÃO REGIONAL COMO CONDICIONANTES DAS RELAÇÕES COM A ARGENTINA

Recentemente, Rafael Bielsa, que foi ministro das Relações Exteriores da Argentina entre 2003 e 2005, e Eduardo Duhalde, atual senador e presidente da Argentina de 2002 a 2003, manifestaram-se sobre as características das quais o Mercosul deveria se imbuir. Para o primeiro, o bloco deveria contar com comissão permanente, moeda, parlamento e constituição únicos. O segundo cobra que as negociações sejam realizadas entre blocos e que se retomem os esforços para "a criação da nação sul-americana como sonho unificador".[1] Embora reconheçamos o revigorar de ideais integracionistas nas agendas de política exterior dos países sul-americanos no século XXI, sobretudo depois de assistir-se à instalação da chamada nova esquerda – a exemplo da Bolívia de Evo Morales, da Venezuela de Hugo Chávez, das correntes indigenistas do Peru e do Equador, do Chile de Michele Bachelet, do Uruguai de Tabaré Vasquez, da

1 Ver o prefácio a: Iñíguez, *La nación sudamericana. Del imperativo histórico-cultural a la realización económico-política*.

Argentina de Cristina Kirchner, e do Brasil de Lula –, não podemos afirmar a existência de uma visão partilhada sobre o papel da América Latina diante do mundo, o que, em tese, distancia também a possibilidade de um amálgama político aos processos de integração supostamente em marcha.

É destacável, entretanto, o fato de o termo integração ser explorado tanto nos discursos políticos quanto nas discussões da academia, com uma facilidade e fluidez incompatíveis com sua viabilidade operacional. Como adverte Otero,

> A ideia de integração supõe, em princípio, a existência de um todo virtual e o propósito de unir as partes dispersas a este todo. Neste sentido, constitui-se um objetivo orientador das diversas estratégias que se implementam, com a finalidade de lograr a aproximação ou a ação comum de todos os países envolvidos.[2]

Da ideia acima depreender-se-ia que a existência de valores, interesses e objetivos comuns entre as partes envolvidas em um processo integrativo é o fator principal de coesão, uma vez que permite o consenso sobre ações que beneficiem a todos os integrados. Porém, nas relações entre Brasil e Argentina – consideradas como núcleo duro de um pretenso processo de integração –, um dos pontos questionáveis é justamente a inconstância de laços intencionais comuns. Em meio a uma série de entendimentos bilaterais anunciantes de intenções integrativas, reluzem os efeitos da adoção de diferentes estratégias de política externa, e, ainda assim, ambos os países seguem alardeando a integração como valor capital de sua orientação externa,[3] sem reconhecerem que conceitualmente há uma relevante diferença entre o

---

2 Otero, *Políticas y ideologías en los procesos de integración del Cono Sur*. In: Rapoport; Cervo, *El Cono Sur. Una historia común*, p.195.

3 O parágrafo único do Artigo 1º da Constituição da República Federativa do Brasil reza que: "A República Federativa do Brasil buscará a integração econômica, política,

que se deve entender por integração e o que se pode compreender, por exemplo, como cooperação.[4] Deixando de lado apriorismos teóricos e tendo em vista que nosso objeto de estudo é trabalhar a própria percepção dos agentes brasileiros de política externa enquanto condicionantes do aspecto final do relacionamento com a Argentina, consideramos fulcral entender o que o Brasil entende historicamente por integração, o que, por sua vez, aclararia a compreensão de algumas contradições que possam ser encontradas entre seu discurso e sua prática. Uma dessas contradições se resume na relação histórica que o Brasil mantém com os Estados Unidos, o que para muitos críticos representa impedimento taxativo para as relações que o país pretende estabelecer com a América Latina.

O raciocínio segundo o qual uma união latino-americana implicaria a ação comum e coerente para imposição de limites à presença dos Estados Unidos em seu domínio simplifica a questão.[5] É justamente

||||||||||||

    social e cultural dos povos da América Latina, visando à formação de uma comunidade latino-americana de nações".

4 Para Deustch, por exemplo, é o objetivo das partes envolvidas o que caracteriza os tipos de comunidades criadas por processos integrativos. Usualmente, o nível de coincidência entre valores e objetivos é maior nas "comunidades amalgamadas", já que se caracterizam por uma identidade comum, do que nas "comunidades pluralísticas", que visam ao estabelecimento da paz por meio de ações conjuntas, sem que estas estejam necessariamente atreladas ao estabelecimento de políticas mais restritivas à soberania das partes envolvidas. Apenas requerem coincidência em alguns princípios estabelecidos como fundamentais. Em típica atitude que o autor considera como "funcionalista", os Estados podem recorrer à formação de comunidades com amalgamação parcial, atribuindo às entidades integrativas tarefas comuns que não firam os interesses individuais e que nem sempre correspondem às finalidades de fato. Deutsch, *Análise das relações internacionais*, p.276-8.

5 Essa vertente fundamentadora da integração está ligada, por sua vez, às teses anti-imperialistas que vigoraram no repertório latino-americano de política internacional desde a década de 1920, introduzidas pelo peruano Raúl Haya de La Torre, fundador da Aliança Popular Revolucionária Americana (APRA). De La Torre dizia que os países latino-americanos, "ricos e débeis, divididos e anarquizados por classes políticas corrompidas e ignorantes", seriam presa fácil da chamada "Yanquilândia", o país mais poderoso do mundo, que não poupava seus vizinhos de sua implacável e odiosa guerra. Mais tarde, tais teses passaram a compor o discurso de política exterior de

o diferente significado que países como Brasil e Argentina atribuem ao relacionamento com os EUA que deve nos atentar para o problema tecido pela maneira como cada país elabora sua visão sobre suas alianças externas, o que geralmente se espelha em seus padrões políticos internos e em sua relação com o externo. O modo como cada país reagiu historicamente a constrangimentos externos reflete-se na leitura individual sobre seu papel perante seus vizinhos e diante do mundo.

Uma breve passagem pela história dos países latino-americanos permitiria vislumbrar uma fragmentação regional com perspectivas de longa vida. Não é, entretanto, nosso objetivo abordar comparativamente as particularidades históricas da política exterior de todos os países latino-americanos, mas tratar das relações do Brasil com a Argentina, a partir da análise das especificidades brasileiras no que toca à concepção de cooperação e integração.[6]

A primeira característica a se sublinhar é a de que o Brasil não se identificou com as ideias integrativas de sua própria região. A exemplo disso, as noções integrativas regionais, defendidas pelos movimentos emancipacionistas liderados, no século XIX, por Bolívar e San Martín, não inspiraram simpatia nem identificação ao país, o que mostra que, por princípio, as percepções, a visão, os objetivos e intenções acerca do processo integrativo para o Brasil foram nutridos à margem daqueles movimentos. Em outro flanco, tampouco o movimento reconheceu o Brasil como potencial parceiro. Nem a pátria grande do venezuelano Bolívar, nem a nação sul-americana do argentino San Martín incluía o Brasil em seus desígnios. Ainda que a América dos Libertadores abrangesse a América do Sul, única porção considerada como latina pelos emancipacionistas, o Brasil

||||||||||||

quase todos os países da América do Sul. Para Bernal-Meza, De La Torre preconizou em quarenta anos o pensamento dependentista, inspirando as teorias de Prebisch e da Cepal. Ver: Bernal-Meza, *América Latina en el mundo. El pensamiento latinoamericano y la teoria de las relaciones internacionales*, p.32-6.

6 Ainda que, por vezes, para destacar os matizes, seja necessário mencionar exemplos alheios.

nela não figurava. Pelo contrário, foi rechaçado tanto por seu regime monárquico e sistema escravista, como por seu suposto afã imperialista. Ao contrário de uma união com o Brasil, os planos de Bolívar anteviam sua invasão tão logo fosse liberta a América, como lembra o embaixador argentino Iñíguez. Dessa maneira, cultivou-se por algum tempo uma memória afetiva alheia ao Brasil e da qual a Argentina partilhou por muito tempo, como admite o diplomata argentino.[7]

A segunda condicionante importante seria a presença histórica dos Estados Unidos junto a tais processos integrativos. Os Estados Unidos ampliaram sua presença a partir das brechas abertas por aqueles mesmos movimentos libertadores, chamados de utópicos, quando, em determinado momento, eles se curvaram à necessidade de diálogo com as grandes potências. O desígnio da grande nação sul-americana passou a receber intervenção direta dos Estados Unidos e, à sombra daqueles, seria pensada a maior parte dos projetos cooperativos. Colocados em prática, os projetos cooperativos latino-americanos terminaram por consolidar a presença estadunidense, como sugere Clodoaldo Bueno ao narrar a convocação de Bolívar, em 1826, para o Congresso do Panamá.[8] O que Bueno chama "sopro do

||||||||||||

7 Ver: Iñíguez, *La nación sudamericana*, p.45-79.

8 De acordo com o estudioso, ainda que em princípio Bolívar pretendesse que o Congresso do Panamá se restringisse à ideia de um concerto latino-americano, ele terminou convidando os Estados Unidos e a Grã-Bretanha para dele participar. E seria de se estranhar se esses países não vislumbrassem o excepcional precedente que lhes era aberto: a oportunidade de um neutralizar a influência comercial do outro, tendo em vista que competiam pelo mercado da América Latina. Não obstante, os Estados Unidos, consonante com sua linha de atuação externa neutra e com razoável dose de isolacionismo, optaram pelo não comparecimento, como manobra para evitar assinar acordos que pudessem comprometê-los, o que, contudo, abriu aos britânicos o ensejo de preenchimento do vazio deixado. Também nessa reunião o Brasil foi relegado, sendo convidado a participar apenas na qualidade de observador. E apesar de agricultores do Sul do Brasil se interessarem em fazer parte da reunião, com o objetivo de ampliar seu campo de exportação, a desconfiança em relação às intenções de Bolívar predominou. Por fim, participaram do Congresso: México, América Central, Colômbia e Peru, os quais juntos assinaram o "Tratado de União, Liga e Confederação Perpétua" que, mais tarde, constituiria o sopro criador da ideia pan-americana. Ver:

pan-americanismo" traz à América Latina, inexoravelmente, os ares dos Estados Unidos. Apesar de não ter rendido os esperados frutos, o Congresso do Panamá foi o ponto de partida para uma série de reuniões hispano-americanas que ocorreriam de forma esparsa ao longo do século XIX, consolidando concomitantemente duas tendências: uma brasileira que, pela percepção de seu potencial, pretendia para si a liderança, redirecionando esses encontros; e outra estadunidense, marcada pela perspectiva de ver na integração um modo de facilitar seu domínio capitalista.[9] Sob esse signo se firmou a retórica do *pan-americanismo*,[10] visto por Bueno como marco da implantação do imperialismo comercial na América Latina e de sua separação da Europa:[11]

||||||||||||

Bueno, Pan-Americanismo e projetos de integração: temas recorrentes na história das relações hemisféricas (1826-2003), *Política Externa*, v.13, n.1, 2004, p.66-7.

9 Após o período de reconstrução (1865-1877), quando o industrialismo superou o agrarismo, o mercado interno norte-americano se viu farto de manufaturas, passando até 1893 a vivenciar "a idade áurea da América", transformando-se na maior economia mundial. Os objetivos da política externa dos Estados Unidos, a partir de então, passaram a contemplar as finanças e o comércio internacional. De lá até hoje, a América Latina seria vista com uma área de parceria natural, por razões geográficas e históricas. Cf. ibid.

10 Em caráter inaugural, os Estados Unidos decidiram convocar os governos latino--americanos para uma conferência sediada em Washington, a qual gerou insignificantes resultados práticos, devido à resistência dos países latinos ao plano de uma união aduaneira. A cada reunião, porém, um progresso diferente se fazia notar, por exemplo: a criação de uma união das repúblicas americanas, para cuja administração se instalou o "Bureau Comercial das Repúblicas Americanas" – organizador das reuniões – que teve, ao longo do tempo, suas atribuições ampliadas, antecedendo o formato do que hoje é a Organização dos Estados Americanos (OEA). Obviamente, a maior parte das entidades criadas, a exemplo da Secretaria Internacional das Repúblicas Americanas, serviria de plataforma de penetração norte-americana na América Latina. Apesar disso, os interesses no aumento das trocas comerciais cresciam a cada reunião hemisférica, como elucidou o fato de, na reunião de 23 de agosto de 1906, ter sido aprovada uma resolução relativa à construção de uma estrada de ferro pan-americana, como forma de unir espacialmente a região, a fim de intensificar o intercâmbio comercial. Para os EUA, a ideia também cativava pelo fato de serem os prováveis fornecedores de trilhos e materiais para construção de pontes. Ver: Ibid., p.70.

11 Ibid., p.71.

Os norte-americanos não mais abandonariam a retórica pan-america-nismo-integracionista consoante seus interesses econômicos ou estratégicos, tanto os de âmbito hemisférico quanto o mundial, como ocorreu, por exemplo, no contexto da Segunda Guerra, na expulsão de Cuba da OEA, e como ocorre agora com a proposta da Área de Livre Comércio das Américas (Alca).[12]

Também para Bandeira fica claro que Rio Branco enxergava o pan-americanismo como um meio de fazer das Américas um tipo de condomínio sobre o qual o Brasil exerceria poder, particularmente sobre o Sul. Aos Estados Unidos caberia a tutela do Norte, do Centro e do Caribe.[13] O pan-americanismo prenunciou, ademais, a diferença entre as percepções de segurança que desde então se instalariam entre o Brasil e alguns de seus vizinhos. Por exemplo, para Rio Branco, relacionar-se de modo especial com os Estados Unidos conferiria ao Brasil segurança e garantia de não intervenção de outras potências estrangeiras. Em contraposição, a visão predominante na América do Sul era a de que tais alianças favoreciam situações de hegemonia que feriam a integridade e soberania da região, e de que a união regional deveria justamente dirimir quaisquer intentos de supremacia – vicinais ou não.[14] A especificidade brasileira em face do restante da América

||||||||||||

12 Ibid.

13 De acordo com o autor, "tanto isto é certo que, embora Rio Branco lamentasse particularmente o acontecimento, o Brasil não protestou quando, em 1903, o Panamá se separou da Colômbia, com o apoio do Presidente Theodore Roosevelt, nem atendeu, em 1910, ao apelo da Nicarágua para usar seus bons ofícios no sentido de impedir que um navio de guerra dos Estados Unidos continuasse a sustentar a insurreição naquele País. Mas reagiu energicamente contra a atitude dos Estados Unidos, favorável ao Peru, no litígio pelos territórios de Purus e Juruá, afirmando o 'direito nosso de operar em política nesta parte sem ter que pedir licença nem dar explicações' ao governo de Washington, o qual, segundo as palavras de Rio Branco, não devia envolver-se 'para ajudar desafetos nossos, nas questões em que estejamos empenhados'". Ver: Bandeira, *Relações Brasil-EUA no contexto da globalização: rivalidade emergente*, p.33.

14 O que, por seu turno, reflete as diferentes ligações entre nacionalismos e integração. Cf. Bernal-Meza, op. cit., p.41.

do Sul é verificável em textos recentes de diplomatas brasileiros que defendem que a presença dos Estados Unidos terminou por configurar uma zona de paz, livre de conflitos.[15] Esse era o pensamento típico de Rio Branco, do qual derivou outro ardil da diplomacia brasileira: o de ter transformado uma condição histórica de paz imposta em uma tradição pacífica, já antevendo a legitimação internacional que isso lhe traria.

O ideal pan-americanista não foi bem recebido na Argentina, que seguia criticando a interferência dos Estados Unidos na região e, principalmente, a convivência do Brasil.[16] Deixando à parte tais divergências, o desenrolar dos desencontros deixou profundos estigmas na América do Sul, ou, como sugere Iñíguez, criou um "arranjo definitivo" (grifo nosso) para as relações regionais sul-americanas. Porém, em suas palavras:

> A principal conclusão que se pode tirar do período que vai desde a emancipação até o fim do século XIX é que se dilui o americanismo político prévio, que o americanismo econômico segue sendo promessa e que se reforça – sob formas do *latino-americanismo* – a consciência de uma identidade cultural essencial. Essa identidade será patrimônio e base para futuros avanços que pela lógica das acumulações históricas se centrarão na América do Sul.[17]

||||||||||

15 O que dá margens, por seu turno, à ideia de *Pax americana*. Como no texto de Ricupero, O Brasil, a América Latina e os EUA desde 1930: 60 anos de uma relação triangular. In: Albuquerque; Seintenfus; Castro. *Sessenta anos de política externa (1930-1990)*.

16 Talvez fosse conveniente à Argentina criticar a ligação com os Estados Unidos, pois isso renovava sua fidelidade à Grã-Bretanha. O discurso contra a Doutrina Monroe e o uso da relação Brasil-EUA como fator de deslegitimação do Brasil perante a América do Sul desdobraram-se ao longo do século XX, mesmo quando o país já abria as portas aos créditos americanos, como mostramos no Capítulo 1.

17 Iñíguez, op. cit., p.81.

A citação é elucidativa de dois traços complementares que guiariam as relações do Brasil com os Estados Unidos e com a América Latina: cria-se se uma tendência de conscientização acerca de um suposto latino-americanismo que, de certo modo, dentro de décadas tornar-se-ia um preceito discursivo a mascarar certas diferenças nacionais.[18] O princípio latino-americano estaria presente nos grandes manifestos diplomáticos e até mesmo nos objetivos de política externa, plasmados pela Constituição de 1988. A América Latina seria anunciada como o grande destino da política exterior do Brasil, isto é, a união regional constituiria um remate implacável, segundo o discurso diplomático. Todavia, embora os Estados Unidos figurem nos interesses do Brasil, seja a partir de filiações políticas ou simplesmente com base em premissas de um funcionalismo econômico, esses dois eixos – Estados Unidos e América Latina –, que muitos avaliam como antagônicos, permanecem até hoje como as principais fontes de investimento diplomático do Brasil.

As primeiras ideias cooperativas nasceram no Brasil, então, sob desígnio do pan-americanismo. Foi sob o guarda-chuva dos Estados Unidos que Rio Branco, símbolo maior da diplomacia brasileira, concebeu as relações com seus vizinhos. Trata-se de fórmula perene instituída pelo barão, cujos "poder e permanência não se pode subestimar".[19] A boa relação com os Estados Unidos sintetizou o

||||||||||||

18 Curioso, porém, é que o que hoje conhecemos como América Latina refere-se a uma unidade conceitual criada por atores externos à nossa região, para diferenciar tal porção, ao sul da América, da civilização anglo-saxônica e, ao mesmo tempo, vinculá-la à civilização latina. Sob esse rótulo, as nações que ali existiam passaram a forjar valores ditos autênticos e distintivos da região. Entretanto, o próprio processo de construção dos Estados nacionais já fazia daquela unidade conceitual, que hoje chamamos naturalmente de América Latina, um espaço físico e político fragmentado. Ver: Heredia, El Cono Sur y America Latina: interacciones (siglo XIX). In: Rapoport; Cervo, Amado L. *El Cono Sur. Una historia común*, p.109.

19 Para diversos autores o Brasil traçou com os Estados Unidos, ao longo da história, um modelo de parceria utilitarista, fruto estrito de cálculo racional. Oliveira, por exemplo, defende que "Na perspectiva do barão, a aproximação com os Estados Unidos teria o

modelo de fazer das relações externas um meio de galgar desenvolvimento interno. Na leitura do barão, os Estados Unidos eram aqueles que melhor sabiam jogar no tabuleiro mundial, merecendo ter seu exemplo seguido. Rio Branco acreditava que a diplomacia brasileira deveria tomar lições de conduta e estilo dos Estados Unidos, entrevendo que, em pouco tempo, àqueles caberia o exercício da hegemonia hemisférica.[20]

É lugar comum apontar, por isso, que se relacionam aos Estados Unidos os principais fatores de insucesso da cooperação copiosamente ensaiada pelo Brasil e pela Argentina. Com base na perspectiva dos

|||||||||||

papel de eliminar possibilidades de intervenção externa no país [...]. Era uma aliança estratégica fundamentada nos objetivos do momento". Oliveira, *Política externa brasileira*, p.40. Lima desdobra esse raciocínio ao observar que o modelo de Rio Branco se estendeu às demais agendas das relações externas do Brasil, em que "as alianças são sempre instrumentos para alcançar os objetivos fixados pelo Estado, sendo, portanto, contingentes", o que o leva a inferir que a principal herança do barão ganhou continuidade no tempo, ainda que adaptada à realidade internacional contemporânea. Lima, Interesses e solidariedade: o Brasil e a crise centro-americana, *XI Encontro Anual da ANPOCS*, 1987, p.4.

20 Ricupero, op. cit., p.17. O mesmo raciocínio está presente em outros pareceres diplomáticos, como mostra Albuquerque. O autor pesquisou a representação construída pela diplomacia brasileira acerca das relações entre Brasil e Estados Unidos. Com base na análise discursiva de uma série de entrevistas com diplomatas, tomadas no seio do projeto "Fontes vivas da política externa", Albuquerque infere que, para os diplomatas brasileiros, a relação com os Estados Unidos sempre foi devidamente calculada, para que dela se extraíssem principalmente benefícios e, por intermédio dela, fosse atingida a autonomia. Ainda segundo ele, a relação do Brasil com os Estados Unidos, no seio da diplomacia, "é representada com muito maior frequência através dos objetivos da política externa brasileira em resposta a eles, do que neles mesmos". Parece, portanto, que a diplomacia brasileira entende que o Brasil, historicamente, admirou e tentou reproduzir os passos dos Estados Unidos, aproximando-se ao máximo deles, na esperança de que isso lhe proporcionasse condições semelhantes de desenvolvimento e crescimento, até para que, futuramente, deles não fosse presa fácil. Os diplomatas acreditam que foi dada aos Estados Unidos a medida que se recebia, e que tanto posições neutras ou indiferentes quanto aquelas mais restritivas foram devolvidas aos Estados Unidos, quando assim eles se posicionavam. A natureza do vínculo era, em consequência, utilitária. Ver: Albuquerque, A percepção da política externa dos Estados Unidos e do Brasil por diplomatas brasileiros. In: _____; Oliveira (orgs.), *A política externa brasileira na visão de seus protagonistas*, p.5.

interesses estadunidenses, José Manuel Ugarte, assessor do Senado argentino em questões de Defesa e Segurança, defende que:

> As limitações exercidas pelos Estados Unidos sempre serão significativas, por muitíssimas razões, mas basicamente porque a política dos EUA em relação aos países latino-americanos está sempre baseada na busca de relações bilaterais. Negociar com um bloco mercosulino ou sul-americano, para os EUA, constituiria um difícil cenário.[21]

Completando o raciocínio, de acordo com Luis Tibiletti os Estados Unidos desenvolveram uma sensibilidade especial para detectar o "umbral do outro" ou, em outras palavras, sabem tocar cirurgicamente o melindre do outro de acordo com a reação que pretendem provocar. Assim como se aproveitaram das iniciativas do pan-americanismo, também conjeturariam a possibilidade de fragmentar o Mercosul, por meio do diagnóstico das características culturais de cada país envolvido.[22] Em suas palavras,

> O Brasil é "o maior do mundo", portanto, o mais adequado para se oferecer o Conselho de Segurança. A Argentina é a "campeã da moralidade, o melhor amigo", então para ela será dado o prêmio de aliada Otan. Para o Chile, que tem sempre uma paranoia estratégica, por ser geograficamente indefensável, serão concedidos os aviões F-16. E com isso, todos entrarão em conflito. [...] Foi uma jogada típica do pensamento estratégico dos Estados Unidos, pelo modelo dos ingleses: dividir para reinar [...], uma jogada

---

||||||||||||

21 Ugarte, Entrevista concedida à autora. Buenos Aires: outubro de 2006.

22 Enfatizamos que em nenhum momento pretendemos tratar as relações do Brasil com a Argentina factualmente, desde o contexto do pan-americanismo até hoje. Os argumentos aqui utilizados objetivam apenas trabalhar com características daquele momento que possam se reproduzir hoje, justamente pelo fato de o pan-americanismo representar o concerto original no qual o Brasil desenhou seu modelo de cooperação com seus vizinhos.

clássica, de tradição inglesa, na América do Sul, que plantou o grande problema de como a rede de confiança seria criada entre tantos atores.[23]

Concordamos com Tibileti sobre o oportunismo dos Estados Unidos no acirramento de conflitos entre Brasil e Argentina. A história mostra que desde a Guerra do Paraguai eles agiram explorando fraquezas e particularidades nacionais a fim de intensificar dissidências. E isso não se restringiu à América Latina. O próprio Fernando Henrique Cardoso era consciente desse ardil, quando narra a conversa que teve com Clinton, em Camp David:

> Clinton sabe muito de história. É um homem de cultura. Impressionou-me muito quando falou sobre a China e sobre a Rússia. Disse-me o seguinte: "A gente deve perguntar sempre a um país como esse: Do que ele tem medo? Qual o medo histórico desse país? Qual é a ambição? Por exemplo, a Rússia deve ter medo de ser invadida, porque sofreu invasões várias vezes. Já a China deve ter medo de der despedaçada pelos chefes da guerra. [...]".[24]

Mas os Estados Unidos se tornam um condicionante estrutural à América Latina, a partir da forma como cada país se relaciona com eles. Dessa maneira, respeitando o objetivo e o recorte desta obra, defendemos que os Estados Unidos representam um obstáculo para a cooperação regional, não apenas por suas iniciativas, mas a partir da maneira específica como sua presença foi assimilada pelo Brasil, enquanto oportunidade de instrumentalização em favor dos interesses nacionais.[25]

||||||||||||

23 Tibileti, Entrevista concedida à autora. Buenos Aires: outubro de 2006.

24 Cardoso, Entrevista concedida a Geneton Moraes Neto. In: Moraes Neto, *Dossiê Brasília. Os segredos dos presidentes*, p.193.

25 Lembrando que são os interesses nacionais que inspiram os princípios norteadores de uma linha de ação a ser adotada e perseguida. Nas palavras de José Honório Rodrigues, eles traduzem a somatória das aspirações nacionais permanentes e atuais "que se criam

Assim como acredita Ricupero, grande parte da ala liberal do Itamaraty acredita que as relações com os Estados Unidos são totalmente compatíveis com as relações que se pretende fixar, desde Rio Branco, com os países latino-americanos.[26] Embora fosse uma conduta, desde cedo, suspeita aos vizinhos hispano-americanos,[27] para Ricupero tratava-se de atitude certa, tanto que, sob seu ponto de vista, anos mais tarde seria ela copiada por alguns deles: o "modelo parece

||||||||||||

e se desenvolvem no processo histórico e dependem muito das características do povo e das etapas do desenvolvimento econômico". São, em consequência, manifestações subjetivas que refletem a maneira como os desejos vitais se projetam na consciência nacional, e ainda, de acordo com Rodrigues, "independem de diferenças regionais, de classes ou de minorias étnicas. Nascem das lutas e dos esforços pela unidade nacional, pela comunidade e solidariedade política, econômica, social, religiosa, cultural; surgem das labutas pela liberdade interna contra as forças antinacionais ou derrogatórias da Nação; emanam da manifesta originalidade, particularidade e individualidade próprias da terra e da gente, ou de suas características psicossociais; irrompem do sentimento de distinção, que consiste na posse, pelos membros da comunidade, de certos atributos e qualidades, visíveis em sua ação coletiva, que a distinguem de qualquer outra; fortificam-se pela presença de um poderoso sentimento nacional e pela consciência de uma comunidade política que se afirma diferente das outras [...]". Rodrigues, *Interesse nacional e política externa*, p.76-7.

26 Havia no Brasil, obviamente, quem criticasse a postura de Rio Branco. Dois exemplos emblemáticos são Manuel de Oliveira Lima e Domício da Gama. As críticas deste último eram mais ponderadas, já que reconhecia a importância do relacionamento com os Estados Unidos, mas advertia contra o excesso de gestos de amizade para com aqueles, visando, por um lado, primar mais pelos ganhos da relação e, por outro, evitar que o Brasil fosse visto externamente como abdicante de sua soberania e identidade. Ver: Correspondência de Domício da Gama a Lauro Müller, de 3/3/1912. In: Garcia, *Diplomacia brasileira e política externa. Documentos históricos (1943-2008)*, p.370-1.

27 Que terminou recrudescendo a percepção de ameaça tomada pela Argentina, que via nas relações do Brasil com os EUA uma afronta direta. O pensamento corrente na diplomacia argentina era o de que o Brasil pensara suas relações com os Estados Unidos única e exclusivamente para ganhar um diferencial de poder que a isolasse na América do Sul. Até hoje, é comum encontrar nos textos de diplomatas do San Martín defesas de que as relações com os Estados Unidos resumiam a estratégia brasileira para conter o que eles chamam de "reconstrução do Vice-Reinado ou da Grande Argentina", a exemplo do texto de embaixador argentino Iñíguez, op. cit., p.90-1, tradução nossa.

fazer carreira em países vizinhos onde foi, décadas a fio, objeto de escárnio, inveja e contestação".[28]

Logo, é imprescindível ter em mente que o triângulo constituído entre Brasil, Estados Unidos e América Latina, antes de ser resultado da projeção de poder dos Estados Unidos, foi um componente intrínseco da identidade da política exterior do Brasil. Essa é a primeira distinção importante a se fazer em relação a como as ideias cooperativas se desenvolveram no Brasil e na Argentina, apesar de esta, anos mais tarde, também aceitar o modelo brasileiro.[29] Durante o século XX a Argentina adotou uma postura antiamericana que só sofreria revisão, a partir da década de 1990, com a chegada de Menem ao poder.[30] Mas a rivalidade entre os dois países não pode ser exclu-

||||||||||||

28 Ricupero, op. cit., p.21. Trata-se de um raciocínio que parece permanecer atuante no Itamaraty de hoje. O embaixador Lampreia, inclusive, considera que o estabelecimento das chamadas "relações carnais" entre Argentina e Estados Unidos, na década de 1990, representa uma atitude imitativa da Argentina em relação ao Brasil, o que significa a admissão tácita daquele raciocínio acerca da assertividade das escolhas brasileiras. Lampreia, Entrevista concedida à autora. Rio de Janeiro, jun. 2009.

29 Como mostramos anteriormente, houve na Argentina certa tendência de envolvimento com a cultura integrativa bolivariana. Apesar de fragmentada politicamente entre a capital mercantil e suas províncias agrárias, boa parcela da Argentina acolheu a proposta de San Martín, a qual, ainda que divergisse em alguns quesitos daquela pregada por Bolívar, integrava-se a uma mesma corrente, chegando-se a ensaiar a constituição de um exército libertador único. Por outro lado, quando passou a considerar ideias cooperativas, o Brasil buscava uma cooperação limitada que contemplava a flexibilidade que sempre buscara preservar, a fim de manter boas as relações com os Estados Unidos. Inclusive, a primeira ideia regionalista disseminada no Brasil, o ABC, teve como componente intrínseco a presença instrumental dos Estados Unidos, com base no chamado *pan-americanismo*, destoando gritantemente dos movimentos libertadores de Bolívar e San Martín. Isso inspira a identificação de uma dialética bipolar por parte de Carriquiry: "Houve duas grandes correntes históricas opostas que marcaram as relações entre as nações do continente. Ambas ganharam corpo desde a segunda metade do século passado, dado que anteriormente as relações interamericanas haviam sido quase inexistentes [...]. Houve quem chamasse a tais correntes de *latino-americanistas* e *pan-americanistas* (ou *bolivaristas e monroistas*)". Carriquiry, *Uma apuesta por América Latina. Memória y destino históricos de un continente*, p.40, tradução nossa.

30 O revisionismo argentino da década de 1990 tomou aconselhamento junto à corrente intelectual do chamado *realismo periférico*, cuja expressão maior reside nos escritos de Carlos Escudé.

sivamente atribuída às dinâmicas do triângulo Brasil-Argentina--Estados Unidos, ainda que em seu bojo muito se tenham aguçado algumas das percepções de ameaça. É possível, todavia, afirmar que foram raros os momentos da história da relação de cooperação entre ambos os países que se escreveram independentemente da relação que o Brasil idealizou com os Estados Unidos.[31]

Acreditamos que são duas as forças profundas a constranger as decisões brasileiras sobre o aprofundamento dos vínculos com a Argentina: uma sintetizada pelos interesses que movem as relações com os Estados Unidos e a segunda, pelos interesses que condicionam as relações com os parceiros regionais. Ambas conviveriam numa dinâmica de mútua influência. Tal percepção pode ser aclarada, porém, pelo diálogo entre passado e presente ou, mais especificamente, entre o significado da parceria brasileira com a Argentina ontem e hoje.[32] Se no capítulo anterior foi explorada a percepção de rivalidade enquanto força profunda dessas relações, aqui analisamos a percepção brasileira acerca das ideias de cooperação – corrente motora de tal relacionamento – que, no entanto, reservou como fim

||||||||||||

31 Não pretendemos realizar aqui uma síntese comparativa entre os distintos modos pelos quais Brasil e Argentina se identificaram diante dos Estados Unidos, embora acreditemos que se trataria de reflexão necessária para o entendimento completo das divergências dos processos cooperativos que envolvem os dois países. Ainda que pontuemos algumas disparidades ao longo do texto nessa direção, o objetivo deste capítulo é estabelecer um liame entre a percepção histórica do Brasil dos processos cooperativos regionais e o atual estilo de atuação brasileira em tal matéria, como contexto condicionante do significado atribuído à Argentina nas prioridades de política exterior. Nossa ênfase incide sobre o nexo entre as particularidades do Brasil em política externa e suas intenções com seu vizinho.

32 Com inspiração em E. Carr e Brunelo Vigezzi, Saraiva contempla nossa justificativa em frequentemente recorrer ao passado: "A história não serve apenas de preâmbulo. Ela é parte intrínseca à formação das estruturas do presente e matriz genética dos fenômenos internacionais atuais. O que se tem por presente é, em larga medida, resultante dos choques de condensação de processos que, ainda inacabados, se faz ativa na ordem internacional do presente". Cf. Saraiva, À busca de uma nova sociedade internacional: teoria e prática das relações internacionais no início do século XXI. In: Altemani; Lessa, *Relações internacionais do Brasil: temas e agendas*, p.59.

último, nos últimos anos, objetivos individuais. Um exemplo atual desses objetivos seria a conquista da liderança regional brasileira e da condição da consolidação do *status* de potência média. Esses exemplos, contudo, nos remetem ao Capítulo 1, pois, ao observar o estilo brasileiro de defesa de seus interesses, deparamo-nos com a convivência histórica dos dois padrões fundamentais do relacionamento brasileiro-argentino: a rivalidade e a cooperação. Padrões muitas vezes complementares e raríssimas vezes percebidos pelo Brasil como excludentes. Enquanto as ideias de cooperação permitem ao país granjear melhor reputação internacional, a memória de rivalidade coloca limites à extensão e profundidade da cooperação, evitando que sejam feridos a soberania e os intentos de liderança.

Para Cervo, a convivência permanente entre rivalidade e cooperação é característica do chamado "paradigma da cordialidade oficial", uma invenção do pensamento diplomático desde tempos remotos e que tende a se burilar, a partir da década de 1930, quando no Brasil ganham reforço as teses desenvolvimentistas.[33] Com elas,

||||||||||||

33 Teria sido articulado pelo Visconde do Rio Branco, pai do futuro barão, visando estabelecer um equilíbrio entre forças nacionais opostas envolvidas na consolidação da República brasileira. De um lado, situavam-se os estadistas moderados – Visconde do Abaeté, Marquês de Olinda e Visconde de Sinimbu –, que sobrevalorizavam a negociação diplomática, e de outro, os estadistas realistas – Visconde do Uruguai, o Marquês de Paraná e o Barão de Cotegipe –, que primavam pela imposição da vontade nacional e pelo uso da força. Cervo acredita que o visconde tenha sintetizado naquele paradigma as duas correntes, a fim de não fragmentar as forças num momento tão importante da história do país. Ao mesmo tempo que satisfazia os espíritos nacionais, o *paradigma da cordialidade oficial* consistia em uma política firme que primaria pela integridade e pela soberania nacionais; e que, entretanto, aos olhos externos, mostrava-se como uma política de boas intenções e boa vontade. O paradigma seria desdobrado pelo Barão do Rio Branco, que com ele buscava reforçar a ideia de que a grandeza nacional demandava atitudes realistas e, por outro lado, a superioridade do povo brasileiro requeria posturas nobres, tendo o país a importante missão de promover a paz regional. "Assim, fortaleceu-se aquele acumulado histórico pela ideia de superioridade de força e de civilização diante dos vizinhos. Os vizinhos, concluía-se, devem ser bem tratados, mesmo porque são pouco relevantes para a vida nacional", resume o autor. Nesse sentido, o paradigma

encorpam-se tanto a noção de proteção do que é nacional – intrínseca a mecanismos de rivalidade – quanto a consciência de que as relações externas devem maximizar os ganhos em benefício do interesse nacional, o que confere à cooperação regional uma função instrumental. Tal modelo permaneceria no padrão mental da diplomacia brasileira, na opinião do autor.[34] Cervo sumariza os estudos brasileiros em quatro paradigmas orientadores da conduta do país diante de seus vizinhos sul-americanos: 1) O de rivalidade, o qual, para ele, em tempos recentes pôde ser notado na divergência de interesses que caracterizou as posições de Fernando Henrique Cardoso e Carlos Saúl Menem em relação a problemas de assimetria gerados na relação Mercosul *versus* globalização; 2) O que entrevê o equilíbrio entre cooperação e conflito, voltando-se "à busca de fatores e manifestações de entendimento e cooperação, para além daqueles de rivalidade"; 3) O paradigma das relações cíclicas, pelo qual nem a cooperação nem o conflito teriam se imposto como curso contínuo, alternando-se segundo estímulos conjunturais, como mudanças de regimes políticos, por exemplo; 4) O paradigma de relações em eixo, que se debruça sobre a construção de relações bilaterais especiais e não instrumentais, cimentada pela harmonia identitária entre a visão de si e do "outro" e sua interação.[35]

Enquanto é notoriamente abundante a literatura que contempla o quarto paradigma, nossas constatações nos aproximam mais do segundo, malgrado acreditemos que, por vezes, cooperação e conflito tenham alternado a visibilidade – mas nunca a existência –, estando a primeira mais relacionada ao meio de se atingir um objetivo, ou à tática, enquanto a competição ou a rivalidade estariam acopladas à estratégia, ou à estrutura mental da política externa do Brasil. Isso tem que

||||||||||||

mescla competição e empatia. Cervo, *Inserção internacional: formação dos conceitos brasileiros*, p.38-9 e 204-5.

34 Ibid., p.207-14.

35 Ibid.

ver, porém, com a *práxis* brasileira de fazer da política externa um sustentáculo do desenvolvimento nacional.[36]

Não obstante a utilização da política externa para fins nacionais, é comum que no caso de países em desenvolvimento, como o Brasil, sejam raros os momentos em que as condições e potencialidades internas moldem autonomamente sua maneira de projeção externa. Quase sempre o Brasil teve seus objetivos limitados pelas abismais desigualdades do sistema internacional. A retroalimentação entre desenvolvimento nacional e política exterior tornou-se, por esse motivo, uma constante dos projetos estatais brasileiros. Enquanto o Brasil encontra meios de diminuir os efeitos das iniquidades do sistema internacional no desenvolvimento nacional,[37] por sua vez, ele busca sustentar seu desenvolvimento em sua atuação externa.[38] A partir desse raciocínio, o país aprendeu a pensar sua atuação internacional com base em dois parâmetros distintos que, contudo, convivem em invariável interpenetração, sendo paralelos e complementares. O entendimento desses dois eixos é essencial para explicar possíveis "contradições" discursivas e práticas da diplomacia brasileira, no que toca à cooperação com a Argentina. Um seria o eixo assimétrico, que diz respeito ao relacionamento com países que apresentam um significativo hiato de poder (por exemplo, os Estados Unidos); e o outro, o eixo simétrico, refere-se aos vínculos estabelecidos com países "que se situam em categoria de poder comparável à nossa" (como

---

36 Sendo assim, como diria Deustch, poder-se-ia sugerir que o Brasil coopera tanto pela paz como pelo poder. Ver: Deustch, *Análise das relações internacionais*, p.276-8.

37 Como salienta Amorim, Uma diplomacia voltada para o desenvolvimento e para a democracia. In: Castro; Fonseca (orgs.), *Temas de política externa brasileira II*, p.25.

38 Em síntese, é com base em sua inserção internacional que o Brasil busca "extrair o maior número possível de benefícios concretos – em geração de riqueza, empregos e apoio para o desenvolvimento econômico e social – ao menor custo possível". Lampreia, Conferência proferida no III Encontro Nacional de Estudos Estratégicos, "O Brasil e o Mundo no século XXI", Rio de Janeiro, outubro de 1996. In: _____, *Diplomacia brasileira. Palavras, contextos e razões*, p.61.

é o caso da América Latina), como distingue Ricupero.[39] Ainda de acordo com Ricupero, frequentemente o eixo simétrico se subordina ao assimétrico. Os momentos que não correspondem a essa linha de atuação decorrem de circunstâncias extraordinárias, entretanto trata--se da estratégia vislumbrada pelo Brasil para ganho de autonomia.

Pecequilo torna mais preciso esse raciocínio quando defende a combinação entre os eixos horizontal (relações Sul-Sul) e vertical (relações Norte-Sul) como substrato da multilateralização da política externa do Brasil, a qual por sua vez favoreceria a condição brasileira de *globaltrader* e *globalplayer* como meio de aumentar o poder de barganha de "alto perfil".[40] Para Pecequilo, essa é uma diretriz que nasce nos últimos anos do governo de Cardoso, momento em que o Brasil sentiu mais intensamente as perdas advindas da instalação acrítica do paradigma normal; reforçando-se e ganhando mais autenticidade na era Lula. Todavia, essa premissa de combinação de eixos, sejam eles denominados de horizontais e verticais ou simétrico e assimétrico, é mais um exemplo da prática de instrumentalização de alianças da qual o Brasil se utiliza desde Rio Branco. Logo, na visão de Cervo, em posição prevalecente a quaisquer outros conceitos encontrar-se-ia o conceito de *parceria estratégica*. A *parceria estratégica* não é apenas a síntese modelar das relações que o Brasil desenvolve historicamente com os Estados Unidos – embora ali tenha se originado –, mas serve de protótipo para o comportamento internacional do Brasil nas linhas mais gerais. Primando por esse raciocínio, nossa hipótese é a de que a Argentina ocupou ultimamente, nas prioridades de política exterior do Brasil, um papel de garante dos interesses do país junto ao chamado *eixo assimétrico*, fazendo-se também um parceiro estratégico

||||||||||||

39 Ricupero, op. cit., p.15.
40 Ver: Pecequilo, A política externa do Brasil no século XXI: os eixos combinados de cooperação vertical e horizontal, *Revista Brasileira de Política Internacional*, v.51, n.2, 2008, p.136-53.

imprescindível à conquista brasileira de um papel de liderança junto ao eixo simétrico ou, mais particularmente, à América do Sul.

Brasil-EUA: as idas e vindas do pragmatismo na concepção do nacionalismo de fins

A cristalização de uma relação pragmática, ou de uma parceria estratégica com os Estados Unidos como fórmula perpétua da política externa brasileira, foi amadurecida e burilada ao longo do tempo no seio do Itamaraty. Apesar de Rio Branco ter buscado dar à fórmula inicial um verniz prático, para Ricupero, sua aplicação original não deixava de expressar interesses e traços ideológicos.[41] Embora no seio do Itamaraty, pela força da tradição, o modelo pragmático se mantivesse em vigor, por algumas vezes as relações com os Estados Unidos tenderam ora à extrema convergência ideológica, ora a um antiamericanismo nacionalista, dependendo das forças dominantes no momento. Por isso, ainda conforme Ricupero, as relações com os Estados Unidos mesclaram o pragmatismo de Estado com ideologias em voga.[42]

Os anos 1930 teriam dado importante impulso ao pragmatismo da política exterior brasileira, considerando que se primou pela maximização do poder de barganha do país, por meio da exploração das

||||||||||||

41 Como quando exigiu reconhecimento por parte do Chile e da Argentina da República do Panamá, e quando apoiou a invasão militar dos Estados Unidos à Cuba, em 1906. Ver: Ricupero, op. cit., p.19.

42 Ibid., p.22. A conjugação entre traços pragmáticos – referentes à política de Estado – e a ideologia de grupos e partidos que Ricupero apresenta na explicação das relações do Brasil com os Estados Unidos é utilizada também pelo embaixador argentino Jorge Domínguez para explicar o comportamento da América Latina, como um todo, diante dos Estados Unidos. Ver: Domínguez, Las relaciones contemporáneas Estados Unidos-América Latina: entre la ideologia y el pragmatismo. In: Lagos (compilador), *América Latina: integración o fragmentación?*, p.179-208. Sobre antiamericanismo no Itamaraty, ler: Diplomacia Autônoma, artigo em que o ex-deputado Afonso Arinos traduz o que é ter posição independente. *Carta Capital*, ano XIII, 28 fev. 2007, n.433.

opções em competição no entreguerras. Assim, ao mesmo tempo que se mantinham boas relações com os EUA, também eram buscados acordos com a Alemanha nazista, por exemplo.[43] O governo de Vargas teria sido ardiloso em tirar proveito da disputa, ao perceber a necessidade de expansão tanto dos Estados Unidos como da Alemanha, como relata Danese:

> A reaparição da Alemanha como grande parceiro internacional foi percebida como uma oportunidade promissora por uma diplomacia brasileira (em sentido lato, ou seja, mais além da própria Chancelaria), mais preocupada com resultados práticos do que com filigranas de geopolítica europeia ou avaliações estratégicas de longo prazo. A ideia de que essa parceria com a Alemanha tornada hitlerista em 1933 poderia servir de alavanca junto das potências rivais ou concorrentes, em particular dos Estados Unidos, levou a uma política de ambiguidade, de pragmatismo e mesmo de cru oportunismo levado a seu extremo. Isso era, aliás, possível pelo personalismo habilidoso com que Getúlio Vargas, espelhando a diplomacia dos ditadores da Europa dos anos 1930, conduziu com pulso de ferro a diplomacia e a política econômica e militar internacional do Brasil. Pela primeira vez o país tomava consciência de que poderia não exatamente influenciar o jogo internacional, mas dele beneficiar-se, valendo-se de certas janelas e sombras.[44]

Quando o Brasil decidiu se envolver militarmente na Segunda Guerra Mundial, o pragmatismo condutor das relações com os Estados Unidos foi inebriado por traços ideológicos que transformaram a chamada relação tácita ou não escrita (*unwritten alliance*) em pacto formal.[45] Por outro lado, tal prática recebia a crítica dos

||||||||||||

43 Danese, *A escola da liderança. Ensaios sobre a política externa e a inserção internacional do Brasil*, p.98.
44 Ibid.
45 Elucidam essa nova fase: o engajamento do país na guerra, a busca de apoio latino--americano contra o Eixo, a Reunião de Consulta de 1942, no Rio de Janeiro, e a

DIPLOMACIA E DEFESA NA GESTÃO FERNANDO HENRIQUE CARDOSO (1995-2002)

grupos nacionalistas em formação, promotores do modelo de desenvolvimento que o Brasil passava a traçar desde a Primeira Guerra Mundial, e cujas ideias tornaram-se mais nítidas após a crise de 1929. Segundo a leitura de Jaguaribe, o país seguiu:

> [...] objetivamente à revelia de qualquer ação deliberada, a voltar-se para si mesmo produzindo para o consumo interno, compondo sua estruturação social de acordo com a situação de suas próprias classes, refletindo sobre seus problemas e modelando suas instituições sob a pressão das próprias forças sociais.[46]

Tratava-se de um nacionalismo em incubação, de difícil constatação, dado que seus movimentos surgiam de forma fragmentária e descontínua,[47] mas que permaneceu em desenvolvimento mesmo durante a Guerra Fria, quando o componente ideológico pró-americano aparecia como sobrepujante ao pragmático; tanto que, mais tarde, seria aflorado sob as rédeas da política externa independente.

Ricupero interpreta o alinhamento brasileiro aos Estados Unidos durante a Guerra Fria como expressão de um anticomunismo autóctone fortalecido pelo ambiente de confrontação Leste–Oeste.[48]

||||||||||||

assinatura do Tratado Interamericano de Assistência Recíproca (TIAR). Não se pode deixar de mencionar a intensificação da agressividade da interferência dos Estados Unidos naquele período. De acordo com Ayerbe, desde o entreguerras os Estados Unidos reforçaram suas iniciativas de constrangimento dos países latino-americanos, já que foi nesse período que se deram conta de que a América Latina, juntamente com a África e a Ásia, além de fornecedora de matéria-prima barata era um potencial mercado consumidor para sua indústria. Todavia, especialmente durante a Segunda Guerra, o fornecimento de matérias-primas oriundas da América Latina aos países envolvidos no conflito impulsionou a indústria que passava a demandar maiores investimentos. A partir de então, a ingerência tenderia ao aumento progressivo, alcançando seu cume depois de instalada a Guerra Fria. Cf. Ayerbe, *Estados Unidos e América Latina: a construção da hegemonia*, p.49.

46 Jaguaribe, *O nacionalismo na atualidade brasileira*, p.31.

47 Ibid.

48 Ricupero, op. cit., p.23.

As Percepções Brasileiras sobre Cooperação Regional como Condicionantes das Relações com a Argentina | 113

A redução dos espaços de manobra levava, por um lado, à assunção da inevitabilidade do apoio aos EUA, ao mesmo tempo que fortalecia teses autonomistas, propiciando a constituição de um nacionalismo político dialético que se equilibrava pela força do debate entre vetores opostos, como explica Jaguaribe.[49] A reivindicação por uma posição de autonomia, no plano das relações internacionais, era relativizada "pela consciência das limitações nacionais e por critérios comparativos". Ainda segundo Jaguaribe, isso freava "as mentalidades mais rudimentares e incultas a um nacionalismo incondicional [...] propenso a erigir a própria condição em ideologia".[50]

Apesar de não pretendermos nos debruçar por muito tempo sobre o pensamento de Jaguaribe, consideramos inevitável mencioná-lo por dois motivos. Primeiramente, pela forte adesão que seus escritos receberam no Itamaraty, dentre outros motivos porque o intelectual plasmou em seus escritos aquilo que o Itamaraty sempre buscou expressar: era daquele Ministério a responsabilidade da formulação e da centralização do nacionalismo brasileiro. Para Jaguaribe, o nacionalismo brasileiro era uma corrente vaga, sem formulação teórica e carregada de contradições que havia surgido antes "de sua própria teoria", operacionalizando-se antes mesmo de determinar seus fins, tornando-se força "antes de organizar seus planos de ação". Por não ser penetrado pela racionalidade, tanto o nacionalismo da extrema direita como o de correntes de esquerda foram severamente criticados por Jaguaribe. Para ele, tratava-se de um nacionalismo caracterizado mais pela negação do que pela afirmação de determinado *status*. O nacionalismo brasileiro não estava, portanto, relacionado a um projeto de nação. Não havia, desse modo, uma nacionalidade. Conforme Jaguaribe:

|||||||||||

49 "É necessário compreender dialeticamente o nacionalismo brasileiro", afirma Jaguaribe, op. cit., p.53.
50 Ibid., p.35.

Somente quando, em função das exigências decorrentes de sua evolução faseológica da comunidade e das condições peculiares a determinadas épocas, surge o propósito integrador, é que as nações historicamente possíveis se constituem em nações politicamente existentes.[51]

Jaguaribe acreditava que, sendo a política externa o projeto mais coerente para garantia do desenvolvimento nacional, o Itamaraty deveria ser, por isso, o catalisador por excelência da nacionalidade brasileira. Assim, também para ele a burocracia das relações exteriores não poderia sofrer ingerência política.

Versando sobre que tipo de nacionalismo seria mais apropriado a um país com tantas contradições como o Brasil, Jaguaribe fundou o conceito de *nacionalismo de fins*, de acordo com o qual o nacionalismo só proporciona uma nacionalidade integrada quando está relacionado a um projeto sólido de desenvolvimento interno. Dessa maneira, ele não deve ser uma ideologia, mas um fator de unidade obediente aos fins da nação. Como qualquer projeto agremiativo, o nacionalismo deveria ser essencialmente finalista. Sua realização dependeria de "um ordenamento político-jurídico comum", agregando, por exemplo, os âmbitos militar e econômico. Em suas palavras:

> Antes de tudo, pois, o nacionalismo é um movimento provocado pelo desenvolvimento do país, que tem por fim acelerá-lo e racionalizá-lo. Esse fim não decorre de um propósito gratuito de pessoas ou grupos, mas é inerente ao processo. Apesar disso, pode ser assumido, consciente e deliberadamente, por todos os que aspirem à promoção do desenvolvimento. E como este corresponde aos interesses situacionais de todas as classes sociais, com exceção, em cada uma delas, dos setores vinculados às nossas estruturas semicoloniais – a promoção do desenvolvimento se constitui no objetivo ideológico mais representativo de todas as classes brasileiras.[52]

51 Ibid., p.20.
52 Ibid., p.51.

Entretanto, tendo na política exterior sua principal ferramenta, o desenvolvimento, que por sua vez consistiria no único fim legítimo do nacionalismo brasileiro, deveria contar com uma instituição integradora. Para Jaguaribe, ao longo do tempo faltou consistência àqueles que se tornaram os propósitos mais constantes da política externa brasileira, desde a Segunda Guerra, quais sejam: a colaboração com os Estados Unidos, o estreitamento de vínculos com a América do Sul e o combate ao colonialismo. De acordo com ele, tais propósitos deviam ser estreitamente conectados, visando a um único fim, e para isso era necessário assegurar uma política externa consistente e consensual, que não se curvasse a modismos nem demandas partidárias efêmeras. Em sua visão, era indispensável desde aquele momento que se determinasse quem, a partir de então, formularia e executaria a política externa do Brasil. Seguindo essas premissas, Jaguaribe concluiu que ao Itamaraty caberia a tarefa de integrar a nacionalidade brasileira mediante a centralização da política externa e da perpetuação de uma linha de ação. O autor explica ainda que o Itamaraty se identifica com o nacionalismo de fins demandado pelo Brasil, ao contrário, por exemplo, das Forças Armadas, mais afinadas com um nacionalismo de meios, caracterizado pela busca do poder como um fim em si.[53]

Não é de se estranhar que o conceito de nacionalismo de fins, cunhado por Hélio Jaguaribe, tenha sido internalizado pelo Itamaraty como uma baliza em que se aprimoraram o pragmatismo e o caráter estratégico das alianças firmadas pelo Brasil. A ideia de um nacionalismo de fins é utilizada nos discursos da chancelaria como "a lógica da diplomacia brasileira", ou ainda como uma "ideia-força", tendo como exemplo mais recente as alusões de Celso Lafer, ministro das Relações Exteriores no governo de Collor de Mello e durante

|||||||||||
53 Ibid., p.222-3.

o segundo mandato do governo de Fernando Henrique Cardoso.[54] Em outras palavras, o nacionalismo de fins resume o estilo brasileiro contínuo de busca da autonomia ou, ainda, constitui uma força profunda das relações internacionais do país, que nada tem a ver com os nacionalismos de esquerda ou direita, mas que visa dar atendimento às demandas do desenvolvimento nacional, dentro das perspectivas e limitações de inserção internacional do Brasil.[55] O ajuste da ideia de nacionalismo de fins às particularidades das transformações conjunturais teria feito que, ao longo do tempo, ele fosse apresentado com roupagens distintas: "política externa independente", "equidistância pragmática", "pragmatismo responsável", "universalismo", "adaptação criativa", "autonomia pela participação". Isso, porém, chama atenção para a percepção existente entre os formuladores de política externa, segundo a qual, das relações entre Brasil e Estados Unidos, sempre seria possível extrair ganhos relativos, o que dependeria exclusivamente do traquejo de barganhar. Mesmo quando o contexto em questão é a Guerra Fria, referência da intensificação da presença estadunidense na América Latina e da consequente subordinação do Brasil, o discurso do pragmatismo não se deixa esmaecer.

Destarte, podemos inferir que a qualidade do nacionalismo presente na política exterior brasileira delineia um modo próprio de se relacionar com processos integrativos, os quais tendem a ser abertos e não exclusivistas, visando, em última instância, à satisfação dos interesses nacionais, ainda que esta dependa da manutenção de boas relações com os Estados Unidos – os quais representam o principal obstáculo para a autonomia sul-americana. Na visão do Brasil, aliás,

---

54 Lafer, *A identidade internacional do Brasil e a política externa brasileira: passado, presente e futuro*, p.83-103.

55 Além do diálogo intertextual, Hélio Jaguaribe foi ouvido por diplomatas brasileiros em inúmeras conferências a que foi chamado a ministrar no Itamaraty e no Instituto Rio Branco. A ele permanecem imputados diversos estudos publicados pelo Ministério das Relações Exteriores.

jogar com várias possibilidades é a maneira mais promissora de se alcançar sua própria autonomia na cena internacional. Na opinião de Amado Cervo, toda política exterior é nacionalista quando atenta para os interesses nacionais, os quais são por sua vez passíveis de modificação ao longo do tempo, conforme trecho de entrevista transcrito abaixo:

> Eu considero a defesa dos interesses nacionais, o nacionalismo em política exterior. O nacionalismo significa a defesa dos interesses nacionais. Significa não se submeter ao processo decisório, a influências que prejudiquem, danifiquem, que são nocivas aos interesses nacionais. [...] Então, nós temos uma linearidade na política exterior brasileira. Esse nacionalismo significa autonomia do processo decisório e tomada de decisões, ou modelo de inserção que realize, que atenda aos interesses nacionais. Isso é uma tradição de continuidade política exterior brasileira. Só nos anos 90, os anos do neoliberalismo que comprometeram essa tradição. Mas essa é uma tradição que vem lá do Barão de Rio Branco. Vem de antes, vem dos conservadores do século XIX, da época do Império, que eram realistas e que tinham o senso de defesa dos interesses nacionais, auscultavam bem os interesses nacionais e depois tomavam decisões, mantinham uma autonomia no processo decisório para realizar esses interesses, defender esses interesses. Então, a política exterior brasileira, nesse ponto, é idêntica à americana. A política exterior dos Estados Unidos defende os interesses nacionais dos norte-americanos. E esses interesses quais são? São claros e são simples. É o interesse do trabalhador, significa salário e emprego. Por que os EUA não querem saber de Protocolo de Kyoto [...]? [...] O salário, um rendimento bom e adequado, o bem-estar, nível de vida, os empreendimentos, o êxito dos empreendimentos, não só nos Estados Unidos, mas a defesa dos empreendimentos americanos nos EUA e no mundo e a segurança. Esses são elementos que concretizam o nacionalismo. Então, o Brasil é nacionalista nesse sentido porque ele tem uma política exterior de defesa dos interesses nacionais que é realista. E esse nacionalismo se configura de um modo muito diferente através da história, porque os interesses nacionais vão

se modificando através da história. Um exemplo recente, Fernando Henrique Cardoso nunca pensou em internacionalização da economia brasileira. Ele fez aquela abertura que foi excelente para o aumento da produtividade das empresas brasileiras, da economia brasileira, da agricultura brasileira. Ela foi posta adiante do mundo. Tinha que competir. Então, houve uma verdadeira revolução nas plantas industriais no Brasil, nos anos 90. Isso é uma confluência benéfica da abertura econômica. Mas nunca Fernando Henrique Cardoso havia identificado uma variável de interesse nacional, porque ele era neoliberal demais. Uma variável que, no entanto, o governo Lula identifica, que é a internacionalização da economia brasileira. Não há interdependência ou não há uma inserção madura do Brasil no mundo, na era da globalização, sem internacionalização dos negócios brasileiros. Porque a interdependência supõe essa variável que é umas das variáveis essenciais da globalização. Então, um país do tamanho do Brasil tem que ter empresas, negócios no mundo, negócios globais, empresas multinacionais. E isso foi o Lula que criou. Esse é um elemento de como o interesse nacional evolui. É claro que FHC é nacionalista de seu modo, e Lula é nacionalista de outro modo, porque ele está em uma outra fase. A economia brasileira ficou muito bem, estável, forte e consolidada na era Cardoso e na era Lula, que tinha que dar seu outro passo, e deu. Isso é o que eu digo: política exterior é nacionalista quando defende os interesses nacionais. [...] Eu acho que o desenvolvimentismo que veio de 1930 até 1989 cumpriu uma etapa histórica, ele era adequado àquela época histórica. Produziu efeitos muito grandes. Fez do Brasil uma potência mundial, mas era uma potência isolada sobre esse aspecto. Muito mais dependente do empreendimento, do capital, da tecnologia, do conhecimento do exterior, do que de si próprio. Era uma nacionalização da economia internacional. Agora passamos para a fase de internacionalização da economia nacional. Tem uma nova etapa, o interesse nacional se modifica com o tempo e com a formação nacional, com a evolução dos fatores internos.[56]

IIIIIIIIIII

56 Cervo, Entrevista concedida à autora. Brasília, fev. 2008.

Encontramos em Cervo algumas coincidências com o pensamento de Jaguaribe. A primeira é a noção de que o nacionalismo é adaptável aos interesses de cada fase histórica. Se a internacionalização da economia atende aos interesses nacionais, ela não deixa de ser um preceito nacionalista – guardadas as devidas ressalvas a governos que aplicaram o neoliberalismo de forma acrítica, como o caso de Cardoso. Tanto o que versa Cervo como o que defende Jaguaribe elucidam muito do *modus operandi* do Ministério das Relações Exteriores do Brasil, que, como se nota, goza de importante respaldo intelectual, tanto no que diz respeito à centralização da formulação e da execução da política exterior, como forma de garantir a execução de políticas de Estado de longo prazo, como no que toca ao conteúdo da política externa.

É possível identificar, tanto no discurso diplomático como no militar, vozes que defendem que as relações com os Estados Unidos sempre trouxeram algum benefício, independentemente da circunstância. Exemplo cardeal é a visão de ambos os setores acerca das relações estabelecidas com os EUA durante a Guerra Fria. Por um lado, diplomatas e militares concordam que em nenhum momento tais relações colocaram tantos limites à autonomia do Brasil como naquele contexto.[57] Mas, ao mesmo tempo que afirmam que se tratou de conjuntura na qual o Brasil lançou mão de escolhas forçadas por reconhecer a supremacia nuclear dos EUA,[58] diversos diplomatas ponderam que o Brasil também se utilizou dos ditames da Guerra Fria para atrair maiores investimentos para seu desenvolvimento nacional.[59] Alguns militares relacionam essa demanda à assinatura

---

57 Como mostra o trabalho de Albuquerque; Oliveira (orgs.), *A política externa brasileira na visão de seus protagonistas*, p.4.
58 Albuquerque, A percepção da política externa dos Estados Unidos e do Brasil por diplomatas brasileiros. In: _____; Oliveira (orgs.), op. cit., p.4.
59 Ricupero, op. cit., p.24.

do Acordo Militar Brasil-EUA de 1952, como mostram os depoimentos abaixo:

> [...] em consequência do acordo, a Marinha do Brasil recebeu uma quantidade expressiva de navios... a Marinha estava em fase de pequeno poder naval, era quase inexpressivo o poder naval... a Marinha conseguiu se manter operacionalmente bem, graças ao Acordo, senão não haveria recursos para isso.[60]

> [...] Então, para a Aeronáutica trouxe vantagens sim, trouxe uma operação com novos equipamentos aéreos... e o preparo da Força Aérea Brasileira, em termos de ensino, também foi executado pelos Estados Unidos [...].[61]

A visão de Albuquerque sobre os depoimentos recolhidos com militares é a de que as relações do Brasil com os Estados Unidos, durante a Guerra Fria, estiveram fundamentadas em um jogo de interesse estratégico mútuo, divergindo apenas a respeito dos itens específicos agregados pela relação.

Enquanto alguns depoimentos sublinham a aquisição de equipamentos, a preparação de quadros e a cooperação militar propriamente dita – elementos que podem ser incluídos na dimensão operacional –, outros dão ênfase ao intercâmbio de ideias, políticas e estratégias – elementos que, por sua vez, podem ser incluídos na dimensão doutrinária.[62]

Há, porém, entre os militares, quem mencione os efeitos contraproducentes da relação. Para Armando Ferreira Vidigal, por exemplo, tratou-se de um período cuja principal herança foi um profundo

|||||||||||

60 Depoimento de Armando Ferreira Vidigal, apud Albuquerque, A relação Brasil-EUA na percepção dos militares. In: Albuquerque; Oliveira (orgs.), op. cit., p.21.
61 Depoimento de Murilo Santos. Ibid., p.22.
62 Ibid., p.21.

"retardo" no campo das ideias que, segundo ele, ocorre "quando a gente é incapaz de conceber nossa própria visão estratégica, as nossas próprias necessidades estratégicas, e faz aquilo que interessa aos americanos [...]".[63] Com essa ideia concorda Nelson Werneck Sodré, para quem "isso retardou em muitos anos a criação daquilo que pode ter vindo a ser uma doutrina militar brasileira, mais adequada à nossa sociedade [...]".[64]

Entre a percepção de ganhos e perdas, todavia, situa-se o voluntarismo do Brasil em estabelecer vínculos com os Estados Unidos, mirando certas compensações. Pode-se arriscar a dizer que entre militares e diplomatas é incomum o raciocínio tão corriqueiro na academia, de acordo com o qual a Guerra Fria representou um período de imposições unilaterais dos EUA à América Latina.[65] Mas é preciso distinguir as pretensões dos dois setores para com os Estados Unidos, naquela conjuntura. Aliás, para Cervo, deve-se evitar, principalmente, o simplismo em detectar um vínculo automático entre

||||||||||||

63 Depoimento de Armando Ferreira Vidigal, apud Albuquerque, A relação Brasil-EUA na percepção dos militares. In: Albuquerque; Oliveira (orgs.), op. cit., p.23.

64 Depoimento de Nelson Werneck Sodré. Ibid.

65 Para Rémond, a Guerra Fria é um divisor de águas no estudo das relações entre Estados Unidos e América Latina por significar o momento em que os dirigentes da política norte-americana se conscientizam de sua força e as responsabilidades que dela decorrem, rompendo com a política de isolamento adotada até então e valorizando mais sua presença ativa no mundo. Além disso, segundo o autor, rompe-se definitivamente com os aliados, surtindo as seguintes consequências: "Em primeiro lugar, inverte-se a tendência da política estrangeira dos Estados Unidos. A partir do fim da guerra e da morte de Roosevelt, a ideia principal da diplomacia norte-americana fora, primeiro, concluir a guerra com o Japão e em seguida, retirar os combatentes. Mas a conduta da União Soviética leva os responsáveis a repensarem sua estratégia. No começo de 1947, o governo norte-americano desfecha uma contraofensiva. Suspende a mobilização e inicia o rearmamento. A partir desse momento, o orçamento militar crescerá de ano para ano. Além do mais, o governo renuncia ao isolamento. E isso é capital: pela primeira vez os Estados Unidos tomam consciência de forma duradoura e não apenas acidental, do seu poderio. Data de 1947 o advento dos Estados Unidos à posição de potência mundial". Rémond, *História do século XX: de 1914 aos nossos dias*, p.148.

política externa e Doutrina da Segurança Nacional. De acordo com ele, a Doutrina de Segurança Nacional,

> [...] concebida por geopolíticos vinculados à Escola Superior de Guerra introduziu a noção de inimigo interno, identificado com o subversivo, e sobre ele despejou o equipamento da ditadura. Ademais, os militares desenvolveram uma diplomacia paralela na América do Sul, associando-se a elites orgânicas de direita e à ação de órgãos norte-americanos que fomentavam golpes de Estado, quando os governos representativos não conseguiam combater os movimentos sociais de esquerda.[66]

O Ministério das Relações Exteriores seguiu sua própria linha, configurando um paralelismo de ações semelhante ao ocorrido nos Estados Unidos, no mesmo período, entre a CIA e o Departamento de Estado, como defende Cervo.[67] No fim das contas, a Guerra Fria teria constituído um importante laboratório para o aperfeiçoamento progressivo do pragmatismo brasileiro, ou a maturação do conceito de nacionalismo de fins pela burocracia diplomática, muito embora, por vezes, forças ideológicas momentâneas assumissem as rédeas em favor de um alinhamento automático.[68] Se o campo econômico

||||||||||||

66 Cervo, *Inserção internacional: formação dos conceitos brasileiros*, p.132.
67 Ibid.
68 Tanto ao longo do contexto mundial da Guerra Fria como do contexto brasileiro do regime militar, assiste-se à dança dos elementos de pragmatismo e ideologia. Se em dado momento o Brasil assina o Acordo Militar de 1952, em 1954 o país nega apoio, por exemplo, à intervenção americana na Guatemala. Hirst identifica cinco fases a caracterizar as relações do Brasil com os Estados Unidos ao longo do século XX: 1) Fase da aliança de "facto", que iria do início da vida republicana até a década de 1940; 2) Fase de alinhamento (1942-1977); 3) Fase de autonomia (1977-1990); 4) Fase de ajuste (postura mais flexível às posições dos EUA de comércio e segurança internacional (1990-1995) e 5) Fase de afirmação (posicionamentos altivos que pretendem demarcar limites às concessões aos EUA (1995 em diante). Dentro dessas cinco fases, a autora resume os principais momentos e motivos em que, e pelos quais, o Brasil se indispôs com os EUA: ao fim da Segunda Guerra, quando não obteve reconhecimento esperado por sua participação militar; no início da década de 1950, quando não obteve

nos deixa dúvidas quanto à operacionalização do nacionalismo de fins e do pragmatismo brasileiro, o aspecto da segurança nos permite opinar que, a despeito do cenário internacional ou do regime militar – ambos imponentes da conservação de um *status quo* –, há uma linha de evolução contínua na busca de autonomia. Dois eram os pensamentos básicos do Brasil: o primeiro, de que não se podia confrontar estrategicamente os Estados Unidos, por falta de instrumentos de poder. Dessa maneira, nas palavras de Gelson Fonseca Jr., "admitíamos um alinhamento aos valores fundamentais, mas não o transformávamos em engajamento estratégico automático", a exemplo do rompimento do acordo militar em 1977.[69] Ao mesmo tempo, era preciso aproveitar os instrumentos disponíveis para aumentar a participação do Brasil junto às organizações internacionais, o que fez o Brasil investir na criação de uma imagem de artífice de propostas para um mundo mais pacífico.

Concomitante a isso, reconhecia-se a necessidade de desenvolvimento de tecnologia nuclear como vetor de desenvolvimento. E se de um lado o Brasil seguia mostrando afinidades com os Estados Unidos e aceitando sua ajuda financeira, de outro, tão logo percebeu que deles não receberia incentivos para a construção de uma tecnologia própria no campo nuclear, uniu-se à Alemanha em busca de tais benefícios,

||||||||||||

a ajuda econômica desejada; em meados da década de 1960, quando se frustrou por não receber recompensa pela luta interna anticomunista; em meados da década de 1970, por ser alvo de políticas nucleares restritivas e por não conseguir o *status* de país-chave; na década de 1980, por considerar que os EUA não se solidarizaram com os problemas latino-americanos; e no início da década de 1990, quando não obteve ajuda para sanar as crises globais. Por outro lado, também os EUA se zangaram com o Brasil nos seguintes contextos: nos anos 1940, pelo nacionalismo praticado; pela ausência de apoio à Guerra da Coreia, à Guerra do Vietnã e às políticas centro-americanas da década de 1980; pela falta de apoio brasileiro à Guerra do Golfo (1990) e à Guerra do Iraque (2002). Hirst, Os cinco "As" das relações Brasil-Estados Unidos: aliança, alinhamento, autonomia, ajustamento e afirmação. In: Altemani; Lessa, op. cit., vol.1, p.91-4.

69 Fonseca Jr., *A legitimidade e outras questões internacionais: poder e ética entre as nações*, p.360.

dando prosseguimento a um projeto nuclear autônomo que continuava em desenvolvimento mesmo depois do fim da Guerra Fria e do regime militar brasileiro; o que, por seu turno, denota uma linha de continuidade na equação entre nacionalização da segurança e desenvolvimento. Cervo explica que a nacionalização da segurança, sem romper com o acumulado histórico da diplomacia brasileira "pacifista, não confrontacionista e cooperativa", "proveria o desenvolvimento de meios de superação da dependência estrutural, ao agregar-lhe o domínio da tecnologia de ponta que o sistema internacional sonegava em nome da segurança".[70] A dualidade com a qual o Brasil lidou historicamente com a segurança pode ser interpretada como fruto de contradições da política externa brasileira, mas, no fundo, indicaria dois cuidados básicos: não deixar de pensar a tecnologia nuclear para fins pacíficos e, também, não deixar de buscar a liderança proativa nos debates sobre desarmamento.[71] Assim, enquanto o país propugnava

||||||||||||

70 Cervo, op. cit., p.133. Há de se ressaltar, contudo, que foram os militares que deram prosseguimento à questão da energia nuclear. Enquanto no Itamaraty ela era vista como trunfo de redução de desigualdades no sistema internacional, pelos militares ela era percebida como meio de dissuasão. A dialética entre "busca de participação e legitimidade" *versus* "busca de poder de dissuasão" continuará separando militares e diplomatas ao longo da década de 1990.

71 Em 1962, buscando agir de forma pioneira, o Brasil lançou à ONU uma iniciativa de criar uma Zona Livre de Armas Nucleares (ZLAN). A discussão de tal proposta entre países latino-americanos redundou na reunião ocorrida em fevereiro de 1967, na cidade do México, que propôs a implementação de um acordo que abrangesse desde o México até a Argentina: o Tlatelolco. Porém, essa negociação não contou com um posicionamento linear do Brasil – país precursor de tal ideia: após 1964, sob influência do conceito de "segurança nacional", o Brasil passou a reavaliar quaisquer iniciativas que fugissem aos esquemas coletivos projetados pelos Estados Unidos. Tais ideias foram, no entanto, se dissolvendo, e já no governo de Costa e Silva a diplomacia nuclear se converteu numa estratégia "baseada na defesa do direito soberano de dominar tecnologia nuclear". A tecnologia nuclear passou, então, a representar uma das principais bases de apoio do nacional-desenvolvimentismo. No fim da década de 1960, o Brasil recusou a proposta de assinatura do Tratado de Não Proliferação de Armas Nucleares, o TNP. Na década de 1970, o país seguiu buscando o fortalecimento de sua capacidade nuclear, estabelecendo com a Alemanha, em 1975, um acordo para importação de equipamentos, tecnologia e *know-how* suficientes para fabricar o ciclo

uma ordem pacífica, livre de ameaça nuclear, ele não deixava de criticar o congelamento do poder mundial que a detenção da potência nuclear por um círculo restrito ocasionava. E foi nessa toada que o Tratado de Não Proliferação (TNT) seguiu sendo rechaçado por décadas, sendo assinado apenas tão logo considerado que a autonomia nacional no campo da tecnologia nuclear já se encontrava garantida e quando sua assinatura acarretasse maiores vantagens na seara do intercâmbio tecnológico, como salientou Ronaldo Sardemberg.[72]

A união dos eixos pela segurança internacional e o lugar da cooperação com a Argentina na realização dos interesses nacionais do Brasil. De Sarney a Collor

Se durante o regime militar o Acordo Brasil-Alemanha para transferência de tecnologia fracassou, o Programa Nuclear Paralelo (PNP) não tardou em ser implantado, tendo seguimento durante todo o governo Sarney, isto é, na era civil que se reiniciava. Já era possível observar no governo desse presidente uma dualidade de ações que pode ser constatada até recentemente. Atuando em prol da consolidação, junto à Organização das Nações Unidas (ONU), de uma Zona de Paz e Cooperação no Atlântico Sul – estabelecida, entre outros motivos, no sentido de proporcionar a cooperação científica e técnica e para iniciativas de caráter político-diplomático, visando

||||||||||||

completo do combustível nuclear. Ver: Wrobel (1993 e 1994) e Oliveira (1998). In: Winand, Érica C. A. Outras Perspectivas de análise das medidas consolidativas da confiança mútua brasileiro-argentina: vontade política de cooperação ou instrumento de desenvolvimento e inserção? Apud Winand, Érica C. A. *A segurança internacional na política externa do Brasil: idas e vindas no processo de construção e consolidação da confiança mútua com a Argentina (1985-1994)*. Dissertação de mestrado. Franca: Unesp, 2006.
72 Sardemberg, Entrevista concedida ao projeto "Fontes vivas da Política Externa". In: Albuquerque; Oliveira (orgs.), op. cit., p.132.

à proteção ambiental, à desnuclearização e à solução de conflitos[73] –, Sarney simultaneamente se orgulhava, perante a comunidade doméstica, do patamar alcançado pelo PNP, anunciando publicamente a conquista do ciclo completo do combustível nuclear:

> Cientistas brasileiros da Comissão Nacional de Energia Nuclear conseguiram dominar a tecnologia de enriquecimento de urânio [...]. Este é um fato de maior transcendência na história científica do Brasil.[74]

Por outro lado, e em concomitância com o que se expôs anteriormente, seu governo também perseguia uma posição de relevo na secretaria da Organização dos Estados Americanos (OEA). A busca pela tecnologia nuclear não podia, desse modo, ser feita sem o devido zelo da imagem internacional do país que, aliás, possuía um enorme saldo a quitar com as questões de direitos humanos e supremacia militar, advindas dos mais de vinte anos de regime militar. Foi por meio da cooperação bilateral com a Argentina no campo nuclear que, desde a década de 1980, o Brasil conseguiu contemplar as demandas regionais sem contrariar as taxativas imposições dos Estados Unidos. Por isso, ela pode ser considerada um ponto de interseção da atuação brasileira junto aos eixos simétrico e assimétrico.

É forçoso destacar, contudo, que em uma perspectiva temporal que parte do governo de Sarney e chega ao último governo de Cardoso, é possível detectar algumas nuances referentes aos estilos de inserção impressos pelas personalidades dos homens de Estado em questão, que afetaram a feição do movimento cooperativo, ainda que, por seu turno, não tivessem alterado em essência a visão interna ao Itamaraty: de instrumentalização da cooperação com o principal parceiro do Brasil junto ao eixo simétrico, a Argentina, de modo a

---

73 Brasil, Resenha de Política Exterior do Brasil, MRE:1986. Disponível em: <www.mre.gov.br>.

74 Brasil, Resenha de Política Exterior do Brasil, MRE: 1987, p.31.

ampliar as bases de barganha junto a seu principal parceiro do eixo assimétrico, os EUA.

A era Sarney-Alfonsín é referência da inauguração de um modelo amistoso de relacionamento entre o Brasil e a Argentina sem precedentes. Ali, tentou-se dissolver os antigos padrões de desconfiança que moldavam tal relacionamento, bem como dar início a uma era cooperativa no campo econômico, o que rendeu um denso conjunto de tratados e acordos bilaterais e regionais.[75] Por causa disso, inclusive, tornou-se quase convencional afirmar que o Mercosul – iniciativa da década de 1990 – corresponderia à continuidade das iniciativas integrativas articuladas naquele momento, uma tese que hoje, obtida a devida distância analítica, é enfraquecida por outras que defendem que o amplo pacote de acordos de amizade da década de 1980 e o Mercosul, da década de 1990, encerram projetos e objetivos distintos. Primeiro porque, se na era Alfonsín-Sarney a integração regional não significava um giro na política exterior dos dois países – que ainda lançavam mão da substituição de importações e do protecionismo como base de cooperação[76] –, o Mercosul, instituído pelo Tratado de Assunção de 1991, significou justamente um instrumento de reorientação dos modelos de desenvolvimento, agora associados à liberalização da economia.[77] Isso resumia o chamado conceito de *regionalismo aberto*, que dava liberdade aos países do bloco para negociar, por outras vias, com um grande número de parceiros, ampliando a capacidade de inserção internacional e de barganha perante fóruns multilaterais.[78] Esta era, por outro lado, a única defesa em relação ao cenário de instabilidade e imprevisibilidade gerais advindo com o fim da Guerra

||||||||||||

75 Os tratados e acordos do referido período, tal como a conjuntura interna e externa que lhes deram fundo, foram abordados em: Winand, *A segurança internacional na política externa do Brasil: idas e vindas no processo de construção e consolidação da confiança mútua com a Argentina (1985-1994)*, 2006.
76 Em 1986, foi criado o Programa de Integração e Cooperação Econômica (PICE).
77 Onuki, O Brasil e a construção do Mercosul. In: Altemani; Lessa, op. cit., p.300-4.
78 Ibid., p.304.

Fria. Não apenas o processo de integração conta com diferentes fases, mas o próprio Mercosul. Onuki discerne três diferentes fases para o bloco: a primeira, que vai de 1991 a 1994, é caracterizada por divergências entre Brasil e Argentina no que toca à visão particular do quanto se deveria investir no bloco; ao mesmo tempo, do ponto de vista comercial, tratou-se de uma fase exitosa. A segunda fase (1995-1999) se inicia com o aumento da interdependência e com o ganho de personalidade jurídica internacional do bloco, terminando com a instalação de uma crise estimulada pela desvalorização do real. A terceira fase, iniciada em 1999 e ainda em curso, traria os descompassos das diversas crises domésticas dos países envolvidos e das constantes divergências em torno da busca de simetria.[79]

Mas, não é no aspecto comercial que pretendemos nos deter, até porque, se realmente há um *continuum* na história do estabelecimento de relações amistosas entre Brasil e Argentina, este é representado pelo campo da segurança nuclear.[80] Depois da resolução das contendas acerca do episódio que envolvia as usinas de Itaipu e Corpus – já comentado no Capítulo 1 –, o primeiro acordo relevante firmado entre os dois países foi o Acordo entre a República Federativa do Brasil e a República Argentina para Uso Exclusivamente Pacífico da Energia Nuclear.[81] Em seguida, com a instalação do governo civil

||||||||||

79 Ibid.
80 Nessa direção também opina o embaixador argentino Julio Cesar Carasales. Ver: Carasales, *De rivales a socios. El proceso de cooperación nuclear entre Argentina y Brasil*.
81 O acordo foi firmado em 17 de maio de 1980 e, por ele, os dois países se comprometeram a: "utilizar para fins pacíficos o material e as instalações nucleares [...], proibir e impedir em seus respectivos territórios, bem como se abster de realizar, fomentar ou autorizar, direta ou indiretamente, ou de participar de qualquer maneira: no teste, fabricação, produção ou aquisição de arma nuclear; recepção, armazenamento, instalação, colocação ou qualquer forma de arma nuclear". MRE: Resenha de Política Exterior do Brasil, 1980. No mesmo dia, assinou-se também o Acordo de Cooperação Científico-Tecnológica entre o governo da República Federativa do Brasil e o da República Argentina, e o Convênio de Cooperação entre Empresas Nucleares Brasileiras S/A e a Comissão Nacional de Energia Atômica da Argentina. Por meio desses atos, os dois países se comprometeram a cooperar entre si no campo da pesquisa

de Sarney, e depois, particularmente, no início da década de 1990, uma série de outros entendimentos mais arrojados seria estabelecida naquele campo. A firma de protocolos adicionais e comemorações de aniversário de vigência de determinados acordos – como o que envolve a criação da Agência Brasileiro-Argentina de Contabilidade e Controle de Materiais Nucleares (ABACC) e a Agência Internacional de Energia Atômica (AIEA) – é uma prática constatada até recentemente.[82] De acordo com Cervo, a solidez e a continuidade que caracterizam a cooperação bilateral no campo nuclear têm a ver com a conquista de uma simbiose entre política exterior e segurança.[83] A diplomacia brasileira teria incorporado uma lógica de funcionalismo desenvolvimentista relacionado àquela área.[84] E nesse ponto, há algumas ressalvas a se fazer, por exemplo: tendo em vista que desde a década de 1970 o Brasil perseguiu o alcance da energia nuclear para fim dual, chegando a conquistá-la na década de 1980 – por meio do Programa Nuclear Paralelo –, e considerando que a Argentina possuía também um parque nuclear bastante avançado, fazia-se premente ampliar as bases da confiança mútua e da transparência nesse campo, a fim de eliminar suspeitas de agressão mútua. Feito isso, ambos os países poderiam dar início à construção de laços de amizade com vistas a

‖‖‖‖‖‖‖‖‖

científica e tecnológica, mediante o intercâmbio de informações de interesses mútuos. Também foi assinado em 20 de agosto de 1980 o Protocolo de Execução nº 02 entre a Comissão Nacional de Energia Nuclear do Brasil e a Comissão Nacional de Energia Atômica da Argentina, Sobre Informação Técnica. Devido a esses compromissos, os dois países se obrigavam a avisar um ao outro sobre o desenvolvimento de suas tecnologias no que concernia, inclusive, ao âmbito nuclear. O acordo entrou em vigor no dia 20 de outubro de 1983 e foi promulgado no dia 7 de novembro de 1983. Em 18 de novembro de 1983, a Argentina comunicara ao Brasil que adquirira a capacidade para enriquecer urânio.

82 Segundo quadro de documentos bilaterais e multilaterais assinados entre Brasil e Argentina, disponibilizado no site da divisão de acordos internacionais do Itamaraty: www.mre.gov.br/dai.

83 O que, porém, não se vincula a uma eventual simbiose com a estrutura de Defesa como um todo.

84 Cervo, *Inserção internacional: formação dos conceitos brasileiros*, p.137.

integrar seu comércio e enfrentar conjuntamente a caótica situação financeira da chamada década perdida. É por isso que, paralelamente à assinatura de acordo para estabelecimento da confiança mútua no campo nuclear, são assinados outros na seara da integração comercial. É possível notar que havia no período Sarney-Alfonsín, sobretudo ao tomar como referência a parte brasileira, uma firme vontade de uma cooperação político-estratégica que fizesse, primeiramente da América do Sul e posteriormente da América Latina, uma área de dissuasão regional, impermeável à subordinação das grandes potências. Nesse sentido, Cervo opina que esses dois presidentes agregaram a tecnologia nuclear à integração, estando os próprios militares conscientes de que se tratava de uma cooperação benéfica.[85] Foi um momento, entretanto, que dependeu em especial das personalidades de Sarney e Alfonsín, principalmente do último, que lidava de modo articulado com as resistências internas que enfrentava, em relação a uma aproximação com o Brasil, como afirma o próprio José Sarney.

> Vamos enfrentar o problema nuclear que era o problema básico [...] O Presidente Alfonsín foi um parceiro muito importante e não só estabelecemos uma diplomacia presidencial que nos facilitou porque nós integramos as nossas equipes e elas começaram a trabalhar juntas. O nosso objetivo então era criar um mercado comum tipo o Mercado Comum Europeu. (Pol-03).[86]

Já a era Collor de Mello foi de adaptação do processo de integração econômica às condições impostas pelo denominado Consenso de Washington. O Mercosul significaria um instrumento de liberalização da economia, refletindo mais "o espírito mercantilista

||||||||||||

85 Ibid., p.139.
86 Sarney, Entrevista concedida ao projeto "Fontes vivas da Política Externa", apud Onuki, Brasil-Argentina: Do conflito à cooperação. In: Albuquerque; Oliveira, op. cit., p.37.

As PERCEPÇÕES BRASILEIRAS SOBRE COOPERAÇÃO REGIONAL COMO CONDICIONANTES DAS RELAÇÕES COM A ARGENTINA   131

e livre-cambista da época", como sugere Bandeira, do que um bloco unificador de economias.[87] Collor transformou o escopo primordial do regionalismo nascido na década de 1980, uma vez que suplantou o ideal centrado em uma política conjunta de inserção regional por um exercício de liberalização que, em seu entendimento, melhoraria a dinâmica do comércio mundial.[88] Ademais, com exceção das relações comerciais no âmbito do Mercosul – as quais dependeram muito mais de acordos aduaneiros do que de políticas econômicas conjuntas –, Brasil e Argentina conduziram suas respectivas políticas externas sem muita sintonia, primando não pelo bloco, mas pelo que definiam como metas estatais particulares. São dissonantes as visões acadêmicas acerca da responsabilidade atribuída a um ou outro pelo insucesso do bloco. Por exemplo, para o embaixador Pedro Motta Pinto Coelho, o Brasil não se contentava com a integração puramente comercial, já a Argentina usava o Mercosul para conquistar o mercado brasileiro.[89] Porém, na visão de Cervo, é plausível que o governo argentino desejasse:

> [...] dar passos ousados rumo a uma integração horizontal e vertical, política e econômica, mas era contido em seu ímpeto pelo Brasil, para o qual o bloco regional significava menos um mercado integrado e mais um fator de robustecimento de sua capacidade de negociação internacional.[90]

Na opinião de Onuki, entretanto:

||||||||||||

87   Bandeira, *As relações perigosas: Brasil-Estados Unidos (de Collor a Lula, 1990-2004)*, p.62-3.
88   Além disso, o presidente se comprometera com os Estados Unidos a negociar, juntamente com a Argentina, o Paraguai e o Uruguai, sua entrada na Área de Livre Comércio das Américas (Alca). Tais condições seriam convenientes para que esses países pudessem negociar sua dívida externa e continuar contando com o apoio financeiro das agências internacionais.
89   Coelho, Observações sobre a visão argentina da política internacional de 1945 até hoje. In: Guimarães (org.), *Argentina: visões brasileiras*, p.134-5.
90   Cervo, A política exterior da Argentina: 1945-2000. In: Guimarães (org.), op, cit., p.69.

Se para a Argentina o fortalecimento do Mercosul indicava claramente o seu desejo de ingressar no Nafta [Tratado Americano de Livre Comércio], para o Brasil a integração com seus vizinhos representava uma opção de consolidar sua posição de liderança na América do Sul, embora pouca prioridade fosse atribuída à consolidação do bloco.[91]

O Mercosul nasceu, por conseguinte, sob o signo da diferença de pretensões que guiaria seus dois membros principais – Brasil e Argentina. É por isso que discordamos da ideia de que todas as importantes medidas de confiança mútua firmadas pelos dois países, na década de 1990, tenham feito parte de um projeto estratégico comum. Não há como duvidar que essas medidas beneficiaram ambos os países individualmente, ao mesmo tempo que favoreceram um clima de paz e estabilidade na região, mas é importante ressaltar que elas caminharam de forma paralela e independente das iniciativas do bloco.

A figura de Collor de Mello teve um papel-chave ao fazer da questão nuclear uma interseção entre os eixos simétrico e assimétrico. Ao mesmo passo que soube angariar credibilidade junto à opinião pública no tocante à retirada dos militares do controle do programa nuclear brasileiro, anunciando inclusive a desativação dos campos de testes nucleares, Collor contemplou as demandas internacionais ao aderir a regimes de não proliferação bastante restritivos. Concomitantemente, no plano interno, ele não ignorou as demandas do campo da ciência e da tecnologia. Assim, a subordinação do país à AIEA não impediu que fosse instituído o Grupo de Trabalho sobre o Programa Nacional de Energia Nuclear (GT-Pronem). Coordenado pela Secretaria de Assuntos Estratégicos (SAE), o grupo visou estudar a situação das atividades nucleares no país com vistas à proposição de uma nova legislação. Após quatro semanas

---

91 Onuki, op. cit., p.39.

de intensas discussões entre representantes das Forças Armadas, Secretaria de Assuntos Estratégicos, Itamaraty, Comissão Nacional de Energia Nuclear (CNEN) e observadores de entidades civis, o grupo elaborou um relatório final descrevendo suas conclusões.[92] Em linhas gerais, as considerações tecidas pelo grupo giraram em torno da necessidade de um projeto autônomo nacional de energia nuclear, como mostra o excerto: "A necessidade de geração nuclear deverá ser satisfeita preferencialmente através de centrais de projeto nacional, com acentuada participação da indústria e das firmas de engenharia brasileiras".[93] Ademais, o grupo considerou conveniente que o país mantivesse pesquisas avançadas na área de construção de reatores nucleares rápidos a urânio-plutônio e urânio-tório. Sendo

||||||||||||

92 O grupo foi instituído segundo o Decreto nº 99.194, de 27/3/90, iniciando seus trabalhos em 16/4/90 e encerrando em 27/6/90. "Visou a estudar a situação das atividades nucleares do País, tanto no setor industrial quanto no setor científico e tecnológico, e a propor medidas resultantes de tal exame." Na primeira fase da discussão, os órgãos governamentais ligados à atividade nuclear apresentaram seus programas, metas, realizações e problemas. Tais exposições contaram com a participação das principais entidades não governamentais interessadas no tema: Associação Brasileira para o Desenvolvimento das Atividades Técnicas e Industriais na Área Nuclear (ABDAN), Associação Brasileira de Desenvolvimento de Indústrias de Base (ABDIB), Associação Brasileira de Energia Nuclear (ABEN), Associação Brasileira de Direito Nuclear (ABDN), Centro de Energia Nuclear na Agricultura da Universidade de São Paulo (CENA/USP), Clube de Engenharia, Coordenação de Programas de Pós-Graduação em Engenharia da Universidade Federal do Rio de Janeiro (COPPE/UFRJ), Conselho Regional de Engenharia, Arquitetura e Agronomia do Rio de Janeiro (CREA/ RJ), Federação Nacional de Engenheiros (FNE), Sociedade Brasileira de Física (SBF), Sociedade Brasileira para o Progresso da Ciência (SBPC), Sociedade Brasileira de Planejamento Energético (SBPE) e Sociedade Brasileira de Proteção Radiológica (SBPR). Na segunda fase, o grupo, acompanhado de representantes das entidades interessadas, visitou as seguintes instalações: Nucleobrás Equipamentos Pesados (NUCLEP), em Itaguaí; Central Nuclear Almirante Álvaro Alberto (CNAAA), em Angra dos Reis (usina Angra I em operação, e obras das usinas Angra II e III); todas as unidades do Complexo Industrial de Rezende da Indústrias Nucleares do Brasil (INB); Instalações do Instituto de Pesquisas Energéticas e Nucleares de São Paulo (IPEN) e da Coordenadoria de Projetos Especiais do Ministério da Marinha (COPESP), em São Paulo; Centro Experimental Aramar, em Iperó; e o Complexo Industrial de Poços de Caldas (CIPC) da Urânio do Brasil, em Caldas.
93 GT-Pronen, 1990, p.12, grifo nosso.

assim, o relatório enfatiza o objetivo de atender a demanda nacional com o "máximo grau de autonomia tecnológica possível". Nas palavras que constam no relatório, "a necessidade de combustível para reatores construídos com tecnologia nacional motivou, em face das limitações do mercado internacional, a busca do domínio do ciclo do combustível de forma autônoma".[94] O grupo apoiou, portanto, a continuidade do programa nuclear, com a ressalva de que ele se submetesse ao auspício de entidades civis, ao contrário do programa dito paralelo. A necessidade de garantia do sigilo industrial e tecnológico também foi pontuada.[95]

Reparamos atentamente, em particular, em duas menções feitas pelo relatório: uma sobre a cooperação internacional e outra especificamente sobre a cooperação com a Argentina, lembrando que a instituição do grupo foi anterior aos acordos de confiança mútua assinados com este país na era Collor. Sobre cooperação internacional, o grupo aconselhou a manutenção dos compromissos internacionais, recomendando a ativa participação do Brasil no foro da AIEA e a continuidade da cooperação com a Alemanha, levando em consideração o alcance de um nível satisfatório de transferência de tecnologia permitido por essa relação. No âmbito da AIEA, o grupo salienta a necessidade de fomentar a transferência de tecnologia e a evolução do conhecimento relativo à segurança nuclear.[96]

A importância da cooperação com a Argentina, segundo o relatório, reside no potencial de complementaridade científico-tecnológica e industrial, além de "assegurar o fortalecimento de mecanismos voltados para o desenvolvimento econômico, a confiança recíproca

IIIIIIIIIII

94 Ibid., p.37.
95 Ou, de acordo com o relatório: "O grupo sugere, assim, a adoção de modelo que a seu ver atenderia às necessidades de assegurar o controle civil das atividades no campo nuclear, de propiciar transparência resguardando o sigilo industrial e tecnológico, e garantir a efetiva regulamentação, aqui consideradas também as ações normativas e fiscalizadoras". GT- Pronen, 1990, p.52.
96 Ibid., p.63.

e a segurança".[97] No entanto, o grupo observa que, ao se examinar as perspectivas de desenvolvimento do conhecimento científico e tecnológico no campo nuclear, a cooperação não apresentou o dinamismo esperado, afirmando que ela foi mais modesta "do que a via dos esforços internos". Em outros termos, os esforços nacionais mostraram-se mais eficientes e vantajosos do que as dinâmicas cooperativas. Porém, de acordo com o relatório, a determinação interna de desenvolvimento autônomo não é compatível com as restrições internacionais ao fluxo de conhecimento e equipamento dentro do campo nuclear e ao desenvolvimento de tecnologias de ponta, que se dão sob o pretexto de se impedir a propagação de materiais de potencial utilidade bélica.[98] É a partir desse ponto do relatório que o grupo apresenta suas ressalvas aos regimes de não proliferação. Se no início do relatório o grupo pontuou a importância de respeitá-los, ao seu fim ficam claras as conclusões acerca de suas desvantagens, conforme expõem os trechos a seguir:

> [...] as discussões do Grupo concluíram pela reafirmação do caráter discriminatório e desequilibrado dos chamados "regimes de não proliferação" do plano internacional, que têm resultado, no mais das vezes, no cerceamento do desenvolvimento científico e tecnológico para legítimos fins civis nos países em desenvolvimento, sem coibir, em contrapartida, o contínuo acúmulo e aperfeiçoamento de arsenais nucleares.

> Ademais, a experiência internacional comprovou que os referidos "regimes de não proliferação" não trouxeram benefícios palpáveis aos países em desenvolvimento que a eles aderiram. A transferência de tecnologia prometida pelos países mais avançados viu-se frustrada, na prática, por legislações internas e disposições unilaterais desses últimos, muitas vezes em flagrante contradição com as obrigações internacionais assumidas.

‖‖‖‖‖‖‖
97 Ibid., p.64.
98 Ibid., p.65.

Nesse sentido, o Grupo concluiu pela inaceitabilidade de uma situação em que um círculo restrito de países se arvore em árbitro autonomeado da moralidade internacional e censor da difusão do conhecimento.[99]

Tivemos, por conseguinte, a impressão de haver se estabelecido como prioridade no debate sobre a revisão do programa nuclear brasileiro o alcance da autonomia nacional no que toca ao desenvolvimento dessa tecnologia, o que contornou as conclusões afirmativas do grupo no concernente à manutenção dos programas tecnológicos desenvolvidos pelo antigo programa militar. O rigor das novas imposições das agências de salvaguardas, contudo, conscientizou o grupo sobre a necessidade de estar em dia com os regimes de não proliferação, mas sem abandonar a preocupação com o caráter discriminatório e cerceador desses regimes.

A cooperação com a Argentina é mencionada como uma prática de complementaridade, que faz frente à constrição exercida pelas potências nucleares. Todavia, na ordem do discurso, o desenvolvimento econômico nacional figura antes da cooperação. Assim, o estreitamento dos vínculos no campo da segurança internacional entre Brasil e Argentina deu-se de forma instrumental. Preocupado com os seletivos controles de exportação, advindos das novas concepções pós-Guerra Fria, e sabendo que seria alvo prioritário do controle de armamentos por seu passado nuclear, o Brasil decidiu concordar com os mecanismos que regem o intercâmbio e o comércio de tecnologias sensíveis, centrando seus esforços, no entanto, nas iniciativas bilaterais que refletissem em toda a região – como as firmadas com a Argentina.

Tal é a teia contextual que acomoda a assinatura de dois dos acordos mais importantes da história das relações entre Brasil e Argentina. Primeiro, assinou-se o Acordo entre o Brasil e a Argentina

99 Ibid., p.65-6.

para o Uso Exclusivamente Pacífico da Energia Nuclear (1991), que criou a já mencionada ABACC, a qual se incumbe de administrar a verificação da operacionalidade do entendimento. Após a criação da agência, foi assinado em agosto de 1991 o Protocolo Adicional sobre Privilégios e Imunidades ao Acordo para o Uso Exclusivamente Pacífico da Energia Nuclear e, posteriormente, conforme previsto na Declaração sobre Política Nuclear Conjunta Brasileiro-Argentina (de novembro de 1990), assinou-se o Acordo entre a República Federativa do Brasil, a República Argentina, a Agência Brasileiro--Argentina de Contabilidade e Controle de Materiais Nucleares e a AIEA para a aplicação de Salvaguardas, cuja análise se refere à ênfase desse debate. O texto do acordo em questão é integrado por duas partes mais um protocolo. A primeira parte contém 27 artigos, a segunda abarca 98 artigos e o protocolo compreende 19 artigos. Sobre as obrigações do Brasil e da Argentina, em linhas gerais, o conteúdo do documento institui que:

> Os Estados partes comprometem-se, em conformidade com os termos do presente acordo, a aceitar a aplicação de salvaguardas a todos os materiais nucleares em todas as atividades nucleares realizadas dentro de seu território sobre sua jurisdição ou sobre seu controle em qualquer lugar, como objetivo único de assegurar que tais materiais não sejam desviados para a aplicação em armas nucleares ou dispositivos nucleares explosivos.[100]

Quanto ao papel da ABACC, o acordo diz que:

> A ABACC compromete-se a aplicar as suas salvaguardas aos materiais nucleares em todas as atividades nucleares desenvolvidas nos territórios dos Estados partes, a cooperar com a Agência [...] com vistas a comprovar que

---

100 Brasil, *Resenha de política exterior do Brasil*, p.187.

tais materiais não são desviados para a aplicação em armas nucleares ou outros dispositivos nucleares explosivos.[101]

E por fim, à AIEA caberia:

[...] certificar-se de que serão aplicadas salvaguardas, em conformidade com os termos do presente Acordo, a todos os materiais nucleares realizados nos territórios dos Estados Partes, sob sua jurisdição ou sob seu controle em qualquer lugar, com o objetivo único de assegurar que tais materiais não sejam desviados para aplicação em armas nucleares ou outros dispositivos nucleares explosivos.[102]

[...] Esta verificação por parte da Agência incluirá, inter alia, medidas independentes e observações realizadas pela Agência de acordo com os procedimentos especificados no presente Acordo.[103]

Tal entendimento, em específico, delimitou com clareza uma nova fase da política nuclear bilateral entre Brasil e Argentina. Ao se acompanhar o conteúdo dos documentos assinados anteriormente, percebe-se a seguinte evolução: os primeiros atos firmados nesse âmbito, na década de 1980, previam apenas um compromisso de ambos os países no que tange à utilização de materiais nucleares estritamente para fins pacíficos. Esses entendimentos, contudo, restringiam-se ao âmbito bilateral e não contavam com medidas mais severas de inspeção e controle. Já os atos da década de 1990 tornaram-se mais elaborados e explicitavam a vontade de alcance de um patamar internacional. Foram criados sistemas mais rígidos de inspeção, como o SCCC [Sistema de Contabilidade e Controle de Materiais Nucleares], foi criada a ABACC no intuito de melhor

||||||||||||

101 Ibid., p.188.
102 Ibid.
103 Ibid.

operacionalizar o controle e, por fim, foram se estabelecendo contatos com a AIEA no sentido de que ela passasse a avaliar juridicamente o funcionamento do esquema de transparência.[104]

Mas como já pontuado, essa continuidade observada na assinatura de entendimentos no campo nuclear – símbolos do fortalecimento da transparência e da confiança mútua entre Brasil e Argentina, em curso desde a década de 1980, ao longo de toda a década de 1990 e até os últimos dias – não deve ser encarada como fruto de um mesmo processo envolvendo a constituição de um bloco estratégico comum. As medidas de confiança do período Collor-Menem apresentaram indícios de instrumentalização do relacionamento com a Argentina, por parte do Brasil, já que se inseriam no objetivo maior do país de não confrontar os Estados Unidos, sem prejudicar seus planos de modernização nacional, que contavam, por sua vez, com a continuação do desenvolvimento de tecnologia nuclear. A diplomacia brasileira não reconheceu publicamente esse princípio de instrumentalização, mas reagiu à maneira indiscriminada como acontecia na Argentina o desmonte de estruturas de segurança, como o do projeto nuclear e do projeto Condor,[105] considerando que, naquele país, tais atitudes referiram-se a uma política revisionista de "reincorporação ao primeiro mundo", principalmente durante o governo de Menem,

|||||||||||

104 A análise de cada acordo bilateral e multilateral no campo nuclear assinados juntamente por Brasil e Argentina no governo Collor pode ser consultada em: Winand, op. cit.

105 Elucidando o que foi dito acima, em 1990 a Argentina se aliou aos Estados Unidos na Guerra do Golfo Pérsico; em 1991, retirou-se do movimento dos não alinhados e desmantelou o projeto Condor II de fabricação de mísseis. Porém, assim como no Brasil, a questão da segurança esteve presente na política exterior da Argentina como pedra angular do processo de aquisição de credibilidade e confiabilidade do país com os Estados Unidos. A diferença é que o Brasil buscava o desenvolvimento com base na autonomia de seu programa nuclear, enquanto a Argentina buscava inserção por meio da aquisição de vantagens advindas da parceria privilegiada com os Estados Unidos.

que condicionou a segurança argentina a uma aliança estratégica com os Estados Unidos.[106]

Retornando, todavia, à percepção da chancelaria de Collor sobre os atos firmados com a Argentina no contexto de positivação das relações com os Estados Unidos, para Celso Lafer – ministro das Relações Exteriores do então governo – tratava-se de linha de atuação que ele próprio denominou de "Adaptação Criativa" e de "Visão do Futuro". Na concepção de tal linha, a necessidade de acesso à alta tecnologia teria sido adaptada ao "reconhecimento da necessidade de controles internacionais". Os acordos com a Argentina representaram essas adaptações como alternativas à "aceitação de instrumentos e mecanismos de caráter discriminatório".[107] Assim sendo, em um gesto considerado como de "adaptação criativa", o Brasil acreditou que precisava romper com a histórica imagem que dele tinha toda a comunidade internacional devido ao objetivo ambíguo de seu "Programa Nuclear Paralelo", conduzido pelos militares, por meio de relações inéditas estabelecidas com o vizinho argentino que tivera sido, no passado, sua principal hipótese de conflito.

Para além das divergências brasileiras e argentinas em relação às posturas adotadas com os Estados Unidos, o que também evidencia que os acordos mais significativos assinados entre Brasil e Argentina na década de 1990 no campo da segurança internacional não representam uma cooperação estratégica efetiva, mas um meio necessário para alcance de um segundo fim, são as discrepâncias com respeito às posições de ambos os países quanto à reformulação da carta da ONU e à ampliação do número de assentos permanentes do Conselho de

||||||||||||

106 A Argentina pensou, inclusive, em liderar um sistema interamericano de segurança cooperativa com o respaldo de Washington, ideia que não foi apreciada pelo Brasil. Conforme assinala Monica Hirst, "as diferenças entre a Argentina e o Brasil suscitadas por essa ideia explicam, em parte, por que o governo argentino terminou optando por um acordo solitário com os EUA" (Hirst apud Coelho. In: Guimarães, op. cit., p.160).

107 Brasil, Ministério das Relações Exteriores, *Resenha de política exterior do Brasil*, 1992, p.39.

Segurança (CS). Em 1989, Sarney já apresentara o Brasil como um dos concorrentes a uma vaga dentro de uma nova categoria – criada pelo próprio presidente – que não teria poder de veto. O Brasil manteve sua candidatura até 1994, com franca oposição da Argentina. O atrito pela questão da distribuição dos assentos no CS se estende até o atual governo. Enfim, pressupõe-se que se os acordos em matéria nuclear fossem parte de um entendimento mais denso no campo da segurança internacional como um todo, seria natural que tais divergências em torno da ocupação das vagas no CS fossem dissolvidas juntamente com a dissolução das desconfianças militares.

A era FHC em perspectiva: a cooperação Brasil-Argentina em segurança internacional no contexto do paradigma da "autonomia pela integração"

Antes de partir diretamente para a análise da cooperação Brasil-Argentina no campo da segurança internacional na era Cardoso, faz-se necessária a compreensão de como aquele governo tratou a relação entre regionalismo e inserção internacional como uma interação necessária para a realização dos interesses brasileiros.

A chegada do governo de Cardoso, em 1995, traz o reforço de alguns traços assumidos na era Collor-Franco, bem como a mudança de sentido de outros. De modo geral, pode-se sintetizar que a nova ordem do pós-Guerra Fria fez emergir um concerto entre as grandes potências que promove: a defesa da democracia, os direitos humanos e o livre mercado. Os demais países que desejarem ser aceitos por ele, a seu turno, precisam aderir a tais valores.[108]

||||||||||||

108 Como se sabe, as transformações na estrutura do sistema internacional no fim da década de 1980 e no início da década seguinte justificaram mudanças de posturas em diferentes governos sobre como conduzir a política externa em um mundo pós-Guerra Fria. O fortalecimento de atores não estatais nas relações internacionais, a

Para o chanceler Lampreia, a dificuldade de sua gestão consistia em abraçar uma "postura muito cautelosa em relação à globalização", ao mesmo tempo que se fixava como objetivo básico inserir o país no "*mainstream* internacional",

> [...] afastando-nos gradualmente das posturas terceiro-mundistas que haviam sido articuladas no passado e das ambiguidades que tiveram origem no regime militar, sendo fundadas no conceito de Brasil potência.[109]

Segundo os protagonistas daquele período, era necessário encontrar novas estratégias para a "renovação de credenciais" junto à comunidade das grandes potências. Duas foram as principais: primeiramente, a renovação do discurso diplomático e, em seguida, a aposta em uma "diplomacia presidencial". Quanto à primeira estratégia, este é o parecer de Cardoso sobre o período em que governou:

> Era preciso, portanto, como assinalei em meu discurso de posse em 1995, atualizar nosso discurso e a nossa ação externa. Era preciso, sem mudanças bruscas, reavaliar as nossas posições em alguns temas de maior interesse para a sociedade brasileira e para a comunidade internacional.
>
> Mais do que isso, era preciso aproveitar a oportunidade, que se abria ao Brasil em função desses processos simultâneos de transformação, de consolidar um novo perfil de respeitabilidade e de projeção no plano

||||||||||||

intensificação da globalização e do fluxo de capital financeiro, e a indefinição acerca da localização dos polos de poder mundiais tornariam as políticas externas anteriores anacrônicas, na visão de seus protagonistas. O sistema internacional tornou-se mais complexo, comportando diversas polaridades. Os Estados Unidos emergeriam à condição de único país com armas nucleares intercontinentais e com capacidade de combater em todo o globo, seja em terra firme, ar ou mar. A despeito disso, o poder econômico mundial estaria fragmentado entre os Estados Unidos, a Europa, o Japão e a China. Ver: Nye, The new Rome meets the new barbarians, *The Economist*, p.24, 23 mar. 2002.

109 Lampreia, *O Brasil e os ventos do mundo: memórias de cinco décadas na cena internacional*, p.144.

internacional. Para isso, exigia-se uma diplomacia ativa, que marcasse de forma positiva a nossa presença no exterior, que permitisse capitalizar o renovado interesse despertado pelo novo Brasil junto aos nossos principais parceiros. Exigia-se uma diplomacia que soubesse navegar com habilidade entre os desafios da nova integração econômica, articulando de forma adequada os níveis regional, hemisférico e global, tarefa particularmente sensível para um país que, como o nosso, mantém e pretende preservar o perfil de um *global trader*.[110]

E para que o novo discurso encetado ganhasse o verniz mais convincente possível, associou-se a ele a prática da diplomacia presidencial, a respeito da qual se pode dizer que se trata de exercício antigo, já utilizado em diversos países do mundo e até mesmo no Brasil, não sendo, portanto, um ineditismo da era FHC. O que há de novo no governo de Cardoso é o reconhecimento por parte do Itamaraty de que o primeiro mandatário reunia qualidades ímpares para atuar como instrumento de persuasão e representação do Estado. Em outras palavras, havia o endosso do Itamaraty para que a figura do presidente fosse lançada ao mundo como autoridade máxima da política externa.[111] Lampreia explica esse reconhecimento:

> O presidente havia manifestado sua disposição de atuar pessoalmente no cenário internacional e tinha tudo para fazê-lo com brilho. Seu caso era único na história dos presidentes do Brasil. Vivera durante muito tempo no exterior, por força do exílio e da violência que sofrera no regime militar, falava diversas línguas com muita fluência, tinha uma rede de amigos grande – políticos, acadêmicos etc. Em suma, possuía uma credencial pessoal

---

||||||||||||

110 Cardoso, prefácio a Lampreia, *Diplomacia brasileira*, p.11.
111 O que não significa que o presidente tenha tomado as rédeas da formulação política externa, como veremos no Capítulo 3. É importante salientar que a ele foi confiada a condução da diplomacia. O conteúdo a ser aplicado por essa diplomacia continuaria a ser ditado pelo Ministério das Relações Exteriores.

acoplada à sua legitimidade política de presidente da República eleito no primeiro turno, com uma maioria expressiva. Por isso reunia todas as condições para ser um protagonista internacional como nunca um presidente brasileiro havia sido antes.[112]

Em suma, a diplomacia presidencial tem que ver com uma "representação simbólica", associada à "personalização política do Estado". De acordo com Lafer,

> Esta representação exprime e articula o que em um país significa, ou pode significar, para os demais e para outras sociedades, numa dada conjuntura histórica, como aliado ou inimigo, mercado ou modelo de organização da vida coletiva.[113]

A figura do primeiro mandatário enquanto representação viva do Estado tornou-se um importante instrumento de persuasão internacional, na medida em que conferiu lastro inigualável aos compromissos assumidos pelo Brasil no exterior. O talento político e intelectual do presidente seria explorado pelo próprio Itamaraty como um "soft power de vis atractiva, com vistas a ampliar as possibilidades da utilização de recursos externos para atender às necessidades internas do desenvolvimento, na presente conjuntura do funcionamento do sistema internacional", explica Lafer.[114]

Passando ao campo do conteúdo discursivo, a bandeira do governo de Cardoso no campo da política externa foi resumida, nos discursos oficiais, pelo chamado paradigma da "Autonomia pela Integração". Em síntese, sob as novas e complexas facetas do sistema internacional, buscar-se-ia autonomia de ação por intermédio da integração. Entretanto, o paradigma da "Autonomia pela Integração" também

||||||||||||

112 Lampreia, *O Brasil e os ventos do mundo*, p.51.
113 Lafer, prefácio a Danese, *Diplomacia presidencial: história e crítica*, p.13.
114 Ibid., p.15.

não foi uma invenção da era Cardoso,[115] mas, como discerne o próprio chanceler Lampreia que o lançou, configurou-se a partir de uma apropriação do modelo de "Autonomia pela Participação", pensado e assim rotulado pelo embaixador Gelson Fonseca Jr. – ainda no governo de Collor de Mello –, no sentido de criar soluções de resposta aos desafios advindos do fim da ordem bipolar. Durante aula magna proferida no Instituto Rio Branco, o então chanceler Lampreia explicou:

> Eu resisto muito a rótulos. Acho perigoso tentar reduzir toda uma concepção de política externa a um determinado slogan, a um rótulo que seja uma espécie de "chave mágica" para o entendimento. Tenho sido, frequentemente, desafiado a dar um rótulo para a política externa do presidente Fernando Henrique. Mas, creio que, se pudesse resumir o sentido principal dessa política externa, eu diria que ela é da busca da AUTONOMIA PELA INTEGRAÇÃO. Ou seja, ao invés de uma autonomia isolacionista, uma autonomia articulada com o meio internacional. Em outras palavras, a manutenção de um comportamento de *mainstream*, mas com atenção à especificidade do Brasil, tanto nos seus condicionamentos, quanto nos nossos objetivos e interesses. O meu querido amigo Gelson Fonseca, professor ilustre, intelectual extraordinário e um grande diplomata, lançou recentemente um livro, em que ele faz o contraste entre a busca, no passado, do que chama "autonomia pela distância", com a atual construção que ele chamou de "autonomia pela participação". Creio que se o Gelson me

---
||||||||||||

115 Ele foi inicialmente empregado pela equipe de Collor, sinalizando a necessidade de busca de autonomia para que o Brasil fizesse suas escolhas internacionais. A ideia de integração já se norteava nas opções pelo *universalismo* e pelo *multilateralismo*. Como ressaltou Bernal-Meza, o que já condicionava a ação do Brasil perante a região, uma vez que tinha como meta primordial o alcance de interesses globais, o que o conduzia a agir com base em uma agenda eclética, não excludente de múltipla parceria. Bernal-Meza, Políticas exteriores comparadas rumo ao Mercosul, *Revista Brasileira de Política Internacional*, ano 42, n.2, 1999, p.40. Por outro lado, para Cervo e Bueno, tratar-se-ia de um *universalismo seletivo*, à medida que se buscavam aproximações específicas, de acordo com convergência de condições, de interesses e valores. Ver: Cervo; Bueno, *História da política exterior do Brasil*, p.463.

permite, eu vou, então, usar essa sua concepção, mas falando não da autonomia pela participação, mas da autonomia pela integração que, no fundo, é a mesma coisa, de uma maneira, digamos, mais específica e mais gráfica.[116]

Originalmente, o paradigma da autonomia pela participação, de Gelson Fonseca, surge como resposta a questionamentos sobre como afirmar a autonomia diplomática diante das imposições do concerto de potências da nova ordem mundial.[117] A despeito de estar disposta a seguir a grande corrente internacional – ou ao pensamento único internacional –, a diplomacia brasileira se preocupava em expressar uma atitude de engajamento, em detrimento de outra de passividade ou subordinação, que pudesse ser vista apenas como obediência aos novos preceitos. É assim que surge o corolário da "participação" como modelo de garantia da autonomia. A participação seria sintetizada pela condição brasileira de atuação na "construção da nova ordem" e não apenas em sua aceitação, como explica o embaixador Fonseca:

> Independentemente do cenário que venha a prevalecer, interessa particularmente a um país como o Brasil o fato de o mundo em transição corresponder a um momento de criação de regras e instituições que recolham as "novidades" e também o fato de os processos criativos exigirem necessariamente novas formulações sobre o que é legítimo. Isso vale tanto para a área de segurança (quando, como e por que a comunidade internacional deve agir diante de crises e conflitos) quanto à economia (como lidar com a globalização), quanto para os chamados novos temas (ecologia, direitos humanos, tecnologia dual).[118]

||||||||||||

116 Lampreia, Aula magna de abertura dos cursos do Instituto Rio Branco. In: _____, *Diplomacia brasileira: palavras, contextos e razões*, p.89-90.

117 De acordo com o embaixador, "a busca pela autonomia é um objetivo para qualquer diplomacia. Nenhum país se declarará não autônomo. Mas as expressões do que é autonomia variam histórica e espacialmente, segundo interesses e posições de poder". Fonseca Jr., op. cit., p.361.

118 Ibid., p.364.

Costurando a ideia de Fonseca, Lampreia adicionou ao paradigma a ideia de "participação transformadora", amplamente empregada em seus discursos.[119] Na prática, o Brasil se utilizaria dos grandes temas em voga – ecologia, direitos humanos, segurança, não proliferação – para mostrar que, junto ao pensamento do *mainstream* internacional, ele merecia ser ouvido na qualidade de um interlocutor formulador de novas teses e linhas de ação.[120] "Participar" significava ser ouvido nos grandes fóruns e gozar de posições importantes em organizações internacionais.[121] Em suma, o Brasil desejava apropriar-se das mudanças, na qualidade de autor e não de mero reprodutor de ideias, como denota o raciocínio de Fonseca.

> De novo, a nossa condição de pertencer a realidades bastante diferenciadas nos dá a perspectiva de que mesmo as boas "teses" não conduzem necessária e rapidamente às melhores soluções – e, assim, desenha-se o perigo de que deixem de ser mesmo "boas teses". [...] Como contribuir para aperfeiçoar as "teses" e introduzir-lhes os elementos de eficácia (que, quando falha, poderia até minar a legitimidade) passa a ser o desafio da diplomacia brasileira e, em regra, dos países que pretendem ter uma atuação universalista.[122]

Reparemos que, mais uma vez, aproveitando-se de apenas uma linha discursiva, o Itamaraty buscava reputação junto aos seus dois eixos de atuação: o simétrico e o assimétrico. Se junto ao eixo simétrico o Brasil buscava inspirar segurança e assertividade, como vanguarda de uma luta por uma ordem mais justa da qual seriam partícipes

||||||||||||

119 Lampreia, A política externa do governo FHC: continuidade e renovação, *Revista Brasileira de Revista Internacional*, ano 42, n.2, p.5-17, 1998.

120 Ibid.

121 Talvez o exemplo mais categórico desse desejo de "participação" estivesse no prolongado pleito por um assento no Conselho de Segurança da ONU e na militância pela reforma da estrutura decisória do organismo.

122 Lampreia, op. cit.

os países em desenvolvimento – sob a liderança do Brasil –, junto ao eixo assimétrico expressava a confiabilidade de um país que poderia, sob o comando das grandes potências, influenciar outros países com diferenciais de poder semelhantes ao seu a também aderir ao *pensamento único*. Dessa forma, ele ganharia legitimidade em quaisquer partes do globo, de acordo com o viés universalista que se pretendia enfatizar a partir de então. Isso seria importante, pois constituiria os primeiros passos para sua consagração enquanto *global player*.

Acreditamos que, por isso, no âmbito do propósito da renovação do discurso, Lampreia tenha sido arguto quando substituiu a "participação" pela "integração" no *slogan* da política externa de Cardoso. Embora se saiba que desde sua formação o Mercosul fora assinalado pela diferença de concepção entre seus principais membros,[123] ele constituía, para o Brasil, uma importante plataforma para exercício da liderança junto à América do Sul, motivo pelo qual, possivelmente, a integração regional e o aprofundamento do Mercosul tenham sido explorados discursivamente como prioridades de governo, desde as campanhas eleitorais.[124] Aos parceiros regionais, o *slogan* apregoava

||||||||||||

123 De acordo com o ex-presidente Cardoso, a primeira grande divergência consistiu no fato de que desde o início o Brasil pensava em abrir o Mercosul não só ao Paraguai e ao Uruguai, mas a parceiros como o México e a Venezuela, ao passo que para a Argentina de Menem e Di Tella o ideal era que o projeto contemplasse apenas os interesses de Brasil e Argentina. Cardoso teve essa impressão enquanto ainda atuava como ministro das Relações Exteriores de Itamar Franco. Ver: Cardoso, *A arte da política: a história que vivi*, p.610.

124 Repare-se, porém, que durante o discurso de posse do ministro Lampreia ele buscou deixar claro que, mesmo listando em seu discurso o processo de consolidação do Mercosul como um tema de premência do projeto de governo de Cardoso, em seu entendimento isso não deveria ser feito de modo exaustivo para que não houvesse "diminuição da importância relativa de outras áreas que compõem o conjunto de uma política externa que se quer universal e ativa". Cf. Lampreia, Discurso de posse. In: _____. *Diplomacia brasileira*, p.38.

Tal aspecto nos levou a indagar se o aprofundamento da integração restringia-se a um projeto pessoal do presidente, eventualmente alterado pelo Itamaraty, cuja tradição prima por projetos cooperativos não excludentes. Segundo Cervo, contudo, as ideias integrativas trazidas por Cardoso muito tinham de influência de sua experiência junto

que, quanto mais fortalecidos estivessem os vínculos latino-americanos, maior seria a capacidade de se negociar de forma vantajosa com os EUA e o Canadá na Alca.[125] Aliás, com base em tal discurso, o Brasil desferiu a grande crítica contra a Argentina, repetida ao longo dos dois mandatos de Cardoso: de acordo com a diplomacia brasileira, a Argentina não pensava pragmática e estrategicamente no Mercosul, enquanto meio de negociar a Alca. Ao contrário, segundo a percepção do Itamaraty, o caráter estratégico de uma aliança cooperativa seria atribuído às relações da Argentina com os EUA, enquanto o Mercosul constituiria um portal para expansão do mercado argentino no Brasil.[126] A Argentina de Menem não teria para com o Brasil intenções transcendentais a uma aliança comercial. Talvez essa crítica brasileira reflita um pouco do delineamento de condicionantes à cooperação mercosulina – e isso se estende ao posterior projeto de Mercosul Político – a partir da visão que o Brasil tem de si mesmo – como um país que sabe jogar com traquejo e pragmatismo, e que, apesar de buscar sua inserção ao *mainstream*

||||||||||||

à Comissão Econômica para América Latina e Caribe (Cepal), a qual, ao contrário do que muitos defendem, já concebia a integração como regionalismo aberto. Em suas palavras: "Todo mundo sabe o que era o regionalismo aberto. Ele estava mais para neoliberalismo do que para o nacionalismo. *Preste atenção, isso é um detalhe interessante, ele estava mais para o liberalismo do neoliberalismo do que para o nacionalismo, no sentido que defini há pouco. Porque o regionalismo aberto significa que* esses quatro países, no caso, o bloco, estabelecem um regime liberal entre si, um comércio entre si, o livre-comércio entre si. E eles negociam em bloco, tratados de abertura de comércio, livre-comércio até certo ponto, com terceiros. Formam aquela fórmula de quatro países. Então, predomina o regionalismo aberto. Mas eles concebiam isso mais como estar mais para o neoliberalismo do que para o tradicional desenvolvimentismo latino-americano". Cervo, Entrevista concedida à autora. Brasília, fevereiro de 2008, grifo nosso.

125 Lampreia, Discurso de posse, p.611.

126 Haveria, em consonância com a percepção da diplomacia brasileira, uma política argentina "bifronte": uma aliança econômico-comercial com o Brasil e uma aliança político-estratégica com os EUA. Ver: SEDNET MSG OF01375A 02/10/97 Normal Dist. DMC/DAM I, PEXT BRAS ARGT, Confidencial. Desclassificado de acordo com o dec. 5.301 de 09/12/2004. Disponível no Arquivo Histórico do Ministério das Relações Exteriores do Brasil.

internacional, busca uma aliança racional com os Estados Unidos – em contraposição à visão que tem de seu parceiro: uma Argentina que se entregava à parceria estadunidense de modo acrítico e sem noção das contrapartidas a receber.[127]

Ainda de acordo com impressões do então embaixador Luis Felipe Seixas Corrêa, tampouco a uma união aduaneira a Argentina pretendia chegar, o que, em sua opinião, devia-se ao desenvolvimento de um debate interno sobre o cuidado em se evitar a chamada "Brasil-dependência". Em avaliação de conjuntura sobre as relações com a Argentina, preparada por Seixas Corrêa ao ministro Lampreia, o primeiro comenta:

> O debate sobre a chamada "Brasil-dependência" constitui um dos principais eixos da agenda pública argentina. Não guarda qualquer equivalência com o debate e a reflexão simétricas no Brasil sobre o tema da relação com a Argentina. A economia brasileira, as intenções brasileiras, as fragilidades e as fortalezas do modelo brasileiro, são diariamente esmiuçadas em editoriais, artigos assinados, matérias de correspondentes, programas de TV, seminários acadêmicos. A possibilidade de uma hipotética desvalorização cambial do real, em particular, se transformou numa verdadeira obsessão.[128]

Sob o entendimento de Seixas Corrêa, então encarregado da embaixada brasileira na Argentina, esta era uma barreira colocada pela própria sociedade argentina à consolidação do Mercosul, pela qual se podiam conhecer algumas das idiossincrasias que caracterizavam as relações entre os dois países. Para ele, tratava-se de uma relação "sem paradigmas para ambos os protagonistas", dado que cada

||||||||||||

127 Reiteramos que essas são impressões que recolhemos da documentação analisada, como a citada acima, por exemplo.

128 SEDNET MSG OF01375A 02/10/97 Normal Dist. DMC/DAM I, PEXT BRAS ARGT, Confidencial. Desclassificado de acordo com o dec. 5.301 de 09/12/2004. Disponível no Arquivo Histórico do Ministério das Relações Exteriores do Brasil.

qual teria seus modelos de relação para países grandes ou menores.[129] Construía-se no seio da diplomacia brasileira a impressão de que a Argentina só permanecia no Mercosul para não confrontar o empresariado que, naquele momento, ganhava dinheiro com o Brasil. Porém, era muito mais forte naquele país uma mentalidade livre-cambista do que outra mercosulina, o que fazia com que o Brasil acreditasse na total possibilidade de o bloco sul-americano ser suprimido por um tratado direto com os EUA, principalmente porque, naquele contexto, a Argentina formalizara seu pleito de adesão à Organização para a Cooperação e Desenvolvimento Econômico (OCDE).[130]

O embaixador Lampreia confessa em seu último livro de memórias que, ao fim do primeiro mandato de Cardoso, chegava a tal ponto a inércia do Mercosul que ele mesmo levou aos seus subordinados do Itamaraty as seguintes reflexões:

> O Mercosul ainda é viável? Queremos ou não levá-lo adiante? Caso positivo, de que forma? Tínhamos três hipóteses: a-) deixá-lo como estava e seguir gerenciando-o casuisticamente; b-) tentar aprofundar os compromissos de abertura interna e coesão externa; c-) abandonar a concepção de união aduaneira e transformar o Mercosul numa simples zona de livre-comércio sem tarifa externa comum.[131]

Diante de suas indagações, todo o Itamaraty teria, no entanto, se posicionado a favor da continuidade do investimento no bloco, como

||||||||||||

129 Embora em seu relato Seixas Corrêa mostrasse alguma dose de otimismo ao opinar que, ao longo do tempo, Brasil e Argentina equilibrariam seus pontos de vista e, assim, dariam compasso mais sincrônico às suas ações, era ao mesmo tempo patente sua indignação com o discurso argentino, segundo o qual os avanços e retrocessos do Mercosul dependiam substancialmente da vontade do Brasil. De acordo com o que ele mesmo qualificou como sua avaliação enquanto observador, no plano declaratório, a Argentina usava o ardil de manifestar sua disposição a avançar e de deplorar a relutância e o imobilismo do Brasil. Ver: ibid.

130 Ibid.

131 Lampreia, *O Brasil e os ventos do mundo*, p.179.

ele mesmo relata.[132] Em concordância com tal posicionamento, o discurso integrativo seguiu sendo plataforma de governo e destaque nos textos diplomáticos oficiais, segundo as respostas que a diplomacia brasileira julgava adequadas dar ao comportamento argentino, as quais condiziam com uma postura de "transmitir sempre a imagem de confiabilidade, transparência e previsibilidade".[133]

Ademais, a postura argentina não demovia as esperanças do Brasil de alcançar sua legitimidade enquanto líder sul-americano por meio da atração dos demais componentes do bloco. Assim, era fundamental, conforme as palavras de Seixas Corrêa, continuar diluindo:

> [...] a impressão que foi se criando em Buenos Aires de que agimos unilateralmente, de que só cuidamos de nossos interesses e de que não estamos dispostos a transigir um milímetro. Ao mesmo tempo, seria o caso de chamar atenção para as resistências internas da Argentina ao processo de integração.[134]

Seixas Corrêa parecia ver como muito plausível o seu êxito, até por sua percepção acerca da situação argentina.[135] O fato de a Argentina estar tão perto de ceder ao pedido de "fast-track" da Alca, feito pelo presidente Clinton, seria, na visão do embaixador, um atestado à comunidade regional sobre a urgência de o Brasil tomar as rédeas do processo.[136]

|||||||||||

132 Ibid.

133 SEDNET MSG OF01375A 02/10/97 Normal Dist. DMC/DAM I, PEXT BRAS ARGT, Confidencial. Desclassificado de acordo com o dec. 5.301 de 09/12/2004. Disponível no Arquivo Histórico do Ministério das Relações Exteriores do Brasil.

134 Ibid.

135 Descreve o embaixador: "Num quadro de fragilidade crescente do presidente Menem, em que suas atenções estarão cada vez mais centradas no quadro interno, deveria caber ao Brasil tomar a dianteira de propor e viabilizar o aprofundamento do Mercosul". Idem, ibidem.

136 Idem, ibidem. O raciocínio pragmático do Brasil teria permitido que, a despeito de tantas divergências, até o fim do segundo mandato de Cardoso fossem implementados

Por outro lado, o Brasil pretendia mostrar à Argentina que o político tinha uma dimensão muito mais relevante do que o econômico-comercial para a integração que se ensaiava. Seguindo esse raciocínio, a diplomacia brasileira passou a explorar com mais ênfase, durante as reuniões conjuntas, o conceito de "aliança estratégica", a fim de que, perto de sua importância, as demais divergências fossem percebidas pela Argentina como ínfimas e insignificantes. Passando suas impressões particulares ao ministro Lampreia, Seixas Corrêa aconselhou:

> Dando seguimento ao processo de consolidação da "Aliança Estratégica", acredito que se deveria buscar com ainda maior empenho a ampliação das áreas de convergência no plano político. Dado o conteúdo necessariamente conflitivo das relações comerciais – sobretudo das relações comerciais vigorosas – é importante trabalhar cada vez mais para evitar que o comércio seja o vínculo mais forte da corrente de interesses que unem Brasil e Argentina [...].[137]

Além do relatado, há que se relevar que a diplomacia brasileira parecia acreditar que, ora ou outra, a Argentina cederia às suas

|||||||||||

atos adicionais. Basta observar a linha cronológica de atos assinados do início ao fim de seu governo: 1) Acordo de Livre-Comércio entre o Mercosul e o Chile (25 de julho de 1996); 2) Declaração Presidencial sobre Diálogo Político entre os Estados Partes (San Luis, Argentina, 25 de junho de 1996); 3) Acordo de Livre-Comércio entre o Mercosul e a Bolívia (17 de dezembro de 1996); 4) Declaração Presidencial sobre a Consulta e Concertação Política dos Estados Partes do Mercosul (17 de junho de 1997); 5) Acordo Quadro para a Criação de uma Zona de Livre-Comércio entre o Mercosul e a Comunidade Andina de Nações (16 de abril de 1998); 6) Declaração Política do Mercosul, Bolívia e Chile como Zona de Paz (Ushuaia, Argentina, 24 de julho de 1998); 7) Protocolo de Ushuaia sobre Compromisso Democrático no Mercosul (Ushuaia, Argentina, 24 de julho de 1998); 8) Protocolo de Olivos (19 de fevereiro de 2002).

137 SEDNET QD BRAZEXT.ARTBREM 201250 OF 00076ª TEKA CO. Confidencial. Desclassificado de acordo com o dec. 5.301 de 09/12/2004. Disponível no Arquivo Histórico do Ministério das Relações Exteriores do Brasil.

vontades, pelos seguintes motivos: primeiramente pela crise de autoridade do presidente Menem e sua equipe de governo – acompanhada da vulnerabilidade econômica do país[138] –, depois, porque acreditava que a rivalidade da Argentina com o Chile não estaria morta, o que fazia a Argentina mais dependente das boas relações com o Brasil.[139] Ademais, de acordo com a percepção do Itamaraty, o pleito argentino de uma aliança extra-Otan teria sido muito mais danoso nas relações com o Chile do que com o Brasil – uma vez que este último não acreditava no êxito dessa aliança.[140] E, por fim, a Argentina de Menem tampouco cultivava bons afetos no Paraguai, conforme observavam os diplomatas brasileiros sediados em Buenos Aires. Tudo isso concorria para que o Brasil tomasse uma atitude de cautela, tomando o papel de "irmão conciliador", evitando assim que a Argentina questionasse quaisquer iniciativas suas e angariando cada vez melhor reputação regional.

Dessa forma, o paradigma da "autonomia pela integração" seguiu renovando sua validade junto aos dois eixos de atuação do Brasil. Junto ao simétrico, o paradigma tinha a força de despertar nos parceiros a esperança de que, unidos ao Brasil, estariam menos expostos aos constrangimentos das grandes potências. Perante o assimétrico, o país conseguia também apagar um viés histórico de protecionismo[141]

||||||||||||

138 Há uma série incontável de informes de conjuntura interna, produzidos na Argentina, relatando a caótica situação do país e do governo.

139 É vasto o número de telegramas da embaixada brasileira na Argentina narrando repercussões da imprensa argentina sobre eventuais problemas com o Chile. Exemplo disso é a mensagem que relata o incômodo argentino com o fato de o Chile desejar instalar uma base aérea nas proximidades dos chamados "gelos continentais", em momento em que as Forças Armadas chilenas se encontravam em absoluta vantagem em relação às argentinas. Ver: OF00044A, 08/01/96, normal, XIEX BRAS CHIL, Confidencial. Desclassificado de acordo com o dec. 5.301 de 09/12/2004. Disponível no Arquivo Histórico do Ministério das Relações Exteriores do Brasil.

140 Adiante trataremos do caso mais detalhadamente.

141 O próprio embaixador Lampreia destacou o quão necessário era o abandono brasileiro de uma identidade protecionista, seguido pela observação internacional de tal processo. Lampeia, Protecionismo: nossa velha paixão. In: *O Brasil e os ventos do mundo*, p.167.

e eventuais suspeitas de reminiscências de antiamericanismo, ao afirmar com veemência a integração ao *mainstream* internacional. Como pontuam Vigevani et al., a pouca especificidade contida no conceito deu margem a sua flexibilização e adaptação conforme variavam as necessidades nacionais, "facilitando, de acordo com as mudanças históricas e conjunturais, o espaço para inserir mecanismos de adaptação a novas realidades ou a uma compreensão de mundo distinta".[142] Aliás, Gelson Fonseca observa que as características comportamentais da diplomacia brasileira são altamente favoráveis à adoção de políticas adaptativas, ao mesmo tempo que abrem "espaço para a criação diplomática". Isso também é facultado pela condição de flexibilidade da agenda internacional do Brasil que não conta com focos únicos e excludentes. "Nossa agenda é dispersa e ampla, tanto temática quanto geograficamente", destaca Fonseca.[143]

Uma questão que se pode levantar é: se o Brasil defendia tão ostensivamente a adesão ao *mainstream*, por que criticava com tanta pontualidade a atitude argentina de alinhamento aos Estados Unidos? Uma resposta hipotética já foi apontada anteriormente, quando atestamos que, a partir da visão que tem de si enquanto jogador racional, o Brasil – representado na seara externa pelo Itamaraty – concebe-se apto a estreitar vínculos com os Estados Unidos sem prejuízo para seus interesses nacionais e/ou para seus interesses regionais. Em simultâneo, julga que a Argentina não tem o mesmo preparo racional para discernir os limites de uma aliança.

Outra explicação encontra-se na ideia de que desde o início do governo de Cardoso, como esclarecem Cervo e Bueno, é possível detectar duas linhas distintas e complementares de atuação internacional, no que toca à intensidade de adesão de algumas áreas específicas ao chamado *mainstream* internacional. Os autores acreditam

||||||||||||

142 Vigevani; Oliveira; Cintra, Política externa no período FHC: a busca da autonomia pela integração, *Tempo Social: Revista de Sociologia da USP*, v.15, n.2, nov.2003, p.31.
143 Fonseca Jr., op. cit., p.364.

ser possível identificar traços tanto de um paradigma de *Estado normal*, como de um *Estado logístico* nas políticas públicas de FHC. O Estado normal, ao contrário da bandeira de participação erguida pelo governo, está mais relacionado a uma subserviência destrutiva no que toca à estratégia adotada para as relações internacionais. Ele está identificado, basicamente, na desestatização do patrimônio nacional e na liberalização da economia. Para os estudiosos,

> Não se trata de uma leviandade mental, mas de uma convicção profundamente arraigada na mentalidade de dirigentes brasileiros, capaz de provocar: a) o revisionismo histórico e a condenação das estratégias internacionais do passado; b) a adoção acrítica de uma ideologia imposta pelos centros hegemônicos de poder; c) a eliminação das ideias e de projeto de interesses nacionais; c) a correção do movimento da diplomacia. [...] Na vigência destas novas condições políticas, o Estado normal encaminhou no Brasil a destruição do patrimônio e do poder nacional. Utilizou, conscientemente, os mecanismos das privatizações para transferir ativos nacionais a empresas estrangeiras, abrindo desse modo nova via de transferência de renda ao exterior por meio dos lucros e aprofundando a dependência estrutural da nação. Sujeitou-se à especulação financeira internacional que também absorveu renda interna. Mais de oitenta bilhões de dólares arrecadados pelas privatizações brasileiras foram gastos em despesas de custeio, sem benefício algum para o reforço de setores estratégicos da economia nacional [...].[144]

Em contrapartida, em outro conjunto de atitudes a que Cervo e Bueno atribuem o diagnóstico de uma "feliz incoerência", também podem ser encontrados no governo de FHC traços do *Estado logístico*, o qual, de acordo com os autores, "teve como desafios absorver, no ponto de transição, as forças nacionais geradas pelo Estado desenvolvimentista e engendrar a inserção madura no mundo

---

144 Cervo; Bueno, *História da política exterior do Brasil*, p.458-60.

unificado pelo triunfo do capitalismo".[145] O *Estado logístico* pode ser observado no controle do processo de privatização implantado pelo próprio governo, bem como na criação de empresas de matriz brasileira em setores em que a competitividade se fazia viável, como a mineração, a siderurgia, a indústria aeronáutica e a espacial, e a área de ciência e tecnologia, em geral. Além disso, o conceito de América do Sul como "área de fortalecimento prévio das economias regionais sob liderança brasileira", e a própria cobrança do Brasil para que a Argentina também visse o Mercosul como forma de negociar mais igualitariamente a Alca seriam sinais de funcionamento do chamado *Estado logístico*.[146]

O fato de esse conjunto de atitudes a que Cervo e Bueno chamam de *Estado logístico* aparecer com mais força no segundo mandato de Cardoso faz que nos questionemos acerca da possibilidade de existência de duas linhas diferentes de conduta externa – cada qual existindo em um mandato do governo FHC –, ou ainda, em relação à sinalização da ocorrência de um ponto de inflexão na política externa brasileira, na medida em que se altera também a equipe de chancelaria.[147] Tal tese se enfraquece ao ponto em que se observa uma mudança apenas discursiva – estritamente relacionada à capacidade adaptativa da diplomacia brasileira, sobre a qual já discorremos –, não havendo reorientações mais profundas no plano de concretização de ações. Depois, basta verificar que, entre os dois mandatos de FHC, os cargos mais altos do Itamaraty continuaram ocupados pela chamada ala dos "institucionalistas pragmáticos". Miriam Gomes Saraiva explica que:

|||||||||||

145 Ibid., p.460.

146 Ibid., p.461.

147 Luiz Felipe Lampreia e Celso Lafer foram, respectivamente, os ministros das Relações Exteriores no primeiro e segundo mandatos de FHC. No cargo de secretário-geral – o cargo mais alto da hierarquia diplomática – estiveram: Sebastião do Rego Barros Neto (1995-1999), Luis Felipe de Seixas Corrêa (1999-2001) e Osmar Vladmir Chofi (2001-2002).

Os institucionalistas pragmáticos compõem uma corrente de pensamento e ação no Itamaraty que se fortaleceu e consolidou durante o governo de Fernando Henrique Cardoso, na gestão do chanceler Luiz Felipe Lampreia. No campo econômico, são favoráveis a um processo de "liberalização condicionada" e em no espectro partidário encontram identidade principalmente no Partido da Social Democracia Brasileira (PSDB), mas também no Democratas (DEM). Este grupo é chamado por alguns autores de forma imprecisa de "liberais". Sem abrir mão das visões de mundo da política externa brasileira de autonomia, universalismo e destino de grandeza, os institucionalistas pragmáticos priorizam o apoio do Brasil aos regimes internacionais em vigência, desde uma estratégica pragmática. Esta postura, porém, não significa uma aliança *a priori* com países industrializados, mas sim a identificação da regulamentação das relações internacionais como um cenário favorável ao desenvolvimento econômico brasileiro uma vez que as regras do jogo devem ser seguidas por todos os países incluindo os mais ricos [...].[148]

Todavia, é necessário frisar que a partir do ano de 1998 tem-se registro de uma série de correspondências entre a chancelaria local e diversas embaixadas brasileiras no mundo, discutindo o prenúncio do fim do *Consenso de Washington*. Essa impressão surge, especialmente, após a constatação de quebra de conformidade no ponto de vista das grandes potências, observada pelo então embaixador do Brasil em Washington, durante reunião anual conjunta do FMI e do BIRD, ocorrida em outubro de 1998.[149] Tratava-se de momento de dramática crise econômica mundial e de fragilização da figura dos EUA como conciliador das instituições reguladoras internacionais e, por outro lado, de falta de coerência e consenso entre as ações do BIRD e do FMI, o que levava Paulo Tarso Flecha de Lima a inferir:

||||||||||||

148 Saraiva, A diplomacia brasileira e as visões sobre a inserção externa do Brasil: institucionalismo pragmático x autonomistas. *ARI 46/2010 – 12/03/2010.*
149 OF 0117 De Exteriores para Buenos Aires em 15/10/1998 (MABA) Confidencial Urgentíssimo. Desclassificado de acordo com o dec. 5.301 de 09/12/2004. Disponível no Arquivo Histórico do Ministério das Relações Exteriores do Brasil.

Nesse sentido, cabe destacar o fim do fenômeno que ficou conhecido como o "Consenso de Washington", quando havia uma grande sintonia entre as medidas preconizadas pelo fundo, pelo Banco Mundial e pelo governo dos EUA (departamento do tesouro), sobretudo no período republicano, para países que enfrentassem dificuldades financeiras.[150]

Conhecendo as pressões que o chamado *Consenso de Washington* colocara às políticas econômicas latino-americanas, presume-se que seu fim abriria ao Brasil uma maior margem de manobra para afirmação de alguns conceitos que passariam a ser trabalhados discursivamente e também na prática pela diplomacia brasileira, como os de "convergência crítica" e "globalização assimétrica". A quebra do consenso implicava que não haveria mais um maciço concerto de grandes potências, mas a ação de vários grupos isolados ou não, ou ainda, nas palavras de Flecha de Lima, encontrava-se em formação um "novo consenso", "desta vez não exclusivo de Washington, mas também do G-7, do G-22, do G-24".[151] De acordo com o embaixador, as consequências dessa mudança seriam benéficas aos países emergentes, tendo em vista que: 1) Mostrava-se ao mundo que eles não eram os únicos responsáveis pelas grandes crises sistêmicas; e 2) Sendo o campo social um fato fundamental para debelar as crises, os países emergentes poderiam elaborar políticas mais autênticas, desde que respondessem à solução de suas mazelas.

O que se percebe no movimento da diplomacia brasileira a partir dessa percepção da perda de apoio do antigo concerto de potências capitalistas aos EUA é outro evento histórico de adaptação discursiva a uma era que o Itamaraty julga ser de remodelação do sistema financeiro global, na qual teriam melhor inserção os países emergentes. Dado que isso ocorre no fim de 1998 – quando finalizava o primeiro

||||||||||||

150 Ibid.
151 Ibid.

mandato de FHC –, é natural que as nuanças discursivas sejam notadas com mais vigor a partir do segundo mandato, não significando, porém, que o segundo mandato represente um ponto de inflexão.[152] É por isso que, diante das inúmeras declarações públicas oficiais de adesão ao *mainstream* internacional – diga-se de passagem, aos valores dos EUA e do concerto das grandes potências –, encontramos na documentação confidencial – ou seja, no registro dos bastidores – uma ampla gama de discussão crítica sobre a aliança incondicional da Argentina com os EUA como um grande empecilho ao aprofundamento de laços bilaterais e, em consequência, regionais. Obviamente que, como já pontuado antes, essas críticas carregam muito do orgulho brasileiro em se julgar mais competente que o vizinho para jogar com racionalidade com os interesses dos EUA, o que não quer dizer, entretanto, que as opções brasileiras tenham sido marcadas por uma maioria de resultados favoráveis ao país. Mas, felizmente, houve algumas áreas em que a assertividade do "Estado logístico" garantiu alguma margem de autonomia perante o cenário internacional, e nas quais o pragmatismo realmente funcionou.[153] A nosso ver, uma dessas áreas foi a ciência e tecnologia, com ênfase no desenvolvimento da tecnologia nuclear. A seguir, observaremos que tal campo não foi descuidado, a despeito da assinatura do Tratado de Não Proliferação (TNP). Tanto que, após sua assinatura, voltou-se a aventar a construção do submarino nuclear. Cabe, por fim, analisar o papel das relações com a Argentina naquele tema e contexto.

||||||||||||

152 O que corresponde mais a uma adaptação metodológica da diplomacia do que a uma mudança de orientação de política externa, a qual defende interesses de longa duração e está mais relacionada às opções históricas de inserção internacional, em favor do desenvolvimento nacional.

153 O fortalecimento do paradigma logístico a partir do segundo mandato de Cardoso teria ajudado também a desenhar a linha de ação assumida por Lula da Silva como modelo de inserção do país. Cervo; Bueno, op. cit., p.491.

A questão nuclear e as relações com a Argentina em FHC

De modo geral, o discurso oficial brasileiro na esfera da segurança internacional adotou um perfil de coerência ao paradigma da *autonomia pela integração* explicado há pouco, ou seja, primou pela adesão ao *mainstream* internacional. E se alguns tópicos refletiam mais a visão do *Estado normal*, como a securitização das Forças Armadas e uma intenção de empregá-las no combate ao narcotráfico – atitudes típicas da anuência brasileira aos preceitos de segurança dos Estados Unidos –, outros tópicos, como o desenvolvimento de energia nuclear para fins pacíficos, seguiram um curso de preservação e cautela. Nesse sentido, os acordos assinados com a Argentina, ainda no governo Collor, permaneceram exercendo importante função na defesa dos interesses brasileiros. Desde o primeiro ano do primeiro mandato de FHC, quando a ideia de aderência ao *mainstream* já estava amadurecida e, portanto, a tese da necessidade de institucionalização do engajamento brasileiro junto aos regimes internacionais de não proliferação era defendida pelo país perante a comunidade internacional, a análise dos bastidores mostra a preocupação brasileira em que a ABACC funcionasse de forma autêntica, evitando o voluntarismo dos EUA. O que exemplifica isso é uma correspondência de Pedro Motta Pinto Coelho ao ministro Lampreia, narrando uma conversa que havia tido com o então ministro Enrique de La Torre – diretor da Segurança Internacional, assuntos nucleares e espaciais da chancelaria argentina – a respeito de reunião solicitada por autoridades estadunidenses com comissão da ABACC para tratar, possivelmente,[154] de pedido dos EUA para formação de

||||||||||||

154 Reiteramos o termo "possivelmente" porque o telegrama revela dúvida tanto brasileira quanto argentina sobre as intenções da visita dos EUA. É forçoso informar, porém, que a ABACC veio recebendo ajuda financeira do Departamento de Energia dos EUA para cooperação na área de implementação de salvaguardas e realização de compra de equipamentos e atividades de treinamento. Essa ajuda girou em torno de 400 mil dólares por ano. OF 00012, de 08/12/1999, de Exteriores para Brasemb (ADEM)

mecanismo de cooperação tríplice Brasil-EUA-Argentina na área nuclear. De acordo com o telegrama, Pinto Coelho e De La Torre concordaram com as seguintes atitudes alternativas perante os EUA: ou não realizariam a reunião, ou fariam o encontro sob a condição exclusiva de que os EUA aceitassem o formato de visita estabelecido pelo Itamaraty, em que se deveria ressaltar a autenticidade do funcionamento da ABACC perante AIEA e os EUA.[155]

Por algum tempo, a cooperação nuclear estabelecida ainda na década de 1990 exerceu importante papel na preservação da autonomia dos projetos nucleares de ambos os países,[156] constituindo o mais significativo ponto de convergência entre as duas chancelarias. Era constante a troca de informações para coordenação bilateral da posição de ambos os países, em relação ao fortalecimento do papel do Organismo para a Proscrição das Armas Nucleares na América Latina e Caribe (Opanal),[157] por exemplo, como regulador da cooperação internacional latino-americana na área nuclear, denotando que no campo da não proliferação nuclear regional poder-se-ia vislumbrar certa disposição de liderança regional compartilhada na América Latina, não percebida em outras áreas.[158]

||||||||||

ANER BRAS ARGT Confidencial Urgente DDS/DAMI/DCS. Desclassificado de acordo com o dec. 5.301 de 09/12/2004. Disponível no Arquivo Histórico do Ministério das Relações Exteriores do Brasil.

155 MSG OF01095Z de 01/09/95 Urgentíssimo DPTS PEMU Confidencial ARTBREM 011420. Desclassificado de acordo com o dec. 5.301 de 09/12/2004. Disponível no Arquivo Histórico do Ministério das Relações Exteriores do Brasil.

156 Aliás, a despeito da convergência em termos de atuação regional e internacional, fica a impressão de que os projetos nucleares seguiam sendo autônomos, porque em vez de uma equipe conjunta de inspeção, cada país mantinha uma equipe nacional própria. Essa impressão se fortalece por um documento que registra a insatisfação brasileira com a atuação da Comissão Nacional de Energia Nuclear (CNEN), que o leva, por sua vez, a solicitar à Argentina informações sobre seus métodos de inspeção.

157 O Opanal foi criado em 1967, pelo Tratado de Tlatelolco. Podem-se obter outras informações sobre o mecanismo em: <http://www.opanal.org>.

158 OF1317Z de 12/10/95, urgentíssimo, DEPTS/DAM I, PEMU, Confidencial. Desclassificado de acordo com o dec. 5.301 de 09/12/2004. Disponível no Arquivo Histórico do Ministério das Relações Exteriores do Brasil.

Todavia, o entusiasmo brasileiro se esvai logo que, por iniciativa de Menem, a Argentina interrompe o orçamento destinado ao funcionamento da ABACC – sob justificativa de recesso econômico.[159] É possível perceber, a partir daí, uma fase de lacunas no diálogo em matéria de política nuclear, o qual se estende até pelo menos 1997, quando, por iniciativa do Brasil, propõe-se a reativação do Comitê Permanente sobre Política Nuclear, criado em 1988, por ocasião da assinatura da Declaração de Iperó. Tratar-se-ia de uma nova fase, cuja evolução é explicada pelo Ministério das Relações Exteriores à embaixada do Brasil em Buenos Aires:

> Até recentemente, a ênfase nos trabalhos do Comitê recaiu sobre questões de cunho político, no âmbito do processo de construção de confiança no campo da não proliferação nuclear. Atualmente, o Comitê inicia uma nova fase, voltada para a identificação de projetos de caráter técnico-comercial.[160]

Entendemos que o enfraquecimento do vínculo político, causado, segundo as percepções brasileiras, pela falta de investimento de esforços do governo Menem na cooperação nuclear em andamento desde a década de 1980, tenha inspirado os setores interessados naquele âmbito da ciência e tecnologia a atrair para as negociações o empresariado da Argentina.[161] Ou seja, o Brasil dialogou diretamente com

||||||||||||

159 Percebe-se que se tratou de momento de tensão, já que o embaixador Azambuja procurou então o chanceler Di Tella, deixando claro que o entendimento em matéria nuclear, que a Argentina passava a relegar, era pedra fundamental de tudo o que os dois países haviam construído até então. OF013131Z de 13/10/95, Normal, PEXT BRAS ARGT, Confidencial. Desclassificado de acordo com o dec. 5.301 de 09/12/2004. Disponível no Arquivo Histórico do Ministério das Relações Exteriores.

160 Desp. Telegráfico n.700, de 22/7/97, Confidencial, Urgente, Dist DDS/DAM-I/DMC, ENER BRAS ARGT. Desclassificado de acordo com o dec. 5.301 de 09/12/2004. Disponível no Arquivo Histórico do Ministério das Relações Exteriores.

161 Enquanto do lado brasileiro os trabalhos foram presididos pelo major-brigadeiro Archimedes de Castro Faria Filho, na época subsecretário executivo de Assuntos Estratégicos, o lado argentino contou com a direção do encarregado de Negócios, ministro Alberto de Nuñez. De modo geral, os temas abordados foram: pesquisa

os grupos de interesses, de modo que estes pudessem vir a pressionar a cúpula política, o que pode ter surtido algum resultado positivo, levando em consideração que cerca de três meses após a mencionada reunião volta-se a fazer menção formal à atuação da ABACC, por meio da assinatura de uma Declaração Conjunta por Ocasião do 5º Aniversário da ABACC, lembrando que o afrouxamento dos vínculos políticos havia levado a uma situação inercial da agência por dois anos.

Em coerência com a linha de política externa adotada, se de um lado buscava-se reativar a cooperação nuclear com a Argentina – provavelmente a fim de que ações individuais no campo do desenvolvimento da tecnologia nuclear não voltassem a incitar desconfianças regionais e/ou internacionais –, por outro, o Brasil avançava nas demonstrações de adesão ao *mainstream* internacional: em 27 de outubro de 1995, o país aderiu ao Regime de Controle de Tecnologia de Mísseis (MTCR)[162] e no mesmo mês à Convenção sobre Proibições ou Restrições ao Uso de Certas Armas Convencionais que Podem Ser Consideradas Excessivamente Danosas ou Ter Efeitos Indiscriminados; em abril de 1996, integrou o Grupo de Supridores Nucleares (NSG); em abril de 1997, anuiu à Organização para a Proibição das Armas Químicas (Opaq) e, por fim, em 24 de julho de 1998, assinou o Tratado para Proibição Completa dos Testes Nucleares (CTBT). Dado que essas atitudes foram tomadas desde o início do governo de Cardoso, em concomitância com a tentativa de preservação da autonomia da ABACC e da inspeção brasileira de

‖‖‖‖‖‖‖‖

e desenvolvimento em segurança nuclear, aplicação de técnicas nucleares, ciclo do combustível nuclear, desenvolvimento de reatores de potência. Cf. ibid.

162 Na opinião de Lampreia, a adesão a esse regime encerrou dois pensamentos básicos: prosseguir com os estudos de lançamentos de mísseis, indispensáveis ao desenvolvimento do país, porém com a transparência necessária para não levantar suspeitas nem da Argentina, nem da comunidade internacional. O projeto de lançamento de mísseis seria totalmente controlado pelo governo, sem intervenção militar. Ver: Lampreia, *O Brasil e os ventos do mundo*, p.167.

seu próprio projeto nuclear, contando com a parceria de salvaguarda da Argentina, consideramos mais oportuno concordar com Cervo e Bueno a respeito da coexistência dos paradigmas do Estado normal e do Estado logístico, em detrimento das teses que defendem um ponto de inflexão entre os dois mandatos daquele presidente. Ademais, tudo isso confirma nossa hipótese de que, em matéria de segurança internacional e, mais especificamente, no campo da energia nuclear, o Brasil seguiu sua política de concatenação de eixos, para a qual dependia da instrumentalização das relações com a Argentina, embora estas tenham se afrouxado nos primeiros anos daquele governo. Outra consideração que merece ser tecida se refere à assinatura e posterior ratificação do TNP. Mais uma vez, pelo histórico brasileiro de condenação da condição de congelamento de poder imposta pela iniquidade dos termos presentes naquele tratado, essa assinatura teria sido vista por muitos estudiosos como outro ponto de inflexão, dessa vez não na política de Cardoso, mas no projeto brasileiro de política exterior. É digno reparar, porém, que as restrições impostas pelo TNP não eram maiores do que as limitações já colocadas pela subordinação do país às salvaguardas da AIEA, e pela adesão aos regimes internacionais mencionados acima. Por outro lado, mesmo sob o julgo da AIEA e, muito possivelmente, por esta ter como escudo os acordos estabelecidos com a Argentina no âmbito da ABACC, o Brasil não deixou de perseguir o patamar de país desenvolvido, em termos de nivelamento tecnológico, ainda que para fins pacíficos. Pelo contrário, alcançou níveis tecnológicos invejáveis no enriquecimento do urânio. Por outro lado, havia outras áreas que careciam de desenvolvimento, o qual, por sua vez, dependia de transferência de tecnologia de grandes potências que ainda carregavam a desconfiança da não adesão brasileira ao TNP. Dessa maneira, a diplomacia brasileira entendia que a posição anti-TNP era meramente ideológica, devendo ser dissolvida por dois motivos básicos e pragmáticos: primeiro, para que o país pudesse ser beneficiado pela transferência de tecnologia para alçar o desenvolvimento de tecnologia estratégica a novos níveis, pois, permanecendo isolado, ficaria paralisado no patamar tecnológico já alcançado; e, depois, porque a ideia de "participação transformadora" trazia consigo um objetivo dependente do que Lampreia chamou de "resgate de hipotecas":[163] a reforma e a ampliação do Conselho de Segurança, seguido da conquista de um posto permanente para o Brasil, dentro do organismo. De acordo com o chanceler Lampreia, seguindo tal raciocínio, o governo de Cardoso já teria assinado o TNP desde o primeiro ano de governo, não fossem algumas "batalhas bastante difíceis com alguns setores militares", "travadas intramuros, sem publicidade alguma".[164] Abaixo, Lampreia resume a trajetória até a assinatura do TNP, em 1997:

> Em 24 de maio de 1997, houve uma reunião da Câmara de Relações Exteriores e Defesa Nacional, órgão colegiado do governo, sob a presidência de FHC. Fiz uma apresentação que versou sobre nossa mudança de posição em relação ao TNP. Destaquei os seguintes pontos: "Nossa posição principista já não nos trazia respeito, nem benefícios; a assinatura não acrescentaria qualquer limitação às que já assumimos voluntariamente na área nuclear [...]". Assinar naquele momento completaria nossa inserção no *mainstream* internacional e nos capacitaria para outros cenários, inclusive o da cadeira permanente no CS. Houve então uma rodada de comentários das Forças Armadas e dos ministérios da Justiça e Casa Civil. Todos favoráveis, com um pequeno porém ou outro, tendo a Marinha expressado dúvidas sobre se a assinatura traria algum benefício de acesso a tecnologias sensíveis. No dia 21 de junho de 1997, assinei o TNP na sede da ONU, em Nova York.[165]

||||||||||||

163 Lampreia, A política externa do governo FHC: continuidade e renovação, *Revista Brasileira de Revista Internacional*, ano 42, n.2, p.16, 1998.
164 Lampreia, *O Brasil e os ventos do mundo*, p.167.
165 Ibid.

Não se pode com isso afirmar, contudo, que o processo que levou à assinatura e posterior ratificação do TNP represente o abandono brasileiro de uma percepção de assimetria e cerco tecnológico. Como sugere Balbachevsky, essa visão continua implícita na própria prática da adesão, tendo em vista que se vislumbrava na assinatura do tratado uma nova etapa de avanço tecnológico, o que, segundo Sardemberg, ocorreu com bom logro. "A adesão do Brasil ao TNP tem facilitado a negociação de acordos que poderão levar a um maior intercâmbio tecnológico", confirma.[166] No plano internacional, todavia, o governo de Cardoso pretendia ser visto como promotor da paz, explorando, aliás, uma tradição pacífica "inventada" pelo Brasil.[167] Entretanto, além de desejar ser reconhecido como artífice da paz, o Brasil de Cardoso também almejou ser reconhecido entre os seus iguais como um interlocutor que, sendo agora parte do TNP, contribuísse à cobrança junto às potências nucleares das obrigações por elas assumidas no campo do desarmamento nuclear.[168]

||||||||||||

166 Sardemberg, Entrevista concedida ao projeto: "Fontes vivas da política externa". Cf. Balbachevsky, Cooperação científica e tecnológica: o conteúdo estratégico dessa dimensão na política externa brasileira. In: Albuquerque; Oliveira (orgs.), *A política externa brasileira na visão de seus protagonistas*, p.132.

167 A posição de inferioridade econômica e militar do Brasil fez que, a partir da era Rio Branco, o país reconhecesse sua incapacidade de liderar pela força, decidindo a partir de então empreender iniciativas para liderar pela promoção da paz, já que o ideal de liderança jamais fora esquecido pela diplomacia brasileira, embora suas modalidades se modifiquem oportunamente. Assim começa a ser cultivada uma "cultura de paz" no seio da política externa do Brasil, nutrida por uma série de posturas de transigência que, *grosso modo*, eram adequadas à realidade de uma nação que não tinha significante poder em geral – "país militarmente fraco, economicamente atrasado, cultural e educacionalmente subdesenvolvido, com esmagadora massa de analfabetos". Sugere, por isso, o ex-chanceler Ricupero que: "Vem daí talvez a parte subconsciente da postura de amor à paz que reflete, além de valores éticos e jurídicos, situação objetiva, factual: a paz é sempre o melhor para os fracos e os vulneráveis, o que é verdade até nossos dias". Ver: Ricupero, Rio Branco, definidor de valores nacionais. In: Cardim; Almino (orgs.), *Rio Branco: a América do Sul e a modernização do Brasil*, p.89.

168 ARTBREM 051910 OF 00714ª TEKA CO, 05/06/99. Confidencial, Urgentíssimo. Desclassificado de acordo com o dec. 5.301 de 09/12/2004. Disponível no Arquivo Histórico do Ministério das Relações Exteriores.

No bojo da ambição brasileira, a política de transparência nuclear estabelecida com a Argentina – extensiva à ABACC e à AIEA – permanecia guardando vital relevância para a imagem do Brasil, motivo pelo qual, a despeito dos interregnos de inércia, o Brasil continuava investindo nas relações com o vizinho, naquela matéria. Assim, em novembro de 1997, ambos os países assinavam a mencionada Declaração Conjunta por Ocasião do 5º aniversário da ABACC.[169]

A partir de 1999, há uma reativação dos laços bilaterais naquele setor, incluindo tanto o incremento de tópicos a ser incluídos no processo de cooperação – como a parceria para a construção de um submarino nuclear –, como uma série de reuniões para concatenação do posicionamento dos dois países junto aos organismos e tratados multilaterais. Obviamente, a convergência não reinou com absolutismo, mas teimou-se em dar continuidade à agenda até ultimamente. À guisa de exemplo, em agosto de 2001 ambos os países assinaram a Declaração Conjunta Concernente à Criação da Agência Argentino--Brasileira de Aplicações da Energia Nuclear (Abaen), que em suma pretendia: "Consolidar e incrementar as atividades de cooperação que já estão em execução, em especial aquelas relativas à geração nucleoelétrica, ao ciclo do combustível nuclear e outras aplicações da energia nuclear", além de "detectar novas possibilidades de associação e cooperação".[170] Isso confirma algumas de nossas hipóteses: primeiro a de que a área nuclear representou um *continuum* da política exterior do Brasil, no sentido de que criava para ele um ponto de conexão entre os eixos simétrico e assimétrico. Nesse sentido, as atitudes do governo Cardoso pouco diferiram das do governo de Collor, exceto se considerarmos uma maior insistência do primeiro para a manutenção de uma autonomia brasileira no desenvolvimento

||||||||||||

169 Cf. Departamento de Atos internacionais do Ministério das Relações Exteriores. Disponível em: <http://www2.mre.gov.br/dai/b_argt_370_4857.htm>.
170 Cf. Departamento de Atos internacionais do Ministério das Relações Exteriores. Disponível em: <http://www2.mre.gov.br/dai/b_argt_370_4857.htm>.

de tecnologia nuclear de ponta. A parceria com a Argentina seguiu assim instrumentalizada como pedra angular da busca de legitimidade e maior participação internacionais, e do reconhecimento de sua virtude pacífica pela América do Sul, a fim de que isso o levasse, futuramente, a ser reconhecido como líder. Enfatizaremos na seção abaixo como a ideia de liderança sul-americana foi sendo nutrida durante o governo de Cardoso, revelando-se mais explicitamente ao longo do governo de Lula. Mais uma vez, ressaltamos que a cooperação brasileiro-argentina na área nuclear não representara ainda uma possibilidade de institucionalização da parceria no âmbito da Defesa ou da Segurança Internacional. A falta de coerência política e a existência de diversas divergências comprovam que se tratou de um processo paralelo tanto às pautas de Defesa, quanto à pauta do Mercosul que, como se viu, foi mais marcada pelo malogro.

Mas, independentemente das intenções que permearam todo o processo descrito, é certo que a insistência do Brasil em manter uma ação conjunta com a Argentina na área nuclear deixou saldos positivos que terminariam por favorecer a ambos os países individualmente, à região como um todo e, em consequência, à abertura de um canal para que o tema fosse tratado com cada vez maior profundidade.[171]

||||||||||||

171 Como já mencionamos, a percepção do país a respeito do suposto fim do Consenso de Washington flexibilizou ainda mais o discurso brasileiro quanto à adesão ao *mainstream*, deixando-o mais à vontade para defender a autonomia nacional no campo nuclear, não sem os devidos cuidados de preservação de imagem e legitimidade. Assim, a cooperação com a Argentina passa a incluir temas como construção conjunta de submarino nuclear, indústria de defesa, desenvolvimento de tecnologia para lançamento de mísseis etc. É nesse ponto que, principalmente a partir do final do segundo mandato de Cardoso, pode-se observar a predominância do paradigma logístico. Cabe destacar que, com a saída de Menem, o diálogo bilateral tornava-se também mais fluido e profícuo. Em 2005, assinou-se um Protocolo adicional ao Acordo de Cooperação para o Desenvolvimento de Energia Nuclear para Fins Pacíficos nas Áreas Normativa e de Regulação Nuclear e um Acordo Quadro de Cooperação em Matéria de Defesa, seguidos da firma de um Ajuste complementar ao Acordo de Cooperação Científica e Tecnológica na Área de Tecnologia Militar. A novidade desses últimos

Unindo os fios soltos: a afirmação da liderança brasileira na América do Sul como condicionante último dos processos cooperativos regionais

A busca da liderança regional é peça-chave da política externa do Brasil, já que é por meio da inserção internacional que o país visa consolidar seu desenvolvimento. E é por meio dos frutos colhidos com sua atuação regional que o Brasil busca postos de maior destaque nos fóruns multilaterais. Entretanto, o país entende que um concerto regional frutífero, que viabilize benefícios ótimos e equânimes a todos os parceiros envolvidos, só será viável quando tal arranjo possuir um líder que o regulamente, dada a própria lógica do sistema anárquico de relações internacionais que ainda prevalece. E o Brasil, segundo sua própria percepção, seria o único apto a desempenhar tal papel diante da América do Sul. Por isso, a constante busca pela liderança é condição que não pode ser ignorada na análise intencional do comportamento externo do país, sobretudo no que diz respeito à sua vizinhança.

Trata-se, porém, de pauta melindrosa. As investidas brasileiras na liderança sul-americana nutriram uma desconfiança de longa data nos vizinhos daquele entorno, para os quais essa iniciativa era representativa de um *imperialismo por procuração* – expressão diplomática que traduz as atitudes de *subimperialismo* a serviço dos EUA. Mas também os EUA desconfiavam do Brasil, temendo que o país pudesse cercear a obtenção de vantagens daqueles sobre a América Latina. Visando apaziguar ânimos, o Brasil manteve-se linear na conduta defendida em seu discurso, negando intenções de liderança

||||||||||||

entendimentos, assinados já sob o governo Lula, consiste no fato de que se trata do primeiro acordo entre Brasil e Argentina a gozar de decreto legislativo e passar por ratificação do Congresso Nacional, além de incluir em seus artigos menção à cooperação em áreas estratégicas visando ao fortalecimento das indústrias de Defesa de ambos os países. Retomaremos tais pontos com mais profundidade no Capítulo 4.

individual e manifestando interesse em iniciativas mais características de uma liderança compartilhada. Nas relações com a Argentina, principal *parceiro estratégico* da América do Sul, prevalecia um cuidado ainda maior com o discurso. As chamadas parcerias estratégicas[172] não poderiam ser abaladas, visto que eram meio de alcance dos principais objetivos nacionais, para a realização dos quais tanto os Estados Unidos quanto a América do Sul eram de fulcral utilidade. Dessa feita, a liderança encerrou quase sempre um objetivo de bastidor, segredo de Estado, que só podia ser entendido nas entrelinhas discursivas, com base em uma teia de fatos, ou nos documentos classificados que só se abrem ao público a partir de dez anos depois de sua produção.

É, portanto, corajosa a mais recente publicação do embaixador Sérgio França Danese, que franqueia a leigos e especialistas a discussão sobre as formas de liderança mais adequadas às características e às potencialidades do Brasil.[173] Estaria essa publicação relacionada à

||||||||||

172 Para Cervo, no rol dos paradigmas que direcionam o comportamento externo do Brasil, de modo geral, o de parceria estratégica sintetiza todos os demais, consistindo no estabelecimento pragmático de parcerias utilitárias. Cervo, *Inserção internacional: formação dos conceitos brasileiros*, p.224-6.

173 O livro *Escola da liderança* brinda aos historiadores das relações internacionais mais um aporte para explicar o passado pelo presente, ou encontrar num objetivo confesso da atualidade a explicação para atitudes antes descoladas e incompreendidas. Constitui, ao mesmo tempo, fonte documental primária, uma vez que pode ser tomado como depoimento de um ator da diplomacia – que não é uma mera reprodução ou síntese do discurso diplomático – e, em certa medida, uma baliza teórica, já que coteja o ponto de vista de diferentes pensadores das relações internacionais, principalmente aqueles que se dedicaram ao estudo da liderança. Obviamente, não é um texto neutro. Todo ator diplomata, assim como qualquer ator militar, sempre formulará suas questões e respectivas respostas dentro da lógica de mundo de sua instituição. E isso fica patente quando, em alguns de seus artigos, Danese atribui aos diplomatas o mérito pela consolidação do Estado brasileiro, bem como pela construção da nação. Reproduzindo um tradicional modo de pensar da chamada casa de Rio Branco, o autor sugere que antes mesmo da Independência o Brasil já existira no imaginário diplomático. E evidentemente, sentindo-se baluartes da nação, os diplomatas também seriam os mentores e executores da afirmação da liderança do Brasil. Tanto que não é outro senão um representante da diplomacia que vem, através de seus escritos, convocar a

mudança de postura discursiva da diplomacia brasileira? É precipitado afirmar, mas o fato é que, como admite Danese:

> O tema da liderança se instalou no debate brasileiro sobre política externa e desperta não poucas interrogantes dentro e fora do Brasil – a quem, como, quando, a que custo, com que objetivos, com que experiência, com qual poder, em que temas e com que capacidade de convocação liderar.[174]

A coletânea de Danese representa, em parte, o rompimento do silêncio, a quebra de tabu da diplomacia brasileira, que agora deixa às claras as áreas em que a liderança brasileira surge como referência:

> [...] a integração sul-americana, a ampliação e o aprofundamento do Mercosul, a questão da liberalização comercial no hemisfério (a chamada Área de Livre-Comércio das Américas ou geometrias que a substituam parcialmente), as negociações na Organização Mundial do Comércio, as possibilidades de associação Sul-Sul em foros específicos (o G-20 na OMC) ou como vocação multissetorial (o foro IBAS, reunindo Brasil, Índia e África

||||||||||

comunidade acadêmica e política a respaldar o exercício do papel que é brasileiro por natureza e vocação. Envolto pela discrição que caracteriza sua profissão, não é Danese quem indica que seu livro retrata a visão do Itamaraty. Essa é uma suposição que se inspira no fato de que o processo de socialização da carreira diplomática, pelo qual passa todo postulante a ela, incute no indivíduo que nela ingressa o chamado espírito de corpo, que se expressa também na maneira em que ele manifesta sua própria visão de política externa. Por outro flanco, não se pode tomar esta como a única interpretação do pensamento do Itamaraty, porque, assim como os militares – pedindo licença para tomá-los mais uma vez como parâmetro comparativo –, os diplomatas também padecem de dissidências valorativas. Entretanto, se é a hierarquia que rege as duas instituições, é possível crer que o pensamento ora expresso é aceito pela instituição, já que não recebeu rechaço de seus superiores ou demais pares – a exemplo da recusa que sofreram os textos do embaixador Samuel Pinheiro Guimarães, durante a gestão de Fernando Henrique Cardoso.
Cf. Danese, *A escola da liderança. Ensaios sobre a política externa e a inserção internacional do Brasil*, p.171.
174 Ibid., p.11.

do Sul, o grupo BRIC's, ainda que este inclua, ao lado do Brasil, China, Índia e Rússia, membro do G-8) e a reforma do Conselho de Segurança das Nações Unidas [...].[175]

Mas partindo à mensagem que nos interessa, Danese deixa explícito que a emergência do debate sobre a liderança regional brasileira representa a chegada de uma etapa havia muito almejada. De acordo com ele, o Brasil exerceu, durante todo o tempo em que buscou consolidar sua própria identidade e melhorar sua base real de poder, uma liderança suave – ou *soft leadership*.[176] Ao ver cristalizada sua democracia, ao assistir à marcha de seu progresso social, de seu crescimento real e, principalmente, ao perceber-se como pedra angular dos processos de integração regional na América do Sul, o país agora se consideraria pronto a "exercer formas de liderança mais explícitas", coadunadas com "o poder nacional" e a "visão de mundo brasileira". Danese sustenta que o Brasil nunca se sentiu à vontade para assumir sua vocação de liderança e, justamente por não fazê-lo no passado, ainda não domina esse exercício completamente. Eis o que, na visão dos diplomatas, parece representar o Itamaraty hoje: a vanguarda da liderança brasileira, ou, ao menos, a "Escola da liderança".

Em contrapartida, liderança não se impõe, mas se exerce. Ao mesmo tempo, não se autointitula um líder, mas reconhece-se um. Danese se mostra consciente dos efeitos desastrosos que o anúncio de liderança sem lastro pode causar, e expõe as duas frentes de resistência que o Brasil encontra no desempenho de sua liderança: uma interna e outra externa. A falta de aderência política nacional, caracterizada pelas críticas acerca dos custos que a liderança enquanto "simples voluntarismo da política externa do Brasil" acarreta, é uma das frentes de contenção, segundo ele. O embaixador defende que,

||||||||||||

175 Ibid., p.11-2.
176 Ibid., p.23-43.

sem o reconhecimento e a legitimidade da sociedade brasileira, as ações da diplomacia com vistas a fazer do país um líder ficam paralisadas. Por isso, apela à sociedade e aos partidos políticos para que juntos forjem o consenso que endossará deliberações para a prática da liderança do país.[177] Tendo em vista que o livro é uma coletânea dos artigos que Danese veio publicando na imprensa escrita brasileira e em periódicos especializados desde 1993, pode-se presumir que desde então o próprio Ministério das Relações Exteriores vem avalizando, de certa forma, uma propaganda não oficial para que a percepção de liderança torne-se uma cultura coletiva. Supõe-se, ademais, pelos canais de publicação dos artigos,[178] que é buscado um diálogo com acadêmicos, políticos e com a sociedade em geral, no sentido de facultar a discussão e, ao mesmo tempo, de convencer que o Itamaraty é a única autoridade, por excelência, apta a pôr a liderança em prática. Percebe-se em sua mensagem um esforço em incentivar o ambiente doméstico a reconhecer os atributos de liderança de seu país, por meio da abertura à sociedade sobre informações acerca de sua capacidade real e intangível,[179] bem como de sua vocação natural, sem, no entanto, deixar de ressaltar que o sucesso da empreitada depende da eficiente centralização do aspecto prático, pelo Itamaraty.

Por outro lado, parecendo preocupado em salientar a modéstia da diplomacia brasileira e, por que não, em remediar certa falta de

||||||||||||

177 Ibid., p.172.
178 Os textos que compõem a coletânea foram divulgados nos jornais *Valor Econômico* e *Folha de S.Paulo* e nas revistas *Política Externa*, *Revista Brasileira de Política Internacional* e *Carta Internacional*.
179 Elencam as Fontes de Poder Intangível, conforme Karen Mingst, as percepções coletivas sobre si mesmo que sustentam uma imagem nacional: por exemplo, a autoimagem sobre o poderio existente ou passível de conquista, ou um sentimento de responsabilidade pela paz regional ou mundial, ou por promover ajuda ao estrangeiro. De acordo com a autora, o Canadá é elucidativo de como foi bem exitosa a forjadura de uma imagem nesse sentido, e quão aderida ela foi pela população. Entretanto, ela adverte que só se alcança o poder por meios intangíveis, se o contexto for favorável à absorção das ideias propostas. Ver: Mingst, *Fundamento de las relaciones internacionales*, p.197.

autoestima de nossa sociedade, o embaixador não se descuida em evidenciar que a liderança não é uma pretensão, mas uma condição. Aliás, nesse ponto coincide a opinião de Oliveiros Ferreira, segundo a qual nem o Mercosul nem qualquer outra iniciativa integrativa seria viável sem a tomada de rédea do Brasil, como mostra um trecho de entrevista que nos concedeu:

> O grande problema que você tem na América Latina hoje, na América do Sul, na política latino-americana do Brasil é que, na medida em que nós somos grandes, nós somos os maiores, porém temos vergonha de sermos grandes, nós fazemos o possível para que todas as decisões sejam por consenso. Então, o mais fraco vence. [...] O mais fraco vence, porque o mais fraco pode dizer "eu não quero". Então, você tem que concordar com o mais fraco. Por isso que o Mercosul não vai para frente. Veja a União Europeia, não tem consenso. A União Europeia é voto proporcional: território, PIB e população. Eu posso até fazer um arranjo como eles, estão tentando fazer isso. Eu posso fazer um arranjo para que os pequenininhos tenham um pouquinho mais de voz. Mas desde que os grandes continuem com o peso de grandes. Por que se teve veto no caso do Conselho de Segurança? [...] O Uruguai tem o mesmo peso do Brasil, o Paraguai tem o mesmo peso do Brasil? Não entra na cabeça de ninguém, de nenhum europeu. Mas na cabeça do Brasil entra. Agora, o que acontece nas negociações com a Argentina? Você precisa negociar com os argentinos, precisa negociar em linha branca, precisa negociar automóveis. Eles não têm livre trânsito para o açúcar. Não querem e o Tratado não importa. E o mais fraco vence.[180]

Ferreira ressalta que não se trata de imposição brasileira, mas de um consenso necessário.

||||||||||||

180 Ferreira, Entrevista concedida à autora. Campinas (SP), 2008.

[...] temos que chegar a um acordo em que o peso do país tenha que ser determinante na votação das políticas. A história de Itaipu como foi que decidiu? [...]. O governo Geisel estava no Estado-Maior do Exército. Os generais diziam "ah, nós não entendemos por que o Itamaraty fez essa besteira de fazer Itaipu. O Paraguai tem a mesma posse que a gente? Porque para comprar um parafuso precisamos do voto do Paraguai? Os militares fizeram Itaipu por causa da geopolítica. Foi simplesmente porque não queriam ter uma briga com o Paraguai, por causa de um pedacinho de terra.[181]

Logo, parece não ser incomum que se pense no Brasil que, apesar de o país reconhecer suas potencialidades, ele hesitou, por muito tempo, em alardeá-las, por receio da reação de seus vizinhos. Parece se destacar no bojo da diplomacia brasileira uma visão de que, muito embora não exista na vizinhança nenhum país que se equivalha ao Brasil nos quesitos para liderar, impera entre os vizinhos uma autoimagem de superioridade não condizente com sua realidade. Esse é mais um exemplo de como a visão de si modela, por comparação, a visão que o Brasil tem de seus vizinhos.

Cervo, por exemplo, acredita que esteja viva na América Latina em geral, com exceção do Brasil, uma faceta, ou um aspecto do nacionalismo com tendências "nada racionais" e que orientam o autoconceito dos diferentes povos. E sobre a forma como o Brasil reage a isso, ele avalia:

> Com isso o Brasil tem dificuldade de lidar, porque ele é grande. O Brasil é grande, é a metade da América do Sul. Ele tem dificuldade de lidar com a vizinhança. Por isso, o paradigma da *cordialidade oficial*, que deriva da nossa identidade cultural, é o mais adequado para evitar conflitos.
> [...] Então, nesse ponto acho que a cultura brasileira é a chave para o bom relacionamento na América do Sul, especialmente. Mas na América

||||||||||||
181 Ibid.

do Sul, essa identidade nacional brasileira, as derivações dela para a política exterior, para as relações com a vizinhança, condicionam as relações com a vizinhança. Por exemplo, veja o bolivarismo, veja a Venezuela de Hugo Chávez: nós queremos determinar a ordem, não só a ordem da organização interna dos Estados, mas a ordem regional, o processo de integração. Nós é que vamos imprimir esse Mercosul arcaico, atrasado, superado. Isso deve ser eliminado. Vamos passar para outro processo de integração... Isso é prepotência, quer dizer autoconceito sobrelevado acima dos meios. Por mais petróleo e dólares que tenha a Venezuela, ela não tem condições de estabelecer as relações e as regras nessa ordem, nesse direcionamento; de conduzir o processo de integração. [...] Então, nós lidamos, na América do Sul, com nacionalismos muito exacerbados.[182]

Seria uma exclusividade do Brasil saber atrelar sua política externa a um "nacionalismo de fins", de forma desvinculada de ideologias ou premissas limitadoras. O contraste entre a racionalidade brasileira e a passionalidade dos vizinhos sul-americanos é constantemente explorado também nos textos que o embaixador Danese compilou, como justificativa do modelo de política exterior que o país adota em relação a eles. Tal autopercepção supervalorizada que teriam, na visão do Brasil, os demais povos sul-americanos e seus respectivos mandatários constitui, portanto, uma das fontes externas de resistência à sua liderança – segundo interpreta a diplomacia brasileira. Além disso, como pontua Danese, a singularidade do modo de construção do Estado brasileiro continua sendo motivo de preconceito por parte dos vizinhos.[183]

||||||||||

182 Cervo, Entrevista concedida à autora. Brasília (DF), fevereiro de 2008.

183 O embaixador ressalta que esse preconceito compeliu o Brasil a adotar atitudes reiteradas no sentido de criar uma "ontologia de país em desenvolvimento" e um sentimento de pertencimento à América do Sul. Ou seja, foi e continua sendo preciso "forjar" uma identidade. A aliança com a Argentina teria sido ostensivamente direcionada a esse fim. Danese, op. cit., p.96 e 107.

Império escravocrata e estável em meio a uma América Hispânica republicana e instável, país continental com fronteiras solidamente estabelecidas diante dos vizinhos que sofreram alguma forma de "síndrome de território minguante", único país lusófono em um continente de fala castelhana, cioso dos seus direitos e orgulhoso dos seus vínculos especiais – com a Europa ou os Estados Unidos, país de economia dinâmica, mas ao mesmo tempo subdesenvolvido, atrasado, emperrado e sem maior integração social ou política interna, o Brasil enfrentou, desde sempre, a resistência interna dos seus vizinhos ou de parcelas importantes das elites desses vizinhos a que reivindicasse ou exercesse qualquer tipo de liderança ou papel de preeminência ou mesmo de *primus inter pares* na sua região.[184]

E assim, países como México, Argentina, Chile, Venezuela e Peru não admitiriam a legitimidade da liderança brasileira pelo simples motivo de considerarem que todos têm condições semelhantes às que têm o Brasil para liderar a região, o que geraria, por sua vez, uma competição perene, e a composição de um "sistema latino-americano" de equilíbrio de poder, de difícil dissolução. A despeito de em alguns artigos Danese afirmar que o país não pretende se salientar em relação aos seus vizinhos e que isso tampouco representava sua opinião, os dizeres abaixo parecem representar a visão do Itamaraty: o Brasil seria único, em termos de condições irrefutáveis de liderar:

"[...] Pode-se argumentar, em favor do Brasil, que o diferencial de peso específico é tal que essa visão sistêmica da América Latina como equilíbrio de poder não resistiria à análise e se justificaria apenas por um erro de avaliação, por ciúmes ou ainda por um espírito exacerbado de falsa rivalidade", sugere que a autoimagem do Brasil enquanto país grande e ímpar gere a sensação de condição absoluta de liderança.[185]

||||||||||||

184 Ibid., p.165-6.
185 Ibid., p.166.

Ademais, Danese sustenta ao longo de seus textos que a liderança pretendida pelo Brasil é isenta de intenções hegemônicas e está baseada na vontade de compartilhamento de benefícios. Ao mesmo tempo, ele pondera que o vínculo bolivarista que alguns países da América do Sul ainda atribuem, por identidade, à integração, segue constituindo um obstáculo, na medida em que é impossível haver uma região livre de hegemonias.[186]

De qualquer forma, é preciso antes de mais nada deixar claro, dentro e fora do Brasil, que a suposta ausência da liderança própria na nossa região ou em processos em que a região esteja engajada não cria uma "região livre de hegemonias", mas um vazio de poder que é imediatamente preenchido... sem qualquer controle, sem qualquer método de *check and balances* inerente a todo o processo de liderança, sem qualquer compromisso maior com a região. Em detrimento da região e de cada país.[187]

Pensando na liderança como a percepção mais forte a condicionar atualmente as pretensões brasileiras com a cooperação regional,[188] torna-se mais fácil compreender o porquê de o conceito de parceria estratégica, posto em prática nos tempos do barão, não ter ainda caído em desuso. Ele ainda baliza a atuação brasileira no cultivo de uma relação histórica com os Estados Unidos, vista como essencial para a consagração dos propósitos nacionais e para sua projeção regional. E fundamenta o modelo de associação que o Brasil definiu praticar com a Argentina. Do início ao fim dos dois mandatos de Cardoso, a percepção de liderança tanto condicionou a rivalidade que se mantinha latente – porém cultivada nos bastidores –, como limitou o alcance

||||||||||||

186 O que denota, por outro lado, que apesar das iniciativas atuais do Brasil em relação à parceria com alguns países de tendência bolivarista, sobrevive no Itamaraty uma resistência ao raciocínio de integração relacionado a tal inclinação.
187 Danese, op. cit., p.175.
188 No Capítulo 4, trataremos de forma elucidativa de casos em que a projeção da liderança brasileira paralisou entendimentos com a Argentina em matéria de Defesa.

operacional da cooperação com a Argentina. Finalizando com alguns exemplos, o ano de 1995 foi marcado pelo cuidado brasileiro em não deixar que as iniciativas argentinas na solução do conflito entre Peru e Equador a qualificassem como líder nos processos de pacificação regionais.[189] No mesmo ano, as negociações brasileiro-argentinas para assunção de posições conjuntas na reunião sobre Defesa que aconteceria em Williamsburgo, que, diga-se de passagem, ocorreram em clima amistoso, foram relatadas nos bastidores do Itamaraty com tom de incômodo com a pretensão argentina de sediar o encontro seguinte.[190] Com relação à possível coordenação argentina de missões de paz da ONU, foi costumeiro ao longo dos dois mandatos de Cardoso o monitoramento por parte da diplomacia brasileira às condições e aptidões de seu vizinho para tal desempenho. Em 1996, a operação argentina na antiga Iugoslávia sofrera contestação, motivo pelo qual havia grande possibilidade de a tropa ter que se retirar. As sugestões da ONU eram para que os chamados "cascos azuis" argentinos migrassem da Croácia para Angola, o que não agradava ao governo de Menem, cujo desejo era de permanência na missão original. Por isso, a Argentina investia em uma reviravolta. Para o Brasil, tratava-se de momento decisivo. Se conseguisse o almejado, a Argentina

||||||||||

189 Em 02/02/95, Marcos Castrioto Azambuja adverte o ministro Lampreia que convença o presidente Fernando Henrique Cardoso a se comunicar com o presidente Clinton, enviando mensagem de conforto pelo fato de o último ter, naquele período, passado por importante litígio com o Congresso e com a Opinião Pública estadunidenses. O gesto recomendado teria como objetivo ofuscar a atitude argentina junto a Clinton de felicitações pelo apoio dos EUA à crise mexicana. Azambuja teria tomado conhecimento do gesto argentino pelo próprio presidente Menem. Ver: MSG OF 00116Z de 02/02/95, minuta: Urgentíssimo, Dist: DAM I/DCS/DPF/DEA/DAM II, Desc: POIN BRAS ARGT PEXT PERU, Confidencial. Desclassificado de acordo com o dec. 5.301 de 09/12/2004. Disponível no Arquivo Histórico do Ministério das Relações Exteriores.

190 Sobre isso, porém, Azambuja opina a Lampreia: "acredito que se o Brasil desejar acolher esse futuro encontro a Argentina nos cederia a vez, com naturalidade". MSG OF00914A de 19/07/95, Urgentíssimo, PEXT BRAS ARGT, Confidencial. Desclassificado de acordo com o dec. 5.301 de 09/12/2004. Disponível no Arquivo Histórico do Ministério das Relações Exteriores.

seria investida de maior reputação perante a ONU e o Conselho de Segurança, o que possivelmente a favoreceria quando se decidissem os países componentes de futuras missões. Se tivesse, entretanto, que se retirar, cairia em desprestígio na comunidade internacional. Está implícito que ao Brasil interessaria mais a segunda situação,[191] tanto que, uma vez estabelecida a polêmica, a embaixada do país em Buenos Aires acompanhava a ocorrência de situações que desacreditavam seu vizinho.[192] O Brasil desconfiava também das intenções argentinas em relação às chamadas "Operações de Cascos Blancos", e por isso não cedeu apoio quando recebeu do embaixador argentino Frigerio um pedido para que fossem designados voluntários brasileiros e/ou para que o Brasil endossasse o pedido argentino ao BID de financiamento daquelas operações.[193] Paralelamente às prevenções brasileiras, a Argentina seguia seu objetivo em diferentes campos. Em 1997, seu tentame de esconder de seus vizinhos as tratativas de composição de uma força ibero-americana de paz em associação com a Espanha acabou malogrando, despertando mal-estar no Brasil e demais países sul-americanos.[194] Mas, sincronicamente a tais situações de disputa, ocorriam os encontros bilaterais na área de Defesa,[195] prevendo

||||||||||||

191 MSG OF00071BX de 12/01/96 Normal, DAMI/DNU/DE II, PEMU ONU, Confidencial. Desclassificado de acordo com o dec. 5.301 de 09/12/2004. Disponível no Arquivo Histórico do Ministério das Relações Exteriores.

192 "Buenos Aires busca de todas as maneiras mostrar-se um parceiro confiável do primeiro mundo, mas ao mesmo tempo se envolve em operações de comércio de armas para regiões de conflito, onde observadores ou soldados seus agem como mantenedores da paz", escreve Azambuja a Lampreia. Cf. ibid.

193 "Reitero ainda minha percepção de que todo o projeto Cascos Blancos seja mais uma projeção das ambições do presidente Menem quanto a uma eventual nomeação sua para um prêmio Nobel da Paz do que um instrumento significativo de cooperação internacional", posiciona-se Azambuja. MSG OF01588BX de 31/10/96, Normal, ABC/DEA/DAM-I, PEXT, Confidencial. Desclassificado de acordo com o dec. 5.301 de 09/12/2004. Disponível no Arquivo Histórico do Ministério das Relações Exteriores.

194 MSG OF01213Z de 11/09/97, Normal, DNU/DAM-I/DMC, PEXT ARGT, Confidencial. Desclassificado de acordo com o dec. 5.301 de 09/12/2004. Disponível no Arquivo Histórico do Ministério das Relações Exteriores.

195 Sobre os quais discorrerá o Capítulo 4.

cooperação e elaboração de políticas comuns. A institucionalização das medidas cooperativas discutidas naquelas reuniões sofria, porém, recorrentes embargos, geralmente originados por recomendação do Itamaraty para que se trabalhasse com informalidade institucional e flexibilidade de agenda.[196]

Há, todavia, um momento específico em que o Brasil se mostra mais estimulado a reforçar laços com a Argentina, não só no campo da Defesa como em diversos outros. Trata-se de uma ocasião, em 1999, já no segundo mandato de FHC, em que o Itamaraty realiza um balanço dos resultados da Cimeira do Rio de Janeiro. Sobre isso, o embaixador Sebastião do Rego Barros, da embaixada do Brasil em Buenos Aires, escreve ao então chanceler Celso Lafer, narrando os efeitos da cimeira sobre a opinião argentina que, para ele, consolidava a liderança brasileira na região:

> Os mesmos observadores têm-me manifestado explicitamente a per-cepção de que sem a liderança brasileira teria sido impossível alcançar os resultados positivos da cimeira. Esta convicção não se limita a mais este inegável êxito brasileiro, pelo qual felicito vossa excelência: estende à par-ticipação decisiva do país na solução das últimas crises de governabilidade do Paraguai, à superação do conflito fronteiriço entre o Peru e o Equador, ao desenvolvimento da estratégia negociadora na Alca, à solidez e consis-tência, enfim de nossas posições em temas cruciais da agenda internacional contemporânea, tanto em suas vertentes política como econômica. O Bra-sil é visto cada vez mais por nossos vizinhos da América do Sul como um "regional balancer", cuja ascendência se impõe não apenas pela dimensão de seu mercado, mas principalmente pela legitimidade e equilíbrio de sua atuação nos concertos regional e internacional.[197]

||||||||||||

196 O que também será abordado no Capítulo 4.
197 SEDNET QD BRAZNET ARTBREM 022023 OF00854A TEKA CO, em 02/07/99 (APLR-E98IIFJ8), Confidencial. Desclassificado de acordo com o déc.

A continuação do relato sobre os efeitos da cimeira também sinalizava que o reconhecimento da própria Argentina sobre a "vocação brasileira para uma liderança moderna, propositiva e de corte não hegemônico" abria caminhos para um novo momento cooperativo entre os dois países, com chances de avançar a um "pequeno *maastrich*", no âmbito do Mercosul.[198] O próprio empresariado argentino pedira diretamente ao presidente Cardoso que estabelecesse políticas mais rígidas para que o Brasil fixasse sua liderança sobre o Mercosul, o que para Rego Barros sugeria que a questão da disputa brasileiro--argentina pela liderança regional já se fazia resoluta, em favor do Brasil, podendo o país voltar a investir na ampliação da agenda integrativa, que deveria incluir, nas palavras de Rego Barros:

[...] O desenho de um plano ambicioso de infraestrutura para a integração regional, inclusive com o desenvolvimento de novos mecanismos de fomento e de captação de investimentos para viabilizar estes projetos; uma participação mais efetiva do Brasil, em coordenação com os Estados Unidos, no processo de paz colombiano, um foco de instabilidade que será cada vez mais nocivo para os interesses nacionais; uma posição mais proativa em temas de segurança e Defesa, principalmente na reativação de uma indústria bélica, agora em bases regionais, as quais, a um tempo, assegurariam a escala necessária para a viabilização de projetos de grande impacto na geração de empregos, atração de investimentos e de incentivo à pesquisa científico-tecnológica, sem despertar temores de desequilíbrios estratégicos na América do Sul.[199]

||||||||||||

5.301 de 09/12/2004. Disponível no Arquivo Histórico do Ministério das Relações Exteriores.

198 Ibid. Observação: O Tratado de Maastrich, assinado em 1992, fixava os princípios integrativos da então Comunidade Europeia, hoje União Europeia.

199 SEDNET QD BRAZNET ARTBREM 022023 OF00854A TEKA CO, em 02/07/99 (APLR-E98IIFJ8), Confidencial. Desclassificado de acordo com o dec. 5.301 de 09/12/2004. Disponível no Arquivo Histórico do Ministério das Relações Exteriores.

A última parte do relato de Rego Barros deixa claro, porém, que o objetivo principal de tais iniciativas seria a consagração do Brasil como líder regional, o que por sua vez garantiria o aumento de sua força diante do mundo, sem deixar de ser benéfico a todos os países da cercania:

> Em síntese, o que tenciono destacar aqui é a necessidade premente de darmos um salto qualitativo na projeção de nossos interesses em nossa região e em todo o mundo. Essa liderança brasileira na construção de um espaço que se possa postular internacionalmente como um centro de força, de estabilidade e de previsibilidade parece-me algo que, ademais de não contradizer os interesses norte-americanos na região, consulta, principalmente, as prioridades de nossos parceiros sul-americanos.
>
> As circunstâncias históricas da atualidade, bem como a capacidade intelectual e política de nossas principais lideranças no campo da política externa são a melhor garantia de que as condições objetivas para este salto estão dadas, e não deveriam ser desaproveitadas. O Brasil, sem ser arrogante, não pode temer – e tampouco ter culpa de seu tamanho e sua capacidade real de influenciar os rumos da América do Sul. A prioridade nacional da busca do desenvolvimento sustentado deixou de ser, como o imperativo da globalização, um projeto que se esgota dentro de nossas fronteiras. Nossa prosperidade hoje depende cada vez mais do desenvolvimento de nosso entorno regional. Sem isso, dificilmente teremos paz ou estabilidade em nossa vizinhança.[200]

O desejo pela liderança ou mais do que isso – a percepção de si enquanto único país sul-americano apto a exercer a liderança na região – explica, por um lado, a preservação, por parte da diplomacia brasileira, de uma memória de rivalidade a guiar, nos bastidores, as decisões em relação a seu vizinho, as quais devem primar pela cautela,

||||||||||||

200 Ibid.

pela informalidade institucional e pela flexibilidade de agendas; e, por outro, a sobrevivência de um modelo pragmático e instrumentalista de cooperação – herdado da era Rio Branco – que é o pilar principal da histórica investida brasileira na divulgação de uma imagem fraterna, pacífica e cooperativista, base da constituição da fonte brasileira de poder intangível.[201] A cooperação internacional constituiu, portanto, desde a era Rio Branco até hoje, o caminho mais seguro para a projeção da liderança brasileira. É essencial manter essa noção em mente.

---

201 Elencam as *Fontes de Poder Intangível*, segundo Karen Mingst, as percepções coletivas sobre si mesmo que sustentam uma imagem nacional: por exemplo, autoimagem sobre o poderio existente ou passível de conquista, ou um sentimento de responsabilidade pela paz regional ou mundial, ou por promover ajuda ao estrangeiro. De acordo com a autora, o Canadá é elucidativo de como foi bem exitosa a forjadura de uma imagem nesse sentido, e quão aderida ela foi pela população. Entretanto, ela adverte que só se alcança o poder por meios intangíveis, se o contexto for favorável à absorção das ideias propostas. Mingst, *Fundamento de las relaciones internacionales*, p.197.

3 ENTRE A TEORIA E A HISTÓRIA: PARTICULARIDADES DA DINÂMICA DECISÓRIA NA POLÍTICA EXTERNA BRASILEIRA

DEPOIS DE DEDICAR OS PRIMEIROS CAPÍTULOS ao estudo das crenças e ideias que moldam as opções de política externa do Brasil com a Argentina,[1] aqui exploramos as especificidades do processo decisório brasileiro em política externa enquanto outro importante condicionante estrutural do relacionamento bilateral estudado por nós. Constatar-se-á que algumas particularidades históricas do processo de elaboração e decisão da política exterior brasileira contribuem, em dada medida, para a cristalização da linha de conduta externa do Brasil, ainda que recorrentemente sejam impostos a essa linha novos desafios conjunturais. Em primeiro lugar, é válido apontar que a decisão em política externa no país, salvo raras exceções, não está sujeita à efetiva avaliação e contrabalanço do Parlamento, e é tomada de forma alheia ao conhecimento da sociedade em geral. Nos assuntos referentes à Defesa, como é o caso que buscamos enfocar,

||||||||||

1 Sendo que escolhemos dois padrões que acreditamos ser capitais para a compreensão da visão brasileira: o de rivalidade e o de cooperação.

a situação é mais enfática por estar relacionada à dupla via de uma problemática constituída, de um lado, pelo desinteresse parlamentar e pela apatia pública quando se trata de problemas daquela envergadura e, por outro, pelo interesse de ambas as esferas da política externa – Defesa e diplomacia – de que esse afastamento perdure. Tal condição, por sua vez, tem que ver com a maneira exclusiva com que os agentes daquelas duas esferas – os militares e os diplomatas – enxergam as questões nacionais e seu papel diante delas. Trata-se, portanto, de um processo decisório dotado de significante complexidade. Todavia, longe de encerrar o problema, se Defesa e diplomacia, teoricamente, constituem duas partes de um todo, devendo, por isso, trabalhar de modo concatenado e sinérgico, no Brasil o tema da Defesa ainda se enclausura no interior dos muros das Forças Armadas, enquanto outros aspectos de política externa são, em geral, tratados de modo exclusivo pela burocracia diplomática.

Visando sustentar a organização adotada para a exposição de nossa análise sobre o funcionamento da política externa brasileira – a qual busca contemplar a ênfase nos processos que permeiam as relações do Brasil com a Argentina no campo da Defesa –, consideramos relevante, como ponto de origem, deixar alumiada nossa percepção teórico-conceitual sobre o que venha a constituir a política externa e como deve ocorrer sua operacionalização. Em seguida, argumentar-se-á o porquê de a estrutura decisória brasileira ser por nós concebida como um obstáculo de considerável dimensão à institucionalização da cooperação em Defesa com a Argentina.

Eixo teórico-conceitual

Antes de tudo, consideramos apropriado discernir política externa de outros termos que, muitas vezes, são tomados como seus análogos: relações internacionais, política internacional e diplomacia. Chamamos de *relações internacionais* o complexo conjunto de intercâmbios

ENTRE A TEORIA E A HISTÓRIA: PARTICULARIDADES DA DINÂMICA DECISÓRIA NA POLÍTICA EXTERNA BRASILEIRA 189

entre unidades políticas[2] – admitindo, porém, a pluralidade conceitual que enreda o termo.[3] Já a *política externa* é percebida como "o conjunto de ações de um Estado em suas relações com outras entidades que também atuam no cenário internacional, com o objetivo, a princípio, de promover o interesse nacional".[4]

Enfim, compreendemos que a política externa abarque o planejamento e o delineamento da ação externa de um país, tendo em vista o melhor aproveitamento dos ganhos e a minimização de perdas, atendendo, ao máximo, aos interesses do Estado, mediante a fundamentação da ação sobre um rigoroso cálculo estratégico. Em outros termos, as decisões seriam tomadas com baliza em um consistente projeto político de ação externa.

A política externa deve ser diferenciada da *política internacional*, a qual, segundo Gonçalves, corresponderia à "estrutura e funcionamento dos sistemas políticos estrangeiros",[5] em oposição ao

||||||||||||

2 Pistone, Relações Internacionais. In: Bobbio; Matteucci; Pasquino, *Dicionário de política*, p.1089-99.

3 Sob uma perspectiva realista, fundamentalmente, a distinção entre as relações internas e as relações internacionais surge da dupla realidade que vive um Estado: em âmbito interno, ele é soberano e tem legitimidade de impor decisões e diretrizes, mas, no âmbito externo, tem que tentar defender seu interesse nacional junto a uma sociedade anárquica, na qual inexiste uma autoridade suprema reguladora. No entanto, a crença na indissociabilidade entre as relações que ocorrem no âmbito interno e externo de um Estado motivou diversas críticas ao realismo, as quais não merecem nossa atenção agora. Sobre isso, ver: Dougherty; Pfaltzgraff Jr., *Relações internacionais: as teorias em confronto*, p.46.

4 Reynolds, Introducción al estudio de las relaciones internacionales apud Gonçalves, *Relações Internacionais*. Disponível em: <http://www.cedep.ifch.ufrgs.br/Textos_Elet/pdf/WilliamsRR.II.pdf>, p.8. Ver também: Gonçalves; Silva, *Dicionário de relações internacionais*.

5 Dessa forma, de acordo com o autor, um estudioso dedicado ao tema da política internacional deve se debruçar sobre a dinâmica de ação e reação dos povos diante dos desafios mundiais. Gonçalves acrescenta que a segunda alternativa de compreensão de política internacional estaria vinculada à aplicação de ideologias (socialismo, neoliberalismo, terceira via, populismo etc.) aos programas e regimes políticos em todos os Estados do mundo, razão pela qual um estudo de política internacional deve ser necessariamente comparativo. Ver: Gonçalves, op. cit., p.7.

método político particular de ação de determinado país. A compreensão de política externa que aqui se explora afasta o tradicional preconceito de que política externa e Defesa são coisas distintas. É muito comum relacionar a Defesa a um setor mais remoto, um lugar isolado, pouco frequentado e específico ao nicho militar e da guerra, e enxergar a diplomacia como face da paz e da concórdia. Concebemos diplomacia e Defesa como partes de um único todo denominado *política externa*.[6]

A diplomacia e a Defesa, guardadas suas especificidades, são os dois instrumentos por excelência da política externa que atuam para que esta seja, sobretudo, promotora do interesse nacional. É desses dois instrumentos que o Estado lança mão para fazer valer seus fins, depois de auscultados os interesses, no âmbito da intermediação política, e depois de decidido o parâmetro de ação externa.

A diplomacia, por sua vez, refere-se a um método particular de regulamentação, manutenção e condução por intermédio de negociações.[7] Assim, "a arte ou o ofício diplomáticos" estão relacionados menos ao conteúdo que ao procedimento.[8] Quem fornece o teor, ou ainda o objeto da diplomacia, dando-lhe sentido, é a política externa, por isso, "diplomacia sem política não passa de conduta vazia, movimento sem

||||||||||||

6 É certo, entretanto, que tomando por base a ação de governos há na política externa dimensões que podem e devem ser analiticamente separadas, a título de recorte, por exemplo: político-diplomática; militar-estratégica e econômica. Ver: Oliveira, *Política externa brasileira*, p.5.

7 Ostellino, Diplomacia. In: Bobbio; Matteucci; Pasquino, op. cit., p.348-9.

8 Utilizado pela primeira vez em 1796 por Edmund Burke, o termo *diplomacia* deriva do grego *diploma* (*diplôum*), que era "a folha enrolada usada antigamente para leis e editais públicos, e que passou a ser, depois, sinônimo de licença e privilégio concedidos às pessoas". "O uso de mensageiros para dirimir as controvérsias é muito antigo." De acordo com Ostelino, Tucídides, em *A Guerra do Peloponeso*, indicia que os gregos, no século V a.C., já faziam o uso de relações diplomáticas, encarregando como mensageiros indivíduos de caráter inviolável e de grande habilidade oratória. Cf. ibid., p.349. Por outro lado, a cuidadosa preparação dos diplomas indicava a intenção de conservação dos documentos e, automaticamente, o registro de fatos históricos – como a instituição de tratados de paz e aliança, ou o fim de hostilidades.

rumo, ação externa sem estratégia de realização de interesses nacionais e mesmo coletivos", como aponta Cervo.[9] E prossegue:

> Cabe à política exterior agregar os interesses, os valores e as pretendidas regras do ordenamento global, da integração ou da relação bilateral, isto é, prover o conteúdo da diplomacia desde uma perspectiva interna, quer seja nacional, regional, quer seja universal.[10]

A diplomacia deve ser um dos instrumentos legítimos de mediação, dos quais se vale o Estado, para conversão de interesses nacionais em política externa e vice-versa, porém, o todo da política externa só se compõe com a ação complementar da Defesa. Por Defesa entendemos uma política pública que tem como tarefa "compatibilizar a capacidade de combate e os custos das forças com as metas políticas dos governos na cena internacional",[11] sendo composta pelas Forças Armadas, por uma "estrutura integrada de comando e planejamento militar", por uma "suposta" institucionalidade governamental e por uma política declaratória.

A Defesa, no entanto, está relacionada à segurança, numa dinâmica de interpenetração e influência mútua,[12] sendo essencial, por conseguinte, delimitar as diferenças e apontar as conexões entre os dois termos. Enquanto "o conceito de segurança designa um estado de coisas e não uma atividade", como nos lembra Saint-Pierre,[13] a Defesa é a atividade que garante a segurança, a qual, por sua vez, define-se pela "ausência de ameaças para obter valores, e, num sentido subjetivo,

---

9 Cervo, *Inserção internacional: formação dos conceitos brasileiros*, p.9.
10 Ibid.
11 Diniz; Proença Jr., *Política de Defesa no Brasil: uma análise crítica*, p.22.
12 Entrevista com Benedito Onofre Bezerra Leonel. In: Alsina Jr., *Política externa e política de defesa no Brasil: síntese imperfeita*, p.31.
13 Saint-Pierre, Reconceitualizando novas ameaças: da subjetividade da percepção à segurança cooperativa. In: Mathias; Soares, *Novas ameaças: dimensões e perspectivas*, p.24.

mede a ausência do temor de que tais valores sejam atacados".[14] Ainda no âmbito subjetivo, a segurança está condicionada à proteção da identidade, da soberania e dos interesses da nação. Assim, de um processo cooperativo em Defesa – levando-se à risca nossa acepção do termo – espera-se, ao menos, a articulação conjunta de políticas que garantam os interesses vitais de determinada região. Trocando em miúdos, a cooperação regional, em última instância, visa sustentar a ausência de temores e vulnerabilidades, a sobrevivência íntegra, a soberania e os interesses comuns dos povos que compõem determinada aliança. Outro ponto a se discernir é que a segurança enquanto objeto de garantia pela Defesa toma o Estado como referência; logo, as ameaças que propiciariam um estado de insegurança seriam aquelas diretamente relacionadas à soberania, à integridade ou, em suma, à sobrevivência do Estado. Ou seja, não estamos nos referindo à segurança individual ou pública, por exemplo. Nessa direção, concordamos com Alsina Jr., quando assume como pressuposto que a política de defesa, enquanto mantenedora da segurança:

> [...] deva estar centrada nas ameaças do sistema internacional e inserida no escopo mais amplo da política externa – tendo em mente que a diplomacia e as Forças Armadas representam os vetores clássicos das relações exteriores do Estado Moderno. Isso ocorre porque, na qualidade de política pública indelegável – a não ser que se imaginem novas formas de organização político-social diversas das atualmente disponíveis –, a defesa nacional está inscrita no âmbito das atribuições fundamentais do Estado territorial soberano.[15]

Deixando em evidência os possíveis equívocos que possam se interpolar entre os conceitos de Defesa e de segurança, finalizamos

---

14 Wolfers, National Security as an ambigous symbol, apud Saint-Pierre, op. cit., p. 24.
15 Alsina Jr., op. cit., p.34.

reforçando a ideia de que uma política de defesa resume seu significado quando inserida no seio da política externa e vice-versa. A atuação autônoma dessas duas esferas torna inconsistente a defesa dos interesses nacionais. No caso específico de políticas de cooperação bilateral que envolvam o campo estratégico, como é o caso do tema deste livro, é imprescindível que se conte com o diálogo entre os dois instrumentos de mediação – diplomacia e defesa – e, principalmente, com a efetiva subordinação desses instrumentos ao campo político. Por outro lado, a política de Defesa deve ser compatível ao planejamento da ação diplomática e vice-versa.

A concepção de indivisibilidade entre diplomacia e defesa na constituição da política externa é lugar-comum no diálogo entre a história e a teoria das relações internacionais, como se discorre a seguir. Para Aron, diplomacia e estratégia, antes de tudo, "denotam aspectos complementares da arte única da política – a arte de dirigir o intercâmbio com os outros Estados em benefício do 'interesse nacional'".[16] É salutar que a estratégia auxilie a diplomacia no desenvolvimento de uma habilidade especial para evitar colisões no momento de afirmação dos interesses nacionais e, por outro lado, é a diplomacia que avalia quão segura é a trilha pela qual devem ser conduzidas as negociações.[17] Isto é, trata-se de dois prismas cuja integração se faz imprescindível.

A primeira premissa de Aron para afirmar que diplomacia e estratégia são duas atividades complementares e interdependentes está na ideia de que as relações internacionais desenvolvem-se sob a

---

16 Aron, *Paz e guerra entre as nações*, p.73.
17 No entanto, o diplomata tem de tomar emprestada a "visão estratégica" do militar para saber agir rápida e precisamente, "sob pena de ser tachado de oportunista ou, o que é pior, correr o risco de perder posições irrecuperáveis". Sua ação deve ser equilibrada – "porque tem que ser coerente com os objetivos desejados e coerente com os desígnios da Nação" – e deve também ser prospectiva, "para que não comprometa posições futuras que possam favorecer os objetivos nacionais". Cf. Menezes, *O militar e o diplomata*, p.20.

possibilidade da guerra, ou seja, "as relações entre Estados se compõem, por essência, da alternativa da guerra e da paz".[18] Entretanto, a guerra de que fala Aron não é, necessariamente, o conjunto de ofensivas e defensivas armadas, a batalha em si, mas sim, tal como consagrou Clausewitz,[19] é a guerra como continuação da política,[20] que, por sua vez, é consignada pelo jogo realizado entre os Estados para prevalência de suas vontades.[21] Aron defende que o objetivo último de toda sociedade é a paz – ou a supressão das rivalidades entre os Estados –, e que se pode alcançar a paz por três meios, ou pela combinação deles: pelo equilíbrio de poder, pela hegemonia ou pelo império. As três modalidades, todavia, ocorrem pela imposição das capacidades de um Estado a outro (ou de um grupo de Estados a outro), não excluindo, assim, a violência em seu sentido mais amplo. Daí deriva a dialética da guerra e da paz proposta pelo autor[22] e a consequente ideia de que diplomacia e estratégia devem se complementar.[23] É recomendável que a estratégia endosse a atividade diplomática em período de trégua e, em contrapartida, "as declarações,

||||||||||

18 Aron, op. cit., p.23.
19 Clausewitz, *Da guerra*, p.27.
20 Aron interpreta que a fórmula de Clausewitz – "a guerra não é apenas um ato político, mas um instrumento real da política, uma busca de relações políticas, uma realização de relacionamentos políticos por outros meios" – não representa a manifestação de uma "filosofia belicista, mas a simples constatação de uma evidência: a guerra não é um fim em si mesmo, a vitória não é por si um objetivo. O intercâmbio entre as nações não cessa no momento em que as armas tomam a palavra: o período belicoso inscreve-se numa comunidade de relações que é sempre comandada pelas intenções mútuas das coletividades". Ver: Aron, op. cit., p.71.
21 Ibid., p.127.
22 Ibid., p.220-3.
23 Aron descreve a sutileza do limite entre diplomacia e estratégia: "Chamemos de *estratégia* o comportamento relacionado com o conjunto das operações militares, e de *diplomacia* a condução do intercâmbio com outras unidades políticas. Tanto a estratégia quanto a diplomacia estarão subordinadas à política, isto é, à concepção que a coletividade, ou aqueles que assumem a responsabilidade pela vida coletiva, fazem do 'interesse nacional'. Em tempo de paz, a política se utiliza de meios diplomáticos, sem excluir o recurso às armas, pelo menos a título de ameaça. Durante a guerra, a política não afasta a diplomacia, que continua a conduzir o relacionamento com os aliados e

notas, promessas, assim como as garantias e as ameaças fazem parte do arsenal do chefe de Estado, durante a guerra".[24]

Em *Introdução à história das relações internacionais*, Duroselle dialoga com Aron[25] e convida-nos a pensar como o espectro da guerra pode agir como condicionante na decisão de um Estado. A guerra, ainda que meramente hipotética, é passível de surtir importante efeito psicossocial e político, influenciando a decisão do homem de Estado de modo que este execute mudanças não apenas sobre os acontecimentos, mas sobre a conjuntura e sobre a própria estrutura das sociedades. Além disso, por meio do que chama de "guerra psicológica" ou da atividade essencial a qual dá o nome de "propaganda", um Estado pode exercer influência sobre as forças coletivas de outro Estado. Então, uma vez que o discurso diplomático de um Estado tem como escopo último moldar a visão que outras coletividades têm dele e, assim, levar esses outros Estados a alterar uma decisão em detrimento daquilo que era seu interesse inicial, ele está associado a uma prática estratégica. O discurso diplomático é, portanto, um exercício de poder que não deve desconsiderar o cálculo de meios e fins realizado com o auxílio da Defesa.

Não obstante, a fim de destacar o poder da "propaganda" sobre a dinâmica das relações internacionais, Duroselle difere-a da "informação":

> Quando um governo entende dar uma justa versão dos fatos, chama a esta iniciativa de "informação". Mas raros são os casos em que ele dá informações, sem ter desígnios ocultos. Sua informação, portanto, tem

||||||||||||

os neutros (e, implicitamente, continua a agir com relação ao inimigo, ameaçando-o de destruição ou abrindo-lhe uma perspectiva de paz)". Cf. ibid., p.72.

24 Ibid., p.73.

25 Note-se que o texto de Renouvin e Duroselle foi publicado na França em 1967, um ano depois da segunda edição de *Paz e guerra entre as nações* de Aron. Ademais, Duroselle considera o tecido teórico de Aron "insubstituível", o que sugere um diálogo entre os teóricos.

sérias chances de ser "orientada". Não se trata de "informação", mas de "propaganda".[26]

Sendo a informação, quando mais tendente à propaganda, uma força de manipulação e coerção, estabelece-se uma íntima relação entre *propaganda* e *guerra psicológica*. Ambas seguem teoricamente as mesmas técnicas: reforçar o "moral" do país, dar ao estrangeiro uma ideia favorável a seu respeito, mostrar-lhe que a nação é resoluta e que sua causa é boa, e desencorajar o adversário. Porém, distinguem-se uma da outra em alguns aspectos, a saber:

A diferença essencial se percebe nos objetivos procurados. A simples propaganda não busca senão dar ao país que a põe em prática uma reputação, uma boa posição moral, até mesmo, tratando-se de propaganda interna, uma boa coesão (melhorando as relações entre opinião e governo). A "guerra psicológica" é um aspecto da guerra e, mesmo, da guerra total. A gente a utiliza haja ou não hostilidades, quando se propõe como alvo a destruição de um país, de um regime, de uma ideologia. Antes de tudo, ela é um substituto da violência: constituindo a vitória em fazer ceder a vontade realiza-se uma economia; "a guerra é psicológica no sentido de que o avanço dos Exércitos não representa, senão, um meio de negociação".[27]

É fundamental relativizar que tanto a noção de *guerra psicológica* de que fala Duroselle, como o pensamento aroniano de política externa foram desenvolvidos à luz da Guerra Fria, quando eram estrondosos os ruídos da corrida armamentista e quando, por conseguinte, a simples possibilidade de um conflito armado já constituía um poderoso instrumento de negociação. Por isso, ambos têm certa ligação com o conceito de dissuasão, o qual, embora tenha sua

||||||||||||

26 Ibid., p.423.
27 Duroselle, O homem de Estado. In: Renouvin e Duroselle, op. cit., p.424.

tônica durante o conflito bipolar, pode ser encontrado – não com a mesma terminologia, mas contendo o mesmo pressuposto – nos escritos de Maquiavel e Tucídides, permanecendo em discussão no século XXI, ainda que sob novos vieses e comportando novos elementos.[28] A dissuasão passou a ser ferrenhamente criticada após o fim da Guerra Fria, quando as teses derivantes do liberalismo defenderam que as questões econômicas substituiriam o aspecto militar e que este último, ao invés de impor a paz, acabaria por estimular a desconfiança e, consequentemente, a violência. O fato é que tanto o elemento ideológico como a matemática das armas perderam, na visão de alguns estudiosos, o vigor explicativo como fator único da correlação de forças no sistema internacional, e, à sua análise, passaram a ser incluídos aspectos culturais e, sobretudo, econômicos. No entanto, sem desconsiderar esses novos e importantes traços, Duroselle continuou evocando na década de 1990 – ou seja, já no pós-Guerra Fria – elementos aronianos de análise da política internacional, quando na reedição de *Todo Império perecerá* ele discute a complexidade do leque aleatório no cálculo externo. Segundo o estudioso, há quatro métodos a ser utilizados na neutralização da vontade do estrangeiro: 1) A persuasão pessoal do líder, já que implica laços de confiança; 2) A negociação: em troca do objeto que se deseja, propõe-se outro; 3) A ameaça: forças que contêm violência, mas não são necessariamente militares; 4) O uso da violência: disponibilização de forças militares com um perspicaz cálculo de fins, meios, riscos e plausibilidades. Para além da questão da dissuasão, implícita nessa arguição – quando se fala do cálculo estratégico que envolve os fins e meios da política

||||||||||||

28 Provavelmente fundado por Bernard Brodie, dissuasão, segundo Alexander L. George e Richard Smoke, quer dizer "a convicção de nosso oponente de que os custos e/ou riscos de determinada ação que ele quer empreender suplantam os seus benefícios". Assim, a componente nuclear não é a essência da dissuasão. Dougherty; Pfaltzgraff Jr., op. cit., p.440. Atualmente também se discute dissuasão com base na posse de armamentos químicos e biológicos.

externa –, Duroselle corrobora a necessidade de diálogo permanente entre militares e diplomatas, com base em importantes argumentos. Para ele, "o estrangeiro, amigo ou inimigo, é um homem diferente e, consequentemente com comportamento estranho, até imprevisível",[29] o que torna a informação sobre ele um poderoso instrumento de baliza de ação a ser utilizado em tempos de guerra e de paz. É preciso apurar constantemente as informações; as que dizem respeito a amigos e a potenciais inimigos, tanto as abertas, quanto as confidenciais, mas sobretudo as clandestinas: estas, de acordo com Duroselle, seriam rastreadas pelos militares e transmitidas, por eles, à diplomacia.[30] É claro que isso depende da existência de um satisfatório nível de comunicação existente entre a burocracia militar e a diplomática.

A história mostra que a languidez do vínculo entre diplomatas e militares pode surtir efeitos contraproducentes à política externa, conforme insinua o autor na narração do seguinte episódio francês:

> No início de 1936, uma vez que se podia esperar uma invasão da zona desmilitarizada por Hitler, o Quai D'Orsay tinha necessidade absoluta de saber se o exército possuía um plano de resistência ou de represália. A única maneira de sabê-lo era, então, uma correspondência altamente oficial entre Flandin, ministro das Relações Exteriores, e o general Maurin, ministro da Guerra, meio extremamente pesado e ineficaz, que conduziu a um diálogo de surdos. O Conselho Superior da Defesa Nacional, presidido pelo presidente da República, reunia-se de tempos em tempos e permaneceu extremamente formal. O Alto Comitê Militar, criado em março de 1932, apenas convidava o ministro das Relações Exteriores a título de observador e reuniu-se apenas oito vezes até janeiro de 1935. O governo da Frente

---

29 Duroselle, op. cit., p.50.
30 O autor adverte que a maioria das declarações oficiais são enganosas. Diz ele: "Todos os homens escondem uma parte de seus pensamentos, dissimulam algumas de suas ações e, consciente ou inconscientemente, tendem a mostrar uma imagem de si próprios geralmente melhorada". Cf. ibid., p.117.

Popular transformou-o em Comitê Permanente da Defesa Nacional, dessa vez com a presença oficial do titular do Quai d'Orsay, mas suas reuniões eram igualmente raras (treze vezes em três anos). Um Comitê de Ligação Semanal foi igualmente criado. Ele reunia o diretor de Assuntos Políticos do Quai d'Orsay, um general do Estado-Maior do Exército, um brigadeiro do Estado-Maior da Aeronáutica e um almirante do Estado-Maior da Marinha, mas os temas tratados eram de importância menor. Tratava-se de uma troca de informações de detalhes como se cada parte recusasse às demais qualquer revelação de envergadura.

O resultado foi desastroso. A França teve, entre as duas guerras, duas estratégias contraditórias: a do Quai d'Orsay, montada por Berthelot e Brian, de se apoiar na Inglaterra (cujo exército, na Europa, era insignificante) e sobre os pequenos aliados do Leste, que seria necessário socorrer caso fossem atacados; e a do exército, estabelecida por Pétain, Weygand, Painlevé, Maginot e Gamelin: preparar um exército defensivo que protegeria sua mobilização por "uma muralha da França" fortificada. Dessa maneira, a França seria rigorosamente incapaz de socorrer os aliados do Leste. Essa falta de coordenação, levada ao absurdo, explica parcialmente a catástrofe de 1940.[31]

Em contrapartida a esse episódio narrado por Duroselle, a vitória dos Estados Unidos na Segunda Guerra Mundial e sua ascensão como potência única com o fim da Guerra Fria estão, de acordo com ele, relacionadas à intensa conexão entre a diplomacia e a Defesa, o que por sua vez, só pode ser garantido sob rígido controle do presidente. O chefe do Executivo é o responsável pela coesão da política externa nacional. Como explica Duroselle, insatisfeitos com a coerência alcançada pela prerrogativa presidencial de comandante-em-chefe do Exército e da Marinha, e por sua competência para nomear o secretário de Estado (Relações Exteriores), o secretário de Defesa e

||||||||||||

31 Ibid., p.104.

os secretários das três forças, bem como o Estado-Maior conjunto de cada força, os Estados Unidos criaram em 1947 o National Security Council (NSC), composto pelo presidente (condutor), o secretário de Estado, o secretário de Defesa, os *joint chiefs of staff* e o presidente da National Security Resources Board, como forma de garantir a unidade da política externa do país.[32] Na edição atualizada de *Todo Império perecerá*, publicada já no contexto da chamada Nova Ordem Mundial da década de 1990, o exemplo acima ainda aparece como válido para seu autor. Ou seja, o funcionamento da política externa com base na indivisibilidade entre Defesa e diplomacia ainda goza de plena atualidade.

Apesar de colocar ressalvas à ideia de que o diplomata e o soldado são as duas faces da política externa, e de realizar um exercício de teste da aplicabilidade do pensamento *aroniano* aos acontecimentos dos primeiros anos do século XXI – além de sugerir alguns incrementos aos elementos explicativos que não eram visíveis ao observador do entreguerras, como era o caso de Aron –, Paulo Roberto de Almeida admite que ainda hoje "a política de poder não está próxima de ser substituída por uma ordem jurídica supranacional",[33] até porque a estrutura das relações internacionais em vigor desde o século XVI constituiu-se de maneira muito lenta e, por isso, tende a se modificar com proporcional vagar. De acordo com Almeida, é conveniente lembrarmos que a política internacional – originalmente europeia – tornou-se política mundial sob domínio do pensamento ocidental,

|||||||||||

32 Ibid., p.105.

33 Para Almeida, o fato de a competição entre países passar a ser, após o fim da Guerra Fria, essencialmente econômica e alimentada por corporações rivais, e não por Estados, faz que pensemos na possibilidade de o chamado *businessman* ser incorporado ao "sacrossanto templo das relações internacionais contemporâneas, que, deixando de ser exclusivamente uma *ágora de estadistas*, está praticamente se transformando numa praça de mercadores". Ele não descarta, contudo, a existência paralela de relações exclusivamente *interestatais*, para cuja realização o diplomata e o soldado continuariam constituindo os instrumentos por excelência. Almeida, Uma releitura da história: Raymond Aron revisitado. In: _____, *Os primeiros anos do século XXI*, p.29-33.

ou seja, em termos culturais a política mundial é europeia. Assim, as questões de política de poder não estão simplesmente relacionadas ao desejo de superioridade militar, mas à racionalidade europeia. Para o autor,

As grandes potências, e os variados sistemas de alianças militares forjados por elas, anularam reciprocamente suas tendências hegemônicas, conformando sucessivas balanças de poder ao longo desses últimos cinco séculos. Essas balanças de poder, de forma precária ou efetiva, continuarão cumprindo sua missão histórica por um período ou tempo indefinido. O padrão referido acima permanece válido em suas grandes linhas. Ou seja, a despeito da ascensão e queda dos mais variados atores nacionais ao longo desse período, as tentações hegemônicas e a vontade de poder imperial de candidatos sucessivos ao domínio global nunca chegaram a debilitar fundamentalmente o sistema interestatal de relações internacionais que se constitui no início da era moderna e se desenvolveu de maneira extraordinária desde então. O sistema mostrou-se elástico e resistente a tentativas de constituição de algum império verdadeiramente universal, fundado sobre o modelo da *pax romana*.[34]

Por isso, a permanência de um sistema anárquico permite acreditar na resistência das rivalidades internacionais e no estado incerto da paz. O fim da Guerra Fria, a intensificação da globalização e a decorrente porosidade das fronteiras, o estreitamento da comunicação entre países de diversas partes do globo, a interdependência econômica etc. inspiraram no início da década de 1990 a ideia de que uma nova dinâmica de reiteração da paz se fazia inevitável, a partir da fixação de contratos de cooperação entre países, os quais por si reduziriam os riscos de guerra e afiançariam a previsibilidade

||||||||||||
34 Ibid.

nas relações internacionais. A partir daí, o espectro da guerra estaria minimizado. Mas, como nos adverte Joseph Nye:

> É importante manter estas mudanças em perspectiva. A segurança pode ser tomada por certa em tempos de paz, mas todos os mercados operam no interior de um enquadramento político. Os mercados globais dependem de uma estrutura internacional de poder. A segurança é como oxigênio, é fácil tomá-lo por certo até começarmos a perdê-lo e depois não conseguimos pensar em outra coisa.[35]

Além disso, a cooperação só pode ser garantida pelo interesse de cada país envolvido, dependendo, portanto, de elementos volitivos e estritamente individualistas. Aliás, no Capítulo 2 chamamos atenção sobre como os próprios mecanismos de cooperação – ou a sua instrumentalização em favor de determinadas linhas de interesses nacionais – agem especificamente como instrumentos de poder.[36] Dessa forma, a cooperação não basta para que se desative o cálculo entre meios e fins, como variável de análise da decisão em política externa. A política externa, enquanto política de Estado, perde sua integridade sem a ocorrência de um elo orgânico entre seus dois principais instrumentos. A Defesa, por sua vez, descaracteriza-se quando não se centra nas questões externas. Bem como, enquanto projeto de

IIIIIIIIIII

35 Nye Jr., *Compreender os conflitos internacionais. Uma introdução à teoria e à história*, p.225.

36 Considerando o poder como a capacidade de obter resultados segundo o que se deseja, entrevemos na ideia de *propaganda* esboçada por Duroselle em plena Guerra Fria princípios parecidos com os que o construtivista Nye relacionou à ação dos Estados Unidos no pós-Guerra Fria, ou seja, o exercício de um poder brando, ou *softpower*. Ao contrário de um poder bruto ou duro, expresso tanto em coações militares como em imposições econômicas, o poder brando é exercido através do convencimento do outro de que seus valores são dignos de admiração e imitação. É um poder que coopta em detrimento de coagir. É uma forma lenta, mas garantida de se estabelecer um poder duradouro. Ver: Nye Jr., *O paradoxo do poder americano. Por que a única superpotência do mundo não pode prosseguir isolada*, p.36.

Estado, não há mecanismo cooperativo que se consolide sem a devida coordenação política do vínculo entre os dois instrumentos principais da política externa, assim como de todas as partes envolvidas. Até mesmo para Hélio Jaguaribe, que defende a salvaguarda, por parte do Itamaraty, da nacionalidade brasileira, qualquer projeto de Estado deixa de ter validade quando são pujantes as nacionalidades fragmentadas.[37] É possível, pois, pensar em um nacionalismo fragmentário quando as próprias instituições do Estado não atuam de forma sinérgica e orgânica para realização dos interesses nacionais.

Por último, mais importante para uma política externa do que a ocorrência do diálogo entre diplomacia e Defesa é o aspecto de que ambas as esferas e sua interação subordinem-se por completo à política. E que fique claro que a política externa, ainda que seja de Estado, no sentido de atender a escopos de longa duração, é também uma política pública que, em especial sob um regime democrático, deve se sujeitar ao debate e ao entrechoque de visões e interesses da sociedade. O entendimento de todo esse conjunto conceitual é o ponto de partida para compreendermos por que o modelo decisório brasileiro não é um aliado saudável da institucionalização da Defesa cooperativa do Brasil com a Argentina, como poderá ser visto a partir do que segue.

O caso do Brasil: elos desarticulados

De início, é necessário notar que Defesa e diplomacia pouco dialogam no Brasil. Enquanto esta é representada pelo Ministério das Relações Exteriores (MRE), também chamado pelos "filhos de Rio Branco" de *Itamaraty* ou *Casa de Rio Branco*, a Defesa é precipuamente conduzida pelos militares. Parece que ambas as esferas

||||||||||||

37 Jaguaribe, *O nacionalismo na atualidade brasileira*, p.31.

definiram historicamente seus campos de atuação, impondo limites uma à outra.

O processo de criação de cada instituição, o papel que cada uma atribui a si diante da pátria e das questões nacionais, e o processo de socialização de cada corpo burocrático conferem à instituição uma visão particular sobre o mundo que, por sua vez, imprime um caráter autônomo, autêntico e impermeável ao seu modo de pensar e agir. Basicamente são mais as semelhanças institucionais do que as diferenças o que separa as duas esferas da política externa. Descreveremos algumas dessas semelhanças a seguir.

Militares, diplomatas e a semelhança que os desune

Em primeiro lugar, tanto o diplomata quanto o militar ingressam em uma carreira estruturada, com rígidos critérios de seleção e ascensão. Ao ingressarem, deixam para trás sua individualidade, passando a compor um único corpo organizado cimentado pelos valores da hierarquia e da disciplina.[38] Ambas as instituições lançam mão dos ritos que consolidam seu próprio sistema de crenças, símbolos e práticas que forjam sua visão de mundo e sua identidade. Diplomatas e militares praticam formas de sociabilidade codificadas.[39] Trata-se de duas instituições que se alimentam da tradição, do culto ao passado como forma de manter sua coerência valorativa. Uma das formas de perpetuar a coerência de crenças e valores é a produção de memórias, motivo pelo qual, no Capítulo 1, demos tanta importância ao cultivo de uma memória que ainda registra as atitudes da Argentina como de um potencial rival.

||||||||||||

38 Até os graus de hierarquia da Ordem de Rio Branco são correspondentes aos graus da hierarquia militar. Cf. Moura, *O Instituto Rio Branco e a diplomacia brasileira: um estudo de carreira e socialização*, p.17 e 26.

39 Ibid., p.34 e 37.

Para Cristina Patriota de Moura, o Itamaraty reflete ainda hoje uma visão de mundo típica do Brasil imperial, na medida em que o primeiro corpo diplomático da história brasileira fora constituído por membros da Corte do imperador que terminaram por estabelecer uma estrutura de "estamento", cujo *ethos* cristalizou certas semelhanças com o *ethos* cortês.[40] O mesmo ocorre com o corpo militar, com a diferença de que o corpo diplomático se organiza em torno da hierarquia, misturando o conceito de estruturação entre cargos e funções com a concepção de patentes, não deixando de guardar certa semelhança com a instituição total de Goffman.[41] A autora descreve, entretanto, algumas idiossincrasias institucionais:

> Há uma diferença fundamental, dessa vez também em relação à academia militar: os alunos do IRBr não têm todas as sua atividades diárias reguladas por uma "equipe dirigente" e tampouco estão "internados" em instalações do instituto. Por que então os diplomatas falam de instituições totais? Após meditar bastante e procurar características próprias das instituições totais no MRE, acredito ter chegado a uma resposta para o "enigma": não é a instituição que é total, mas o tipo de adesão que ela requer de seus membros, que implica a incorporação de um *ethos* que pode ser estendido para todas as áreas da vida do indivíduo que passa a se identificar publicamente como um "diplomata" brasileiro. As "barreiras" criadas pela instituição não são físicas como as existentes nas instituições totais, são barreiras sociais, hierárquicas, ligadas à manutenção de uma distinção baseada na noção de status. A expressão desse status é o *ethos* compartilhado, assim como um *ethos* que dá a competência "técnica" do diplomata.[42]

Diferenças à parte, o fato é que em última instância todo o processo de incorporação institucional implica que se reconhecer como

||||||||||||
40 Ibid., p.48.
41 Ibid., p.78.
42 Ibid., p.93.

diplomata significa se conceber como parte da única esfera competente tecnicamente para elaborar e decidir a política externa, como resume Moura:

> O MRE é a instância institucional responsável pelas relações do Estado brasileiro com outros Estados. Seu modo de funcionamento material e o recrutamento de pessoal se aproximam do "tipo ideal" weberiano da burocracia racional: os diplomatas não são os donos da instituição e seus membros são recrutados através de concurso público realizado em ampla extensão do território nacional.[43]

Tal como no interior das Forças Armadas, na Casa de Rio Branco está muito destacada a noção de "nós" em contraposição aos "outros", muito comum ao estilo de vida e visão de mundo próprios do estamento *weberiano*, cuja coesão nutre-se da honra e do *status*.[44] São os diplomatas os representantes de sua instituição e do patrimônio que ela guarda: a pátria. Para além disso, a pátria é representada pela memória de Rio Branco e de seus feitos. Assim como no Exército se cultua o dia de Caxias,[45] no Itamaraty se comemoram os aniversários de Rio Branco e sua imagem é também o principal mote da comemoração anual do Dia do Diplomata.

Há, nesse sentido, uma apropriação simbólica desse patrimônio que é reforçada, na prática, pelo rígido controle do processo de burocratização e, no plano imaterial, pela cristalização e perpetuação de símbolos e rituais que terminam por formar uma tradição. Seus

|||||||||||

43 Ibid., p.107.
44 Em todas as vezes em que estive presente no Arquivo Histórico do Itamaraty para a realização de minha pesquisa documental – lembrando que o arquivo se encontra sediado no Palácio do Itamaraty –, foi comum ouvir dos funcionários de lá colocações do gênero: "Este material será separado para um civil ou um diplomata?", ou então "Estava no elevador, ao lado de dois civis e um diplomata, quando tal coisa aconteceu...".
45 Como mostra Celso Castro em *A invenção do Exército brasileiro*.

estilos de vida, concepções estéticas e comportamentos em grupo autênticos, assim como o culto ao Rio Branco, cristalizam a tradição. Noutras palavras, a comunidade moral é representada, "em sua totalidade, através de um símbolo-força sempre presente: Rio Branco",[46] o qual une a nação e a identidade diplomática.

Moura acredita que os diplomatas misturem características de um grupo desejoso por manter um *status* com características de funcionários burocráticos, o que propicia a reprodução intermitente, ao longo do tempo, de um mesmo *ethos* institucional, ainda que novos fatos e circunstâncias se frutifiquem no decorrer dos anos.

Os militares também vivenciam um intenso processo de socialização quando adentram as academias. No caso deles, há um isolamento também material do mundo de fora, a começar pela dinâmica de funcionamento do curso de formação: durante quatro anos, os cadetes vivem em regime de internato, com saídas apenas ocasionais, recebendo moradia, alimentação, uniforme, assistência de saúde e um pequeno soldo. Na interação cotidiana com outros cadetes, consagra-se a noção do que é ser militar e constrói-se a identidade social a que Celso Castro chama de "espírito militar".[47] De acordo com o estudioso, a intensidade com que vivem esse processo de isolamento e identificação representaria um caso de limite sociológico essencial

||||||||||

46 Moura, *O Instituto Rio Branco e a diplomacia brasileira: um estudo de carreira e socialização*, p.102.
47 Castro, *O espírito militar. Um antropólogo na caserna*, p.15. Em outro estudo, Castro expressa a relação de superioridade x inferioridade que os militares estabeleceram com ele, enquanto pesquisador. Em suas palavras: "Em muitos momentos da pesquisa, ficou evidente que alguns de meus nativos sentiam-se numa posição intelectual, social ou moral, superior à minha. Essa superioridade não tinha origem numa fonte individual, mas coletiva. Como expliquei no livro, os militares se sentem parte de um 'mundo' ou 'meio' militar superior ao 'mundo' ou 'meio' civil, o mundo dos paisanos: representam-se como mais organizados, mais dedicados, mais patriotas". Cf. idem, Em campo com os militares. In: Leirner; Castro (orgs.), *Antropologia dos militares: reflexões sobre pesquisas de campo*, p.24.

para manter a coesão interna do grupo.[48] Ainda que tal transição da vida civil para a vida militar possa parecer desagradável a quem a vê de fora, é ela que mantém a *cosmovisão* da instituição. Tornar-se militar é mudar abruptamente a forma de ver o "mundo de fora": um mundo corrompido, desonesto, pouco comprometido com os valores da pátria. Já o "mundo de dentro" seria o reduto da retidão de caráter, da preocupação com causas nobres, como descreve Castro, acerca de sua observação de campo:

> Uma outra série – agora de atributos morais – reforça e amplia aquela fronteira: o senso de honestidade e retidão de caráter; a preocupação com causas "nobres e elevadas" – Pátria, Brasil (no curso básico, quando um oficial grita: "Brasil", os cadetes aprendem a contestar em uníssono: "acima de tudo!"); o espírito de renúncia e o desapego a bens materiais; o respeito à ordem; à disciplina e à hierarquia, são os exemplos mais comumente citados pelos cadetes.[49]

Alguns estudos sugerem que os militares se isolam dos civis não apenas por rechaçarem sua condição moral, mas por desconfiar deles. O estudo de Piero Leirner indica que isso pode ser comum na percepção que os militares têm da academia, conforme exemplifica:

> Estranhamente cheguei a ouvir de um general de reserva, ex-ministro, algo como: "E aí? Como vocês estão lá na universidade? Continuam aquele bando de comunistas?". Soava como alguém que não se via há muito tempo, colocando palavras cordialmente desconfiadas. "Inimigos fiéis", tomando de empréstimo a ideia de Carlos Fausto (2001).[50]

||||||||||||

48 Ibid., p.34.
49 Ibid., p.45.
50 Leirner, Etnografia com militares: fórmula, dosagem e posologia. In: Leirner; Castro (orgs.), op. cit., p.38.

Isso acarretaria não apenas a falta de diálogo entre militares e a sociedade, mas justificaria a inacessibilidade das informações destinadas a estudiosos,[51] o que se agrava com o fato de muitos militares enxergarem nos pesquisadores possíveis inimigos da corporação, como lembra Colli.[52] Congênere tendência de insulamento é observada no mundo dos diplomatas, como adverte Moura:

> A Casa de Rio Branco vem se consolidando como uma "comunidade moral" relativamente autônoma, possuindo um *ethos* e uma visão de mundo particulares. Se o Itamaraty já possuía uma identidade forte quando sua sede era no Rio, o *ethos* dos diplomatas não diferia muito do *ethos* de alguns setores da elite nacional e, principalmente, carioca, de onde era recrutada a maioria de seus membros. Com a transferência para Brasília, o processo de autonomização do *ethos* se acentuou. Os diplomatas, afastados da convivência cotidiana com seus parentes e grupos de orientação originais, passaram a viver em um "mundo" onde os membros da Casa se tornaram

||||||||||||

51 "Um ponto aparentemente comum aos pesquisadores que têm como objeto de estudo as Forças Armadas é a dificuldade de obter informações confiáveis sobre o ponto de vista dos militares quanto a determinados temas: por um lado, temos o que é publicado pela imprensa, e as inúmeras acusações de declarações forjadas, tendenciosas e/ou imparciais por parte de oficiais (fruto do relacionamento ainda muitas vezes difícil dos militares com a mídia – e vice-versa –, resquícios da herança autoritária); por outro, temos as publicações oficiais e os artigos veiculados em revistas militares, que, embora valiosos, muitas vezes não permitem ver aspectos que transcendem o formalismo chancelado pela cadeia de comando". Albertini, O Exército e os outros. In: Leirner; Castro (orgs.), op. cit., p.76.

52 "Os militares estão inseridos em uma cosmologia, dentro da qual 'a hierarquia atual como classificador lógico de suas relações'. Também é um grupo que se pensa 'em estado de guerra', construindo suas relações em termos da oposição amigo/inimigo e, ainda em consequência da lógica da relação guerreira, buscando a todo momento conhecer ao máximo os 'de fora', ao mesmo tempo que procura despistar (ou selecionar) suas próprias informações 'para fora'". Souza, Etnografando militares: obstáculos limites e desvios como parte constitutiva de visões nativas. In: Leirner; Castro (orgs.), op. cit. p.150.

não só "colegas", mas vizinhos, amigos e, numa metáfora utilizada pelos próprios, "parentes".[53]

Enfim, o que nos interessa é que essas similitudes entre o processo de socialização do militar e do diplomata, ao invés de aproximar os dois setores, tendem a fazer da política externa uma zona de forças centrífugas, na medida em que ambos são levados ao claustro de seus universos, ao isolamento em relação ao mundo de fora e à intransigência de seus valores e crenças.

O lugar de Caxias na Casa de Rio Branco. Passado e presente

Apesar de no meio diplomático não serem comuns relatos queixosos quanto ao distanciamento militar, no meio militar é comum que se proteste contra a barreira que o Itamaraty cria aos militares no caso do debate da política externa. O livro do coronel Delano Teixeira Menezes é um exemplo desse reclamo. Em seu texto, Menezes explica como o percurso de nascimento do corpo diplomático incide sobre a visão que estes têm dos militares e resume que "a maneira como o Brasil conquistou a sua independência e a carga 'genética' dos portugueses, carregada dos 'complexos' do ocaso do poder de Portugal na Europa, marcaram de maneira significativa o comportamento da nossa chancelaria e sua visão sobre o poder militar do País".[54]

Reparemos, porém, que os argumentos de Menezes, além de opinar sobre as causas do distanciamento entre as duas corporações, demarcam de modo enviesado os motivos pelos quais se deveria confiar aos militares um objetivo tão elevado quanto o de se pensar o comportamento externo do país. Por outro lado, o coronel

||||||||||||

53 Moura, *O Instituto Rio Branco e a diplomacia brasileira: um estudo de carreira e socialização*, p.17 e 26.
54 Menezes, *O militar e o diplomata*, p.11-2.

responsabiliza o poder público pela consagração dessa separação, ou ainda pela condição de orfandade de ambas as instituições em relação à política. Menezes considera o insulamento diplomático mais grave que o militar. Segundo ele, a diplomacia usufrui de maior coerência doutrinária do que os militares, que contam cisões históricas entre suas três forças – Exército, Marinha e Aeronáutica –, as quais, entretanto, não se deixam integrar absolutamente sob a tutela de um Estado-Maior das Forças Armadas. Por falta de uma doutrina coesa, os militares, na visão de Teixeira, teriam saído em desvantagem em relação ao Itamaraty no que toca à influência em decisões de cunho externo. Isso teria se dado, dentre outros, ao fato de que, tratando--se "de uma instituição que já nasceu com uma estrutura doutrinária herdada dos portugueses, acabou por fechar-se dentro de si e passou a estabelecer seu próprio *modus actuandi*", e tomar a dianteira da temática internacional.[55] Também por isso, para o coronel, a diplomacia seria muito menos permeável aos militares do que o contrário.

Para os diplomatas, contudo, o diálogo com os militares ocorre na medida justa e correta. A diplomacia, que argumenta ser afeita à paz e às negociações, dispensa a opinião militar, tendo em vista que para eles os militares contaminam o debate com uma lógica de imposição pela força ou pela guerra. Para o diplomata de carreira João Paulo Soares Alsina Jr. – atualmente cedido ao Ministério da Defesa para exercer assessoria –, esse é um pensamento corrente dentro do Itamaraty. São poucos os diplomatas, de acordo com ele, que se dispõem ao menos a conhecer os temas da Defesa, o que, em parte, é fruto da distorção do paradigma pacifista e juridicista de Rio Branco:

> [...] embora Rio Branco fosse um realista, ao longo do tempo a debilidade militar do Brasil conduziu os diplomatas a pensarem que o Brasil não

||||||||||||

55 Ibid.

deveria investir na potência militar e, ao contrário disto, deveriam adotar um discurso juridicista em prol das soluções pacíficas de controvérsias.[56]

Se a existência de uma cultura pacifista, afirmada pelo Itamaraty como traço identitário primordial da política externa do Brasil, figura como o principal abismo valorativo entre diplomatas e militares, conforme tendem a apontar os primeiros, a história sugere que talvez não estejamos lidando com um traço identitário da política externa brasileira, mas com algo que se forjou e se alimentou no tempo. Dito de outro modo, a cultura pacificista que identifica a matriz de atuação internacional do Brasil pode ser interpretada como um caso de tradição inventada, se voltarmos nosso olhar para sua artificialidade e para a racionalidade nela contida.[57] O próprio fundador da diplomacia brasileira, o Barão do Rio Branco, cuja figura é tomada como cimento de uma comunidade de valores e crenças, que inclui um pacifismo natural e convicto, revelou-se, ao longo de sua gestão, um grande estrategista, profundamente preocupado com a capacidade e com o poder de bases reais, como meio de garantir os interesses nacionais.[58] Registros diplomáticos sinalizam que antes da posse de

|||||||||||

56 Alsina Jr., Entrevista concedida à autora. Brasília: agosto de 2009.

57 Hobsbawm explica que uma tradição inventada pode se referir tanto a um conjunto de valores e práticas forjados, "construídos e formalmente institucionalizados", quanto às que "surgiram de maneira mais difícil de localizar, num período limitado e determinado de tempo". Elas se consagram no tempo tanto por atividades de regulação ou simplesmente pela adesão, "de natureza ritual ou simbólica" que concorre para uma continuação em relação ao passado. Em suas palavras: "O objetivo e a característica das 'tradições', inclusive das inventadas, é a invariabilidade. O passado real ou forjado a que elas se referem impõem práticas fixas (normalmente formalizadas), tais como a repetição. O 'costume', nas sociedades tradicionais, tem a dupla função de motor e volante. Não impede as inovações e pode mudar até certo ponto, embora evidentemente seja tolhido pela exigência de que deve parecer compatível ou idêntico ao precedente. Sua função é dar a qualquer mudança desejada (ou resistência à mudança) a sanção do precedente, continuidade histórica e direitos naturais". Hobsbawm, Introdução: A invenção das tradições. In:_____; Ranger (orgs.), *A invenção das tradições*, p.10.

58 Assim indica o trabalho do almirante Max Justo Guedes que, por meio da análise dos registros do barão, realiza um traçado histórico da atuação de Rio Branco em prol

Rio Branco uma situação específica levara o Brasil a suspender o desenvolvimento de seu aparato dissuasório: as consequências drásticas da Guerra do Paraguai sobre o Brasil legaram a admissão de uma condição de país fraco e atrasado econômica, cultural e educacionalmente (o Brasil contava com uma massa de 84% de analfabetos). Porém, quando Rio Branco assumiu o Ministério das Relações Exteriores, duas preocupações despontaram como imediatas: prover o país de capacidade militar – se possível compatível ou superior à de seu vizinho-rival, a Argentina – e cuidar para que, enquanto a situação militar não fosse corrigida, o país não se aventurasse em nenhum conflito. Como adverte Ricupero:

> Vem daí talvez a parte subconsciente da postura de amor à paz que reflete, além de valores éticos e jurídicos, situação objetiva, factual: a paz é sempre melhor para os fracos e vulneráveis, o que é verdade até os nossos dias. [...] O caso é inédito e curioso, merecendo até, em alguma outra ocasião, análise mais acurada das razões objetivas da "cultura de paz", tão característica do Brasil.[59]

Rio Branco compreendia que o Brasil, na qualidade de ex-colônia e jovem república, com fortes traços de dependência estrutural

||||||||||||

de um projeto de modernização dos meios defensivos do Brasil, posto em marcha ao longo de sua gestão. Um caso paradigmático seria a solução de litígios fronteiriços com a Bolívia e o Peru. Paralelamente ao tratamento pacífico que se buscava dar à questão no que toca à negociação entre chancelarias, o barão esteve do início ao fim atento à compatibilização da Marinha brasileira a situações particulares de embate que pudessem surgir com aqueles países, caso a negociação pela via pacífica e juridicista falhasse. Assim sugere uma conversa de Rio Branco com o então ministro da Marinha: "Ontem conversei com o Presidente Rodrigues Alves sobre a necessidade de encomendarmos já e já dois bons encouraçados, porque o Peru pode romper conosco logo que haja feito as suas encomendas – se é que já não fez – e nesse caso ficaremos impossibilitados de fazer as nossas, pois nenhum estaleiro as poderá aceitar". Ver: Guedes, O Barão do Rio Branco e a modernização da Defesa. In: Cardim; Almino, *Rio Branco: a América do Sul e a modernização do Brasil*, p.307-30.

59 Ricupero, Rio Branco: definidor de valores nacionais. In: Cardim; Almino, op. cit., p.90.

externa, não gozava do amálgama identitário nacional. Com vistas a reinventar uma ideia de Brasil – de cuja tessitura o Itamaraty participaria ativamente[60] –, o barão teria explorado com sensibilidade aquelas que poderiam representar as aspirações mais profundas da suposta nacionalidade brasileira. Dessa forma, Rio Branco seria o promotor da ideia de democracia racial que viria a unir um povo mestiço étnica e culturalmente, que tinha, no entanto, supostamente em comum, a generosidade, o desinteresse, o pacifismo, a moderação e a afetividade. De acordo com Ricupero, a tal ideia de convivência pacífica interna Rio Branco teria costurado a ideia de vocação natural de relacionar-se harmonicamente também com outros povos e nações, indo ao encontro "da aspiração da identidade externa que os brasileiros gostariam que se aplicasse a si próprios".[61] Nessa direção, Rio Branco buscou criar uma identificação coletiva, definindo os componentes internos dessa "ideia de Brasil", "da identidade nacional, com a dimensão externa essencial que lhe faltava ou substituindo a incipiente dimensão do antagonismo herdado da Colônia".[62] O novo Brasil apaziguaria as perturbações decorrentes dos anos de conflitos, frutos do contexto de exploração colonial, substituindo-as por um sentimento de paz, dignidade e autoestima elevada. A percepção de si enquanto uma nação promotora da paz elevava a autoestima do povo brasileiro pelo fato de provocar a identificação de uma missão a cumprir perante o mundo.

Foi preciso, da parte de Rio Branco, a sistematização e a articulação dos princípios a se propagar, os quais seriam metodicamente promovidos pela imprensa e pelos meios de comunicação da época. Aos poucos, uma filosofia se transformava em um lugar-comum,

---

60 O que fez com que Gilberto Freyre, em *Ordem e progresso*, afirmasse que o Itamaraty não nascera apenas como uma instituição diplomática, mas como um "sistema de organização e definição de valores superiormente nacionais". Cf. ibid., p.79.

61 Ibid., p.90.

62 Ibid., p.91.

aos padrões de Gramsci, como ressalta Ricupero.[63] "Esses conceitos se incorporaram de tal maneira ao discurso diplomático brasileiro, que todo mundo acha que não houve nessa evolução novidade alguma, que sempre foi assim, o que não é bem verdade", pondera o embaixador.[64] A identificação da linha de ação do Brasil como de não ingerência, de tendente à negociação constante e à solução pacífica de controvérsias foi ganhando reforço ao longo tempo, tanto no âmbito concreto – representado pela regulamentação das relações internacionais constante das cartas constitucionais que se sucederam ao longo do tempo[65] – como no imaterial, representado pelo culto à memória do promotor de tais valores. O que talvez a maior parte da diplomacia brasileira teria deixado de considerar é que na visão de seu patrono a garantia da paz também se lastreava na caução com os meios de guerra. Como enfatizou o próprio Rio Branco:

> A paz não depende somente da nossa vontade, dos nossos sentimentos de concórdia constantemente demonstrados [...]. Depende também e principalmente da vontade de nossos vizinhos se não se anime a dirigir-nos afrontas, a ferir nossos brios e os nossos direitos. É preciso que estejamos aparelhados com todos os elementos necessários à defesa nacional não só com o material, mas como uma força perfeitamente instruída e exercitada, contando com reservas numerosas que possam de pronto acudir às fileiras, reforçando os objetivos da paz [...].[66]

||||||||||||

63 Ibid.
64 Ibid.
65 A Constituição brasileira de 1988 prevê em seu artigo 4º que: "A República federativa do Brasil rege-se nas suas relações internacionais pelos seguintes princípios: I- Independência nacional; II- Prevalência dos direitos humanos; II- Autodeterminação dos povos; IV- Não intervenção; V- Igualdade entre os Estados; VI- Defesa da Paz; VII- Solução pacífica dos conflitos; VII- Repúdio ao terrorismo e ao racismo; IX-Cooperação entre os povos para o progresso da humanidade; IX- Concessão de asilo político.
66 Barão do Rio Branco, Discursos, apud Wehling, Visão de Rio Branco. O homem de Estado e os fundamentos políticos. In: Cardim; Almino, op. cit., p.104.

Coube a Rio Branco fundar uma identidade nacional pacifista, e ao Itamaraty, ao longo do tempo, deturpá-la, acreditando que os recursos de solução pacífica de conflitos dispensariam a guarnição brasileira de meios estratégicos.[67] Interessante seria analisar a evolução da relação existente entre essa chamada cultura de paz com uma eventual cultura estratégica, no bojo do Itamaraty, ao longo do tempo, a fim de delimitar mais precisamente a partir de que momento uma passa a agir de modo antagônico à outra – o que não cabe a este capítulo.

O que, no entanto, é consensual entre alguns acadêmicos é a fixação da década de 1990 para o contexto de agravamento do distanciamento entre as duas faces da política externa. O fim do modelo nacional-desenvolvimentista, o qual teria como bases o fomento à indústria nacional, o protecionismo, a política de substituição de importações e também a ampliação das bases da Defesa nacional, teria se feito sentir mais sobre as percepções dos diplomatas do que de militares. Enquanto os últimos continuavam a ver no aparelhamento militar o meio mais importante de lastro dos interesses nacionais no exterior, os diplomatas adaptariam sua visão àquelas que consideravam as novas prioridades de inserção estratégica brasileira.[68] A busca da renovação de credenciais, norteadora da chamada postura institucionalista adotada pelo Itamaraty, entraria em choque com a

||||||||||||

67 Se no plano concreto a cultura de paz dispensou o preparo militar, a consciência do barão sobre a convivência entre a guerra e a paz – sendo a paz o exercício de imposições de vontades – fez-se presente desde o passado até hoje nas relações entre o Brasil e a Argentina, como procuram mostrar nossos dois primeiros capítulos. Primeiramente, na convivência entre um padrão pragmático de cooperação – instrumentalizado para atender aos desejos brasileiros de liderança e participação internacional – com o cultivo de uma memória de rivalidade que deixará à futura geração a consciência sobre a existência do leque aleatório (conceito já discutido acima), no cálculo de política externa, quer se trate de um amigo ou não.

68 Castelan, Segurança e Defesa na década de 90: Interpretações do Itamaraty e das Forças Armadas, *I Simpósio em Relações Internacionais do Programa de Pós-Graduação em Relações Internacionais San Tiago Dantas*, p.11.

visão persistente nos círculos militares.[69] Tal postura explorava o conceito de *soft-power* como meio de o Brasil angariar reputação internacional, desprezando a capacidade militar como variável de poder. Equivocadamente, a diplomacia brasileira passou a justificar sua postura afirmando que se tratava de uma longa tradição da política externa brasileira de busca de criação de consensos, advinda da era Rio Branco. Tencionava-se, na verdade, reinventar uma tradição, ou deturpar uma antiga para cimentar valores de atuação condizentes com uma nova conjuntura.

Panorama do diálogo entre militares e diplomatas na era FHC

Não se pode dizer que durante o governo de Cardoso o diálogo entre militares e diplomatas tenha sido de todo ausente, como mostra breve análise dos ofícios trocados entre os Estados-maiores das Forças Armadas e os mais diversos departamentos burocráticos do Itamaraty. O que houve, porém, foi um diálogo disperso e inconstante, ficando notório que o Itamaraty seleciona os assuntos que merecem a abertura de interlocução, ignorando outras eventuais consultas militares relacionadas a tópicos que a diplomacia considere de sua exclusividade.

Comecemos pela matéria que julgamos de maior proficuidade nessa tentativa de comunicação: a participação brasileira em missões de paz. O tema parece ser o único aberto pelo Itamaraty aos militares, em níveis tanto de debate, quanto de elaboração e decisão, como em nenhum outro caso. Acreditamos que a essa constatação seja propício o fato de o Itamaraty admitir sua ignorância para a tratativa de questões logísticas militares, das quais depende a estruturação de tais missões.

---

69 Ibid., p.12.

Ofícios trocados entre o Itamaraty e os antigos Ministérios militares – ainda existentes durante o primeiro mandato de Cardoso – indicam que os militares decidiam com certa autonomia sobre a designação dos cargos que compunham as missões permanentes do Brasil junto à ONU. Por exemplo, o aviso n.245/MM, Dist. 27/09/1995 deixa claro que o então ministro da Marinha, Mauro César Rodrigues Pereira, escrevia apenas para avisar ao ministro das Relações Exteriores, Luiz Felipe Lampreia, que o capitão de corveta (QC-CA) Cesar Mendes da Costa Abreu teria sido escolhido para atuar como oficial assistente do Conselheiro Militar.[70]

Alguns ofícios sugerem também que seriam de responsabilidade dos Estados-Maiores a coordenação e a organização dos estágios que visam à preparação de militares brasileiros para missões de paz, a exemplo do ofício que expõe mensagem do vice-chefe do Estado-Maior do Exército ao chefe da Secretaria de Planejamento Diplomático do MRE avisando sobre a data do próximo estágio de preparação de oficiais e agradecendo o apoio que aquela secretaria havia prestado à organização do último estágio realizado.[71]

Também ficariam a cargo das Forças Armadas os estudos sobre preparo das forças, bem como sobre cálculo e distribuição de contingentes.[72] Sobre isso, o Itamaraty se dirigiu inúmeras vezes aos

||||||||||||

70 Ver: Aviso n.245/MM, Dist. 27/09/1995. Outras correspondências do mesmo teor podem ser encontradas, como o Ofício interministerial, n.72/MM/MRE, de 16 de agosto de 1995. Disponível no Arquivo Histórico do Ministério das Relações Exteriores.

71 O Ofício n.355/SAE-3.2. Disponível no Arquivo Histórico do Ministério das Relações Exteriores.

72 O Ofício n.04352/SC-3 de 27 de novembro de 1996, Dist. DOI/DNU nos leva a entender que primeiramente as Forças Armadas se reúnem para discutir o planejamento e, em seguida, ele é registrado em Ata, transmitida ao Itamaraty. Normalmente, não é o ministro das Relações Exteriores quem recebe esses documentos, mas o Departamento de Organismos Internacionais do MRE. No caso do documento supracitado, o remetente era o brigadeiro do Ar Márcio Bhering Cardoso (3º subchefe do Estado-Maior das Forças Armadas), e o destinatário era o embaixador José Maurício Bustani, chefe

Estados-Maiores, em caráter consultivo, solicitando dos militares pareceres precisos sobre a viabilidade de envio de efetivos para as missões. Ainda que o Itamaraty não as consultasse, as Forças Armadas tomavam a iniciativa de informar sobre as capacidades brasileiras, como mostra o ofício elaborado pelo vice-almirante Rayder Alencar da Silveira, vice-chefe do Estado-Maior das Forças Armadas, à embaixadora Celina Maria Assumpção do Valle Pereira, diretora geral da Divisão das Nações Unidas do MRE, tratando de assuntos de "Standby Arrangements for peacekeeping operations and rapid deployment headquarter". O vice-almirante chama a atenção para a importância de sua mensagem, tendo em vista que o Brasil, desde 18 de fevereiro de 1996, teria confirmado junto à ONU sua intenção de participar de novos projetos de paz, ressaltando:

> Todavia, essa anuência requer uma sequência de ações das quais a próxima é a informação sobre capacidades, isto é, o arrolamento dos escalões de forças brasileiras possíveis de serem colocadas à disposição da ONU a fim de integrarem os referidos projetos. Desse modo, com vistas a permitir o prosseguimento do processo em foco da ONU, transmito a Vossa Excelência os seguintes dados relativos a capacidade brasileira: [...]. Por fim, informo que este Estado-Maior pretende, no mais curto prazo, concluir o levantamento pormenorizado do equipamento principal e o respectivo volumétrico, de modo a concluir a sistemática de ações preliminares preconizadas pela ONU para os países concordes na participação no "Standby Arrangements for peacekeeping operations and rapid deployment headquarter".[73]

Os Estados-Maiores se encarregariam, ao final, de elaborar relatórios de balanço da participação brasileira, os quais seriam enviados

||||||||||||

do Departamento de Organismos Internacionais do Itamaraty. A ata enviada referia-se ao planejamento da participação da tropa brasileira na UNAVEM III.

73 Ver: Ofício n. 002050 Brasília 01 de julho de 1998. MRE 9147. Disponível no Arquivo Histórico do Itamaraty.

ao Itamaraty.[74] Encerra-se aí, todavia, a abertura que o Itamaraty cede aos militares.

Fica claro, por outro lado, que os militares não tinham acesso a quaisquer tipos de diálogo junto à ONU. Estes seriam papel e função exclusivos do Itamaraty. Sendo assim, após avaliação interna do desempenho brasileiro, o Ministério das Relações Exteriores recebia da ONU o parecer daquela organização, o qual, por seu turno, era repassado às Forças Armadas. Elogios e condecorações a quaisquer oficiais envolvidos na missão também eram remetidos ao Itamaraty que, em seguida, informava o Estado-Maior responsável pelo oficial avaliado.[75]

As Forças Armadas também dependiam do Itamaraty para negociar com a ONU, por exemplo, ajuda de custo para o combustível de aviões da Força Aérea Brasileira utilizados para transporte de ida e regresso de pessoal.[76] Era também o Itamaraty que solicitava à ONU os materiais de orientação para planejamento das missões que, posteriormente, eram repassados aos Estados-Maiores.[77]

Da mesma maneira que as Forças Armadas aceitam se subordinar ao Itamaraty no trato político das questões de missões de paz,[78]

||||||||||||

74 Como exemplo, menciono Ofício 2349-AS/1.32-EMEX, elaborado pelo general de Divisão Jaime José Juraszek (chefe de Gabinete do Ministério do Exército) ao embaixador Carlos Moreira Garcia, que encaminha relatórios sobre a atuação de seu Batalhão junto à Cobravem, como do desempenho da Cia. de Engenharia e do Posto de Saúde Avançado.

75 Ver como exemplos: Ofício n.9 DNU-MRE/PEMU-OPAS e Ofício n.10/DNU--MRE/PEMU. Disponíveis no Arquivo Histórico do Ministério das Relações Exteriores.

76 Como mostra o Ofício n.191/SC-3. Reservado. Desclassificado. Disponível no Arquivo Histórico do Ministério das Relações Exteriores.

77 O Ofício 158/SAE 3.2 expõe pedido do general José Luis Lopes da Silva (vice-chefe do Estado-Maior do Exército) ao embaixador José M. Bustani (chefe do Departamento de Organismos Internacionais do Itamaraty), rogando que este solicitasse para a ONU o referido material, imprescindível para planejamento dos treinos realizados com os oficiais que participariam de missões.

78 Embora a participação em missões de paz figurasse como objetivo do presidente Fernando Henrique Cardoso, a análise de uma sequência de correspondências mostra

o Itamaraty aceita conselhos dos Estados-Maiores quando se trata, por exemplo, dos direitos e capacidades do país de reivindicar perante a ONU espaços de maior destaque.[79] Ademais, os militares parecem se sentir à vontade para indicar ao Ministério das Relações Exteriores a melhor forma de justificar eventuais pedidos de abertura de crédito que tenham que ser feitos à União, para o estabelecimento das missões.[80]

É possível, destarte, acreditar que no campo das missões de paz o diálogo entre militares e diplomatas flua de forma positiva, provavelmente porque seus resultados interessem a ambos os lados: ao Itamaraty porque a liderança brasileira em missões de paz da ONU constitui-se, a partir da era Cardoso, no principal instrumento de participação brasileira na construção da ordem mundial – objetivo crucial do paradigma da *autonomia pela participação*, como visto no Capítulo 2 e que, entretanto, só pode se concretizar pela participação

||||||||||||

que, primeiramente, a tratativa de elaboração e também de avaliação era de responsabilidade do Departamento de Organismos Internacionais do Itamaraty, o qual enviava relatos de resultado das missões à Secretaria Geral do Ministério das Relações Exteriores. A secretaria, por sua vez, informa o ministro das Relações Exteriores sobre a situação das missões, o qual, por último, elabora por exemplo os textos que serão proferidos pelo presidente nas chamadas "Mensagens ao Congresso Nacional". Assim, podemos dizer que o diálogo entre militares e diplomatas, nessas situações, não é regulado pelo poder político, mas coordenado pelo Itamaraty. Pode levar a essa interpretação a leitura de: EM416/DNU/DAF-II/SEI/SRC-MRE-PEMU OPAZ, de 25 de julho de 1995, que mostra o caminho final desse trajeto, qual seja: o encaminhamento do ministro Lampreia sobre as informações que FHC deveria passar ao Congresso Nacional.

79 A exemplo do Ofício 02071-SC-3, remetido pelo brigadeiro do Ar Marcio Bhering Cardoso ao embaixador José Maurício Bustani, que encaminha o relatório A/51/130, de 07/05/1996 da ONU, a fim de que o Itamaraty prestasse atenção os parágrafos 83 e 84, os quais previam a admissão de membros para uma Comissão Especial, da qual, na visão de Cardoso, o Brasil tinha direito de participar.

80 Como sugere o Ofício n.456 6ª. Sch/2, encaminhado pelo vice-chefe do Estado-Maior do Exército (EME), general de Brigada Roberto Figueiredo Uchôa de Moura, a Sebastião do Rego Barros, secretário-geral de Relações Exteriores, sobre custeio de despesas com missão do Brasil, em Angola, no ano de 1998. Na referida mensagem, o EME propõe ao MRE a elaboração de uma exposição de motivos conjunta.

das Forças Armadas, dada a natureza da atuação. A estas, por outro lado, interessa o envolvimento em missões de paz, considerando que tal envolvimento pode significar a justificativa para sua manutenção em um contexto em que a necessidade de sua existência chegou a ser posta em cheque pelos adeptos de novos preceitos internacionais do pós-Guerra Fria. Em outras palavras, seria, em parte, a solução para a crise de identidade vivida pela caserna, ao longo da década de 1990. Além disso, restaurar-se-ia junto à sociedade o sentimento de que as Forças Armadas são relevantes à Defesa externa. Ainda instrumentalizadas pelo Ministério das Relações Exteriores, e não pelo Estado, o reconhecimento de sua importância tática justificaria a atenção do governo e da sociedade.

Em relação às demais temáticas que possam envolver o diálogo entre militares e diplomatas no debate da política externa brasileira, algo que se pode notar na análise dos ofícios trocados entre as duas esferas é que prevalecem numericamente aqueles emitidos pelas Forças Armadas em tom de consulta,[81] ou de pedido de esclarecimentos ao Itamaraty.[82] Alguns são respondidos pelo Itamaraty e outros, não.

Um exemplo que contempla a análise de como a desarticulação de tal diálogo pode afetar diretamente a institucionalização das relações entre Brasil e Argentina pode ser conferido por um ofício que supõe um pedido de esclarecimentos feito por Gleuber Vieira ao Itamaraty, a respeito de um entendimento firmado com a Argentina. A tal ofício,

||||||||||||

81 Por exemplo, mediante o Aviso n.01468/SC-2/FA-22 de 10/02/1995, o general de Exército Benedito Onofre Bezerra Leonel (ministro-chefe do EMFA) consulta o MRE sobre convite a ser feito ao general John M. Shalikas, chefe do Estado-Maior Conjunto dos EUA, para visitar o Brasil.

82 Como, por exemplo, o Ofício 99/SAE-2, pelo qual o general Gleuber Vieira, ministro de Exército, protesta ao MRE o fato de ter sabido pela imprensa sobre o Memorando de Entendimento firmado com a Argentina na área de Defesa e Segurança, reiterando sua decepção em não ter podido participar da elaboração do entendimento em questão, como lhe seria de grande interesse.

Sebastião do Rego Barros, secretário-geral das Relações Exteriores, responde com a mensagem:

> Acuso o recebimento de seu ofício relativo ao Memorando de Entendimento entre o governo do Brasil e o governo da República Argentina, sobre consulta e coordenação, firmado no último dia 27 de abril, no Rio de Janeiro. Muito agradeço as manifestações de apoio à iniciativa, bem como de interesse desse Ministério em participar ativamente da implementação dos objetivos que o referido instrumento preconiza [...] A propósito da negociação do Memorando de Entendimento, esclareço que as tratativas com a Argentina foram conduzidas pelo Itamaraty em constante consulta e coordenação com o Estado-Maior das Forças Armadas. A negociação foi concluída no final do ano passado, após ter o EMFA comunicado ao Itamaraty que as forças singulares já estavam informadas e de acordo com o projeto.[83]

Chama atenção o fato de ser o secretário-geral do Itamaraty e não o ministro das Relações Exteriores, por exemplo, quem responde ao reclamo dos militares, além do próprio conteúdo da mensagem, que sinaliza que também partiu da burocracia diplomática o diálogo com outros setores militares que foram consultados sobre o entendimento. Ao mesmo tempo, parece se originar no Itamaraty uma seleção sobre quais autoridades militares consultar. Por outro lado, a diplomacia reconhecia que algum diálogo se fazia necessário, até porque o país não contava, naquele momento, com um Ministério da Defesa e, tratando-se da Defesa, objeto daquele entendimento bilateral, haveriam de estar presentes militares que articulassem a conversa com a parte argentina, cujo conteúdo o MRE não dominava. Como veremos adiante, porém, embora nesse caso os militares tenham participado da conversa, foi o Itamaraty, em sua redoma burocrática, que decidiu

---

IIIIIIIIIII

83 Ver: Ofício 03 DAMI-MRE PEXT BRAS ARGT, Urgente, de 28/05/1997.

o formato final que aquela negociação teria. Os militares cumpriram, então, o seu papel executor, enquanto o Itamaraty continuava a centralizar o papel estratégico, eximido do poder de iniciativa do Estado e do debate político. Reiteramos que o que se encontra fora do lugar não é o alheamento militar do debate político, já que tal papel não cabe à caserna, mas a substituição do Estado pelo Itamaraty no papel de controle de tal debate.[84] Explanaremos melhor o processo negociador de tal entendimento no próximo capítulo. Por ora ele foi trazido como elucidação da dispersão e da falta de regulamentação do diálogo entre militares e diplomatas no caso de entendimentos que envolvam a área de Defesa, o que, por sua vez, dificulta a organicidade institucional desses entendimentos.

Mas voltando ao conteúdo desse pulverizado diálogo, são reduzidos os ofícios remetidos pelo Itamaraty aos Estados-Maiores em caráter consultivo,[85] sendo mais comuns aqueles que contêm mensagens de aviso ou mesmo de resposta a um diálogo iniciado pelos militares.[86] Ou seja, correspondem a exceções os casos em que o diálogo

||||||||||||

84 O Despacho Telegráfico 1245 de 17/10/1996 elucida, de maneira complementar, um caso em que o Itamaraty redigiu o texto que deveria ser pronunciado às autoridades argentinas, em Ordem do Dia Conjunta dos Comandantes em Chefe das Forças Armadas, por ocasião da inauguração da Operação Cruzeiro do Sul de 1996.

85 Entre os poucos documentos que registram algum tipo de consulta do Itamaraty ao alto escalão militar, constam: 1) Aviso n.11 DAOC-I/SPD/DPL-MRE-PEXT PDEF BRAS IND, pelo qual o chanceler Lampreia consulta o general do Exército Benedito Onofre Bezerra Leonel (ministro-chefe do Estado-Maior das Forças Armadas) sobre a possibilidade de instalação de adidância militar junto à embaixada da Índia no Brasil. 2) O aviso n.9/DAF-II-MRE-PEXT BRAS RAFS, de 10 de junho de 1997, expõe comunicado redigido pelo chanceler Lampreia ao general do Exército Benedito Onofre Bezerra Leonel, em que relata visita do presidente Cardoso à África do Sul, entre os dias 25 e 28 de novembro de 1996, visando estabelecer compromissos no âmbito bilateral e multilateral, e pede sugestões no que toca ao relacionamento militar entre Brasil e África do Sul.

86 Como exemplifica o Ofício reservado, registrado sob aviso n.09 DAM II-MRE PEXT-BRASI GUIAN, pelo qual o Itamaraty responde ao EME que consideraria sim positiva a intensificação da cooperação militar em marcha com a Guiana; bem

tem como ponto de partida o Itamaraty, como no caso das missões de paz que há pouco tratamos. Aliás, há um caso específico que talvez denote que as iniciativas de dialogar de forma mais aberta sejam mais típicas dos militares. São frequentes os convites lançados ao ministro das Relações Exteriores para realizar exposições em sessões de debates e palestras sobre temas específicos da política externa, organizados ora pelas Escolas de Comando, ora pelos Estados-Maiores, ora pela Escola Superior de Guerra, ao lado de lideranças militares. Tal situação fica mais nítida a partir de duas constatações: em primeiro lugar, foram pouquíssimos os casos em que o ministro das Relações Exteriores aceitou estar presente,[87] sendo mais comuns aqueles em que designou representantes.[88] Por outro lado, os militares não são

||||||||||||

como o Ofício n.6 DAMI, MRE, PEXT, BRAS ARGT, de 28 de abril de 1998, pelo qual Sebastião do Rego Barros, secretário-geral das Relações Exteriores, responde ao reclamo do tenente-brigadeiro do Ar, Ronald Eduardo Jaeckel, chefe do Estado--Maior da Aeronáutica, acerca da violação do espaço aéreo brasileiro por aeronaves argentinas, declarando que o assunto já estava sendo tratado pelo embaixador do Brasil em Buenos Aires, Luiz Felipe de Seixas Corrêa, junto ao vice-chanceler argentino Andres Cisneros.

87 Um desses casos está registrado no Aviso 2 C/SG/SEAP/SGIE-MRE-PEXT, no qual, em 4 de março de 1998, Lampreia escreve ao tenente-brigadeiro do Ar Lelio Viana Lobo, ministro de Estado da Aeronáutica, em resposta a seu Aviso 5/GM3/15 de 30 de janeiro de 1998, aceitando o convite para participar do ciclo de palestras promovido pela Ecemar sobre "A análise da situação internacional", expondo o tema "O cenário internacional e a política externa brasileira" em 29 de abril de 1998 e designando também como palestrantes a embaixadora Celina Maria do Valle Pereira, o ministro Marcelo de Moraes Jardim, o embaixador Luiz Augusto de Castro Neves, o ministro José Vicente Pimentel, a ministra Vera Lucia Barrouin e o ministro Piragibe Tarragô.

88 Elucidaremos com dois casos: um em que o chanceler Lampreia escreve ao general de Exército Paulo Neves de Aquino, comandante e diretor de Estudos da ESG, acusando indisponibilidade de agenda para participar do ciclo de palestras, na qualidade de expositor do tema "A política externa brasileira", designando para ir em seu lugar o embaixador Sebastião do Rego Barros (Ofício n.20/SPD-MRE-PEXT, de 18 de abril de 1997); e o caso em que o chanceler Lampreia responde à mensagem de Benedito Onofre Bezerra Leonel pedindo que tratasse a participação do MRE em atividades dos cursos de Altos Estudos de Política e Estratégia (CAE/PE) e do curso de Altos Estudos de Política e Estratégia Militares (CAEPM) da ESG diretamente com o

chamados a participar dos eventos do Itamaraty que têm como fim debater temas gerais e/ou específicos da política externa.

Enfim, o balanço do breve acompanhamento dos ofícios trocados entre militares e diplomatas, na tentativa de estabelecimento de um diálogo que resulte em decisões mais ponderadas de política exterior – com base no pressuposto de serem as duas esferas elos de uma mesma corrente –, conduz-nos a inferir que existe um diálogo desarticulado, sem qualquer organicidade, regularidade ou regimento. Daí que entramos em outro aspecto polêmico acerca das particularidades decisórias da política externa do Brasil: se a existência de um diálogo articulado fica impedida pelo voluntarismo das duas burocracias – talvez mais da diplomática, como vimos –, por outro lado, tal situação é fortalecida pela falta de iniciativas políticas sólidas que visem ao melhor aproveitamento de tal conexão. É sobre isso que trata a próxima seção.

Uma política externa sem política?

Quando tratamos de democracias saudáveis, mais recomendável que o próprio acontecimento do diálogo entre militares e diplomatas para a concatenação dos cálculos de política externa seria que tal diálogo ocorresse em absoluta subordinação ao poder político.

Constitucionalmente, a responsabilidade pela definição da política externa brasileira cabe ao Poder Executivo. Teoricamente, compete a esse poder defender os interesses coletivos no exterior. Ao Estado seria confiada a condição de vida da população, já que, além de ser o único ente que, segundo Merle, "beneficia-se da plenitude das competências outorgadas aos sujeitos de direito internacional:

||||||||||||

embaixador Lúcio Pires de Amorim, secretário de Planejamento Diplomático. Ver: Aviso n.11/SPD-MRE-PEXT.

direito de legislar, direito de tratar, direito de guerra, direito de intentar ação judicial", o Estado constitui a "sede principal da potência e do poder de coerção que podem ser empregados tanto em relação aos seus próprios sujeitos quanto em relação aos outros Estados".[89] Acontece que parece faltar ao Brasil um projeto de condução da política externa como um todo, que se nutre da ausência de controle efetivo das duas burocracias e que redunda em um diagnóstico ainda mais grave: ambas as instituições – as Forças Armadas e o Itamaraty – extrapolam suas prerrogativas executoras, penetrando, com aceitação pública e política, um campo que pertence ao poder público. No caso das Forças Armadas, se ficam marginalizadas em relação às decisões das quais se apossou historicamente o Itamaraty, por outro lado elas dominam o campo da formulação de uma política nacional de Defesa. Retornando, entretanto, à política exterior, a apatia social aos temas externos não é dado específico do Brasil. Esteve presente, por exemplo, na França da década de 1960, como observado por Duroselle:

> [...] a maioria dos cidadãos comuns permanece geralmente indiferente e não se apaixona pelos problemas exteriores até que estes produzam um efeito interno perceptível (serviço militar, impostos, imigrantes no mercado de trabalho, ameaça de guerra etc.).[90]

De acordo com o autor, entre a minoria interessada em discutir a política externa, restariam dois grupos de agentes: "os que detêm o poder de decisão e os executores, ou, [...] os estratégicos e os táticos".[91] Segundo o autor, caberia ao primeiro grupo fixar os objetivos, os meios e os riscos da política externa. Ao segundo grupo, dispor dos melhores meios para realizar os objetivos que são prescritos

||||||||||||

89 Merle, *Sociologia das relações internacionais*, p.215.
90 Duroselle, *Todo Império perecerá. Teoria das relações internacionais*, p.101.
91 Ibid.

pelo grupo estratégico. Os diplomatas e os militares estariam entre os executores (ou os agentes táticos). No primeiro grupo estaria o chefe (o que decide), ou que tem a responsabilidade das decisões – ainda que apenas concorde com a decisão de um subordinado – e que conta com diversos conselheiros aos quais Duroselle chama de *peritos*, considerando a existência de diversas opiniões justificadas sobre as reações que cada decisão provocaria na opinião pública ou nos grupos de interesses. Os chefes do Estado-Maior das três forças seriam, necessariamente, alguns dos peritos consultados. A equipe decisória constituir-se-ia, então, pelos que decidem e por seus peritos, não sem antes haver o debate político.

Contudo, o que se constata no Brasil é que tanto a burocracia militar quanto a diplomática tendem historicamente a conter no reduto da própria instituição o seu grupo estratégico e tático, bem como a envolver em seu reduto institucional um grupo de peritos, respeitando-se, obviamente, a estrutura hierárquica de cada entidade. Embora o século XXI brasileiro possa sinalizar alguma mudança nessa estrutura funcional,[92] ainda são gritantes, por exemplo: o distanciamento entre a academia e as discussões de Defesa e diplomacia, e a pobreza do debate parlamentar e político.

Segundo Aldo Rebelo, deputado federal pelo Partido Comunista do Brasil (PC do B), há um consenso em torno do qual são os parlamentares comunistas ou do Partido dos Trabalhadores (PT) os que em geral se interessam por temas externos, tendo tal grupo, inclusive, trabalhado para a criação da Comissão de Relações Exteriores e

|||||||||||

92 Amaury de Souza, por exemplo, acredita que nos últimos dez anos foram importantes os exemplos de estreitamento entre o interno e o externo nas decisões de política exterior do Brasil. Para ele, isso se fez por reflexo do fato de diversos temas da agenda doméstica terem sido decididos em fóruns internacionais, e também do mérito de mudanças empreendidas no governo Lula, que permitiram a abertura de um canal de diálogo entre o Itamaraty e a assessoria internacional da presidência da República. Ver: Souza, *A agenda internacional do Brasil: a política externa brasileira de FHC a Lula*, p.123.

Defesa Nacional da Câmara dos Deputados (CREDN). Tal comissão, criada em 1996, teria por princípio ampliar as bases de diálogo com o Itamaraty e intermediar o diálogo entre este e as Forças Armadas. Mas, de acordo com Rebelo, não há nenhum regimento que obrigue tal diálogo e ele só acontece quando há conciliação entre quem está na chefia de cada instituição envolvida.[93] Veremos, pois, como a ausência de autoridade política concorre historicamente para a extrapolação funcional de cada burocracia. Em seguida, vamos analisar como esse conjunto de fatores atua, também historicamente, como condicionante das relações do Brasil com a Argentina.

Tratando primeiramente das questões de Defesa, é digno ressaltar que os militares terminam sendo os formuladores e executores da referida pasta, apossando-se dos vazios deixados pelo próprio poder público.[94] Tanto a autonomia dos militares como a da diplomacia podem se relacionar, por princípio, a características culturais do próprio processo político brasileiro. É possível encontrar essa abordagem em Gómez, para quem é uma situação comum à América Latina, de modo geral, que o conjunto de valores em relação ao político – que define as atitudes políticas e suas tradições institucionais – esteja

||||||||||||

93 "É uma relação muito informal. Não há nada regimental. Por isso ela se enfraquece ou se fortalece de acordo com 'quem' está em cada lugar." Rebelo, Entrevista concedida à autora. Brasília: agosto de 2009.

94 Isso se deve, entre outras variáveis, a: "1) a imprecisão da destinação da missão das Forças Armadas prevista pela carta constitucional; 2) o mal fundamentado Documento de Política de Defesa Nacional que ainda não esclarece absolutamente sobre quais aspectos incide a tarefa das Forças Armadas e não autentica uma conceitualização precisa do que seja Defesa e Segurança – fatores que associados redundam na constante e corriqueira abertura à participação das Forças Armadas em tarefas que não lhes são essenciais; 3) a fraca estrutura de mando do Ministério da Defesa sobre os militares; 4) a falta de debates públicos sobre Defesa e, por conseguinte, o cuidado em tornar desconhecida a conjugação política responsável pela formulação da Defesa nacional etc.". Ver: Saint-Pierre; Winand, O legado da transição na democrática para a Defesa: os casos brasileiro e argentino. In: Saint-Pierre (org.), *Controle civil sobre os militares e política de defesa na Argentina, no Brasil, no Chile e no Uruguai*, p.33-72.

profundamente atrelado à herança cultural da colonização espanhola e portuguesa, vigorosamente personalista e centralizadora: "Pessoas e não instituições foram os centros da política daquele tempo. [...] A cultura política na América Latina foi desenhada não sobre leis e instituições sociais, mas em virtude de ordens personalistas". A autora diz que essa estrutura vertical era reforçada pela falta de representação – ausência de Congressos e Parlamentos – e foi, ao longo do tempo, desenhando uma situação que se encontra ainda presente: a saliência do Executivo sobre os poderes Legislativo e Judiciário. Como uma via de mão-dupla, práticas constroem valores e a perpetuação deles dá vida a um código de condutas. Assim, para Gómez a América Latina ainda não enraizou valores próprios de uma democracia, como: tolerância, confiança, participação e consenso.

Especialmente no caso da Defesa, porém, o processo histórico tem grande responsabilidade no reforço de tais aspectos centralizadores, a exemplo da herança que a trajetória de conversão democrática da década de 1980 deixou para a legitimação constitucional da autonomia dos militares em assuntos políticos.[95] A Constituição de 1988 acabou mantendo legal o pleno exercício da função interventora das principais lideranças militares, por meio de artigos imprecisos e

||||||||||||

95 A restauração do governo civil no Brasil, pós-ditadura militar, foi preparada desde que fosse mantida a mesma capacidade de intervenção militar na política. Vale ressaltar que todo o processo de transição no Brasil se deu por iniciativa militar. Todo o projeto de distensão foi elaborado sob o controle militar, o que garantiu que mantivessem parte de suas prerrogativas políticas. O primeiro governo civil, de José Sarney, foi caracterizado pelo controle militar sobre a definição do papel que eles mesmos exerceriam. Esse fato garantiu que, embora não fossem mais governo, os militares participassem das negociações políticas em defesa de seus interesses, como na definição de seu papel constitucional por ocasião da elaboração da Constituição de 1988. A atuação de um *lobby* militar no Congresso garantiu a manutenção das prerrogativas constitucionais de obediência dentro dos limites da lei e da manutenção da lei e da ordem interna, apesar de essas cláusulas não constarem no anteprojeto constitucional elaborado em 1986. Cf. ibid.

ambíguos, como o de número 142.[96] Ainda que durante o governo de Collor tenha-se tentado corrigir as mencionadas distorções constitucionais, por meio da Lei Complementar sobre Forças Armadas, aprovada em abril de 1991 pela Câmara dos Deputados, a sobrevivência dos Ministérios das forças singulares ainda concorria para a ausência de controle civil. Mas não se pode deixar de destacar os êxitos daquele período que, em parte, deram-se pela assertividade daquele governante em buscar lideranças dispostas a estabelecer negociações conciliatórias com o governo: a exemplo de Mário César Flores (ministro da Marinha), Carlos Tinoco (ministro de Exército) e Sócrates Monteiro (ministro da Aeronáutica), os quais não tiveram ligação com o regime militar, nem com o quadro tutelar

||||||||||||

96 As questões relativas à Defesa e à Segurança e aos temas a ele vinculados foram tratadas de modo bastante disperso e a responsabilidade pelo encaminhamento deste tema permaneceu indefinida. A título de exemplo, pela Constituição de 1988, a estrutura de poder concede à União a primazia no tratamento e encaminhamento das questões da Defesa. Cabe-lhe a responsabilidade em assegurar a defesa nacional (art. 21, III), o que leva a disposição de autorizar que forças estrangeiras transitem pelo território nacional ou nele permaneçam temporariamente (art. 21, IV); a adotar as medidas nacionais previstas na constituição para tratar de ameaças ou situações internas que comprometam ou envolvam questões de Segurança e Defesa Nacional, a saber, o estado de sítio, o estado de defesa e a intervenção federal (art. 21, V) [...]. O emprego das Forças Armadas como instrumento de garantia da lei e da ordem é da responsabilidade do Presidente, por iniciativa própria ou em atendimento a pedido de qualquer dos poderes constitucionais, através do Presidente do Supremo Tribunal Federal, do Presidente do Senado Federal ou do Presidente da Câmara dos Deputados, no âmbito de suas respectivas áreas. A atuação das Forças Armadas ocorrerá de acordo com as diretrizes do Presidente, depois de esgotados os instrumentos destinados à preservação da ordem pública, da incolumidade das pessoas e do patrimônio, relacionados no art. 144 da Constituição Federal que cuida da Segurança Pública. Esta é a principal brecha deixada pela Constituição. Por meio dela, qualquer tipo de determinado militar torna-se dependente à iniciativa de qualquer dos Poderes da República, ou seja, na prática, além do presidente, outras autoridades podem decidir sobre o recurso às Forças Armadas. Além disto, as possibilidades para convocação das Forças Armadas são amplas, podendo descaracterizar sua missão essencial. Deparado com a incapacidade de solucionar problemas de segurança pública, o governo brasileiro, que não se atenta aos limites constitucionais, tem batido cada vez mais frequentemente às portas dos quartéis, buscando soluções para a repressão do tráfico de drogas e do crime organizado. Cf. ibid.

do presente no governo de Sarney.[97] Associando-se a tais lideranças, Collor logrou o encolhimento de importantes funções militares, promovendo reestruturações no Gabinete Militar, no EMFA e na área de informações. Ao extinguir o Serviço Nacional de Informações (SNI), criar a Secretaria de Assuntos Estratégicos e desprover de *status* ministerial o EMFA e o Gabinete Militar, o então presidente contribuiu para a desmilitarização do nível superior de deliberação do poder do Estado e da administração do Planalto. Além disso, Collor tirou os militares do controle absoluto do projeto de desenvolvimento da energia nuclear, criando uma comissão mista para seu estudo que envolvia também diplomatas, técnicos, cientistas, acadêmicos etc. A conjuntura não foi de todo propícia para a consolidação de tais mudanças. No momento em que as funções militares viam-se sujeitas à adaptação aos novos preceitos da potência hegemônica do pós-Guerra Fria, faltou ao governo sensibilidade para lidar com a chamada "crise de identidade militar", que talvez pudesse ser resolvida com políticas educacionais voltadas para a nutrição de conceitos sobre novas funções e missões militares dentro da própria caserna. Deixou-se, enfim, nos quartéis, um quadro de tensão, cuja resolução ficaria a cargo do próximo presidente. Sob o governo de Itamar Franco, essas questões se recrudesceram, gerando uma forte luta política em torno da definição dos ministros militares, a qual resultou na substituição dos ministros Flores, Tinoco e Monteiro, por Ivan Serpa, Zenildo Lucena e Lélio Viana Lobo, respectivamente. A ideia de criação do Ministério da Defesa já estava em incubação desde a era Collor, mas era ferrenhamente combatida por alas das três forças. A resistência militar a mudanças, somada à falta de proposição civil para tratar a adequação dos militares a um novo momento político, afluiu para o retardamento na criação do Ministério da Defesa. Enquanto em diversas partes do mundo essa estrutura existe

97 Ibid.

desde o final da Segunda Guerra Mundial, no Brasil ela só nasceria em 1999, fundada, assim mesmo, sobre uma frágil estrutura. Logo que declarou seu empenho em finalmente fundar o Ministério da Defesa, Fernando Henrique Cardoso tratou de pedir assessoria ao então ministro do EMFA, general Benedito Onofre Leonel, abrindo, como de costume, precedentes à influência dos militares. Ao tentar nomear Ronaldo Sardemberg como ministro, Cardoso foi demovido por amplo protesto dos militares para busca de alternativas ao cargo. Visando instituir um consenso sobre o planejamento da Defesa, bem como centralizar a administração da Defesa do Brasil sob controle civil – uma vez que ela era coordenada pelos Ministérios da Aeronáutica, da Marinha, do Exército, pelo Estado-Maior das Forças Armadas (EMFA) e pelo Gabinete Militar da Presidência –, já em 1996 teria sido publicado o primeiro documento declaratório de política de Defesa nacional (DPDN).[98] O documento pautava-se também no intento de atualizar o pensamento da Defesa brasileira, de acordo com o novo "*momentum* internacional". Também relacionada aos objetivos acima apontados esteve a criação, em maio de 1996, da Câmara de Relações Exteriores e de Defesa Nacional (CREDN) no seio do Conselho de Governo, reunindo os Ministérios das Relações Exteriores, Justiça, Marinha, Aeronáutica, EMFA, Casa Civil, Casa Militar e da Secretaria de Assuntos Estratégicos (SAE). O novo conjunto institucional deveria "otimizar o sistema de defesa nacional, formalizar uma política de defesa sustentável e integrar as três Forças, racionalizando as suas atividades",[99] além de contribuir para a maior articulação entre civis e militares e, também, entre as Forças Armadas e o Itamaraty. Esses foram os passos precedentes da criação do Ministério da Defesa, a qual concretizou em 1999. Entretanto,

||||||||||

98 Antes disso, o Brasil jamais tivera uma política declaratória de Defesa Nacional, com exceção das leis de segurança nacional, voltadas para o contexto do entreguerras e da Guerra Fria.

99 Disponível em: <www.defesa.gov.br>.

poucas mudanças substanciais foram percebidas. Primeiro porque o DPDN não cumpriu os objetivos norteadores da revisão da Defesa brasileira, tendo de ser reformulado e substituído em 30 de junho de 2005, pelo Decreto nº 5.484, continuando a receber, mesmo em sua segunda versão, massiva contribuição dos militares em sua formulação. Por outro lado, a estrutura organizacional do Ministério da Defesa continuou denunciando a participação dos militares nas decisões da pasta: apenas o cargo de ministro da Defesa e o chefe do seu gabinete, entre os cargos principais da estrutura do Ministério, são civis. Até mesmo a nomeação do ministro, por parte do presidente da República, depende da aceitação prévia dos militares. Mesmo que haja em algumas secretarias cargos ocupados por civis, isso não quer dizer que temos um Ministério predominantemente civil. As Forças Armadas estendem sua atuação a todos os órgãos e gabinetes da estrutura da Defesa Nacional, tanto em funções de assessoria do presidente e em sua participação no Conselho da República e o Conselho de Defesa Nacional, quanto nas funções de assessoria parlamentar e das comissões de Defesa Nacional do Congresso.[100] Até mesmo o planejamento orçamentário da Defesa brasileira é realizado nas unidades militares.[101] Ou seja, a política de Defesa, sua elaboração e operacionalização carregam uma essência militar em detrimento de outra política, motivo pelo qual defendemos que a Defesa brasileira tem como agentes estratégicos e táticos os próprios militares.

A diplomacia brasileira goza de similar autonomia estratégica no campo de elaboração e decisão da política externa. Como destaca Oliveira, há um arraigado consenso em torno do fato de que o Ministério das Relações Exteriores – o Itamaraty – vem, há tempos, desempenhando papel central na condução dos assuntos exteriores. De acordo com o estudioso,

||||||||||||

100 Saint-Pierre; Winand, op. cit., p.33-72.
101 Como analisa Saint-Pierre, Brasil. Disponível em: <http://www.iugm.es/ADEFAL/index.htm>.

O fortalecimento do Itamaraty enquanto corpo profissional tem suas origens na própria história da formação do Estado Nacional, dotando-o, já nas três primeiras décadas do século XX, de uma estrutura racional e burocratizada, no sentido weberiano [...]. Com padrões regulares de carreira, controle sobre o recrutamento, o sistema de treinamento e a avaliação profissional, o Itamaraty viabilizou um alto grau de coesão corporativa e um *espirit de corps* bem desenvolvido entre seus membros, diferenciando-se das demais agências do Estado brasileiro – e guardando semelhanças, nesse sentido, apenas com os ministérios militares.[102]

O autor observa ainda que:

[...] a instituição adquiriu, desde cedo, uma autonomia crescente em relação ao sistema social e ao próprio aparelho estatal, conferindo-lhe iniciativa, também crescente, na formulação e implementação da política externa, e a capacidade de assegurar certa continuidade desta política ao longo do tempo, através da resistência a mudanças bruscas e indesejadas. Além de sua autonomia, de sua coesão e do seu insulamento burocrático, também é apontada como característica weberiana do Itamaraty a longa "coerência corporativa" vigente na instituição, expressa na continuidade e na solidez da adesão de seus membros à "doutrina de política externa" desenvolvida pela corporação.

A visão dos componentes da diplomacia é de que tal estrutura deve ser mantida em nome da garantia de uma continuidade nas escolhas e orientações de política externa. Para Danese, o próprio Barão do Rio Branco (1902-1912) teria se esforçado por consolidar "a profissionalização e a ascendência da chancelaria profissional na diplomacia", com fins de dar seguimento aos paradigmas imperiais

||||||||||||

102 Oliveira, *Política externa brasileira*, p.23-4.

de atuação externa.[103] O fortalecimento da burocracia diplomática, empreendido por Rio Branco, agiria também no sentido de diminuir o espaço de manobra e de atuação da Presidência da República, sobretudo, como ressalta Danese, "quando o temário da política externa se torna mais complexo e técnico, e menos fértil para a criatividade presidencial".[104] Trata-se de uma práxis percebida como salutar mesmo pela diplomacia contemporânea, que considera a interação entre os Estados movida por fatores internos imutáveis e por fatores externos de longa durabilidade, não sendo compatível, por conseguinte, com decisões políticas baseadas em dados conjunturais. Nesse ponto, a ação exclusiva de um corpo profissional, cujo ritmo de ação é mais lento e está relacionado a "uma coerência derivada de certos interesses básicos, condicionados pela relativa estabilidade das modalidades possíveis de inserção de um país no sistema internacional", é considerada mais prudente.[105]

Durante os dois mandatos de governo do presidente Fernando Henrique Cardoso, muito se falou de uma *diplomacia presidencial* que, em tese, dirimiria o excesso de autonomia do Itamaraty. Como discerniu o próprio chanceler Lampreia,

> É necessário sublinhar, entretanto, que a diplomacia presidencial não significava a diminuição do papel do Itamaraty. FHC respeitava plenamente minha autoridade e as qualificações profissionais de nossos diplomatas, dando-nos uma grande latitude e toda a sua confiança para o exercício da política externa. [...] Nossa casa era suscetível a interferências externas, especialmente nas promoções dos diplomatas dentro da carreira, como havia sido o caso flagrante do governo anterior. Adotamos o sistema de colegiado com votações em torno de listas de candidatos, o que resultava em consenso

||||||||||||

103 Danese, *Diplomacia presidencial*, p.253-4.
104 Ibid.
105 Lafer, Novas dimensões da política externa brasileira, *Revista Brasileira de Ciências Sociais, ANPOCS*, n.3, 1987, p.73.

da comissão de promoções. Fernando Henrique sempre acatou essas listas e não permitiu interferências, mesmo de políticos importantes.[106]

O presidente não apenas era conivente com a referida autonomia, como ajudava a preservá-la, como dá a entender o então chanceler. Por outro lado, como distinguiu Cervo, diplomacia compreende operacionalização e não planejamento, de modo que não seria razoável pensar que uma diplomacia presidencial presuma a participação do presidente no processo de formulação da política externa. Logo, não é de surpreender que muitas das mensagens acerca de política externa que Fernando Henrique Cardoso proferia ao Congresso Nacional, principalmente aquelas que justificavam as viagens do presidente ao exterior, já saíssem redigidas do interior do Itamaraty, como apontam diversas correspondências entre o Ministério das Relações Exteriores e a Presidência da República.[107] Sobre a relação do Itamaraty com Fernando Henrique Cardoso, Lampreia diz,

> O presidente sempre teve muito diálogo com a gente, somos amigos de longa data; e segundo sempre teve muito respeito pela instituição (MRE). Então, apenas talvez uma ou duas vezes ele teve alguma ideia ou iniciativa própria, por exemplo numa viagem ao México. Mas de modo geral, o planejamento da atuação dele, da diplomacia presidencial, que era feito em contato com outros chefes de governo ou de Estado, era conversado, combinado com a gente, comigo principalmente. Não havia um mecanismo muito

||||||||||||

106 Lampreia, *O Brasil e os ventos do mundo: memórias de cinco décadas na cena internacional*, p.146.

107 Além de o Itamaraty elaborar os discursos ao Congresso que justificavam as viagens do presidente, também elaborava os textos de atualização sobre a participação brasileira em missões de paz, como exemplifica o documento EM n.416/DNU/DAF-II/SEI/SRC-MRE-PEMU-OPAZ. Disponível no Arquivo Histórico do Ministério das Relações Exteriores. O presidente da República possui seu quadro de consultores sobre política externa. No caso do governo de Cardoso, era o próprio Itamaraty quem os designava e cedia à Presidência da República. Ou seja, a consultoria do presidente era composta por membros da burocracia diplomática.

formal. E o presidente e eu já tínhamos trabalhado antes juntos, tínhamos muito boa relação, então isso não requeria um processo muito longo de amadurecimento dos assuntos. Era tudo feito com certa rapidez, certa facilidade: às vezes por telefone, às vezes pessoalmente. Conversávamos sobre o planejamento geral das viagens dele e havia uma série de ações regulares que não consistiam necessariamente nele participando diretamente, porque ele tinha todo um cotidiano cheio de problemas mais delicados. De maneira que eu diria que o presidente tinha muita confiança em mim. Por isso não havia necessidade de um mecanismo muito formal de controle. Claro que o presidente era informado regularmente, tinha uma assessoria diplomática que prepara o discurso dele. Isso tudo fazia parte de uma rotina. Mas de maneira geral eu diria que o presidente formulava a política em conversa comigo e com o Itamaraty.[108]

Lampreia nega que a burocracia do Itamaraty tenha alguma autonomia na formulação, o que, na verdade, ocorreria no campo da execução. De acordo com ele,

[...] você tem que confiar nos seus agentes diplomáticos para realizar várias funções, mas não tem uma autonomia de formulação. É o que o ministro Zenildo dizia do Exército: "Isto aqui não é uma democracia, isto aqui é uma autocracia, quem manda é o ministro do Estado-Maior". Porque burocracia tem que ser assim: se você fizer uma coisa muito aberta, cada um fala por si e nada funciona. Tem que haver uma linha geral, central. Isso, porém, não impede que cada embaixador, que cada diplomata negocie de acordo com seu jeito pessoal, de sua coloração pessoal. Uns embaixadores são mais fortes, mais poderosos do que outros. Embaixadores que estão em Washington, em Londres. Enfim, sempre há um matiz próprio, mas não no sentido fundamental. O próprio Celso Amorim foi embaixador na ONU, foi embaixador em Genebra, tinha também seu estilo próprio,

108 Lampreia, Luiz Felipe. Entrevista concedia à autora. Rio de Janeiro: junho de 2009.

sua opinião própria, mas que funcionava dentro de um programa, de uma agenda mais demarcada.[109]

Compreendemos, porém, que essa autonomia de execução da qual goza a burocracia diplomática já seja suficientemente comprometedora ao resultado final de uma negociação. Tomemos como exemplo a ação da burocracia nos trâmites para a assinatura de acordos internacionais. Conforme sinaliza o trabalho de Alexandre, no plano teórico o trâmite de assinatura de um acordo segue, em síntese, o seguinte ritual: o acordo é assinado na Presidência da República ou por seu mandatário (ministro das Relações Exteriores, por exemplo). O Ministério das Relações Exteriores elabora uma minuta ao Congresso Nacional solicitando seu referendo. A minuta passa da Casa Civil para a Câmara dos Deputados, responsável pela votação e transformação da minuta em projeto de decreto legislativo. Depois de passar por deliberação e votação, o projeto segue ao Senado Federal para ser votado e novamente encaminhado para discussão e votação pelo plenário, submetendo-se, adiante, à promulgação do presidente do Senado até, enfim, chegar à Presidência da República, onde ocorre a ratificação, a adesão e a promulgação.[110]

Não obstante, na prática, o trajeto que acima descrevemos pode sofrer alguns desvios. O primeiro desvio acontece na própria composição textual do acordo. Um acordo é geralmente pensado através de troca de notas entre os mandatários de dois países. O texto do acordo é redigido tentativamente e trocado entre as chancelarias até que se decida pela configuração definitiva. No caso brasileiro, as divisões de cunho geográfico – ou seja, aquelas responsáveis pelas relações com um conjunto de países de determinada porção física – têm autonomia para modificar o texto do acordo, enviando-o de volta para o país com

|||||||||||

109 Ibid.
110 Alexandre, *O Congresso brasileiro e a política externa (1985-2000)*, p.68-72.

o qual se negocia a fim de propor alterações. Estando as alterações anuídas por todas as partes envolvidas, o documento passa por análise das consultorias jurídicas de ambos os países, onde se decide o formato final do texto. Logo, na prática, não participaram do conteúdo normativo do texto – importante no sentido de fixar alcances, limites e eventuais regras punitivas para não cumprimento – nem o Congresso Nacional, nem o presidente da República. No caso do Brasil, a consultoria jurídica é realizada por um departamento do próprio Itamaraty que, aliás, usufrui de elevada posição na hierarquia da instituição. Enfim, o texto que chega às mãos do Congresso Nacional já se encontra em versão submetida por muitos filtros, os quais, por sua vez, refletem as precauções referentes àquilo que o próprio Itamaraty entende como defesa dos interesses nacionais. Além disso, o Itamaraty tem a prerrogativa de, a qualquer momento, sugerir a alteração do formato institucional do documento, uma vez que há diferentes modalidades de atos internacionais, cuja variação obedece à disposição de maior ou menor rigidez contratual a condicionar uma negociata.[111] Enquanto internamente o Itamaraty realiza tais modificações, os embaixadores em exercício nos países com os quais se negocia são constantemente informados sobre os motivos que sustentam essas modificações, e recebem orientação sobre como apresentar "diplomaticamente" ao parceiro brasileiro as alterações que se deseja executar. De forma sintética, mencionemos como exemplo uma conversação que permeou a redação de textos referentes à institucionalização da coordenação

|||||||||||

111 O próprio MRE esclarece que: "A denominação escolhida para o ato internacional pode ser objeto de negociação entre as partes, admitindo-se certa margem de flexibilidade. Os critérios seguidos para a definição de sua modalidade refletem, de um lado, a tradição e a prática adotadas pelas partes, e, de outro, tanto a relevância e solenidade políticas do instrumento quanto o grau de compromisso jurídico assumido. A prática diplomática brasileira estabelece certa diferenciação entre os diversos tipos de atos internacionais, que decorre de seu conteúdo e do teor das obrigações ali inscritas, e não simplesmente de sua forma". Ministério das Relações Exteriores, *Atos Internacionais. Prática diplomática brasileira. Manual de procedimentos*, p.6.

entre Brasil e Argentina em matéria de Defesa: em 27 de setembro de 1996, a embaixada do Brasil na Argentina recebeu um despacho telegráfico oriundo do Ministério das Relações Exteriores que resumia o conteúdo de uma conversação realizada entre o ministro-chefe do EMFA do Brasil, um representante da SAE e o Ministro da Defesa argentino Jorge Dominguez a respeito de uma coordenação de posições a ser adotadas por Brasil e Argentina em reunião de ministros da Defesa, a acontecer em Bariloche em momento vindouro. Embora não fosse o objetivo da reunião, o lado argentino aproveitou o ensejo para cobrar do Brasil medidas de institucionalização da coordenação em matéria de Defesa, em marcha desde 1995, visando permitir contatos mais sistemáticos e regulares entre ambas as partes. A partir de então, as duas partes passariam a intercambiar sugestões de textos.[112] A primeira proposta partiu da Argentina, no sentido de se instalar um Mecanismo Permanente de Consulta e Coordenação sobre Defesa e Segurança Internacional. O documento regulador de tal mecanismo previa em uma das partes a criação de um sistema comum para a coordenação de políticas de Defesa. A primeira precaução do Itamaraty foi eliminar do texto a nominação "sistema comum", adotando termos mais flexíveis. Obviamente que para realizar essas alterações foi enviada uma nota brasileira argumentando as contrapropostas. Em 6 de janeiro de 1997, a embaixada argentina respondeu à nota brasileira, informando sua conformidade com a contraproposta ao Memorando de Entendimento em Matéria de Defesa e Segurança, mas desejando incluir também uma modificação de parágrafo resolutivo que previa o início do funcionamento do documento. Enquanto o Brasil propunha operacionalizar o memorando "no mais breve prazo possível", a Argentina sugeria fazê-lo "dentro de noventa dias a partir da firma do

||||||||||||

112 DESPTEL OF DAM-I/SPD/DEA 1162 27/09/96. Confidencial. Desclassificado de acordo com decreto 5.301, de 9/12/2004. Disponível no Arquivo Histórico de Estado do Ministério das Relações Exteriores.

documento".[113] Por fim, a 28 de abril de 1997, Brasília e Buenos Aires assinaram o Memorando de Entendimento sobre Consulta e Coordenação em matéria de Defesa e Segurança Internacional, que chegava a conhecimento público não com o formato inicial conversado entre o ministro Lampreia e Jorge Dominguez, mas com outro, cujos termos operacionais haviam sido alterados pela burocracia do Itamaraty. A consagração da vontade da diplomacia brasileira é representada pelo logro em se assinar uma ata e não um tratado ou um acordo, após a primeira reunião operacional do Mecanismo Permanente de Consulta e Coordenação sobre Defesa e Segurança Internacional, dada em Itaipava, em abril de 1997. A consequência disso é que, não sendo um acordo ou um tratado, dificilmente o Congresso Nacional tomará conhecimento do conteúdo do Ato Internacional. Por outro lado, a validade jurídica de uma ata perante o Direito Internacional é praticamente nula. Uma negociação de dois anos termina, pois, como um "pacto de cavalheiros", na qual prevalece o penhor da palavra.[114]

Além disso, são muitos os atos internacionais que não passam por referendo do Congresso, sendo promulgados por decreto e publicados no Diário Oficial da União (DOU) – como os assinados no âmbito da Associação Latino-Americana de Integração (Aladi) – ou simplesmente publicados no DOU, como é o caso dos atos bilaterais. Usualmente não passam pelo Congresso: ajustes complementares de cooperação já existente, protocolos de intenções e memorandos de entendimento; declarações e comunicados conjuntos.

---

113 DAM-I/DMC N.02/PEXT BRAS ARGT. Confidencial. Desclassificado de acordo com decreto 5.301, de 9/12/2004. Disponível no Arquivo Histórico de Estado do Ministério das Relações Exteriores.

114 De lá por diante, tem-se registro de uma série de conversações entre membros da burocracia diplomática brasileira que aludem a aconselhamentos para que mesmo nas tratativas orais se prime pela informalidade e pela flexibilidade. Como em SEDNET QD BRAZNET. ARTBREM 051910 OF01298A TEKA CO, de 05/08/98. Confidencial. Desclassificado de acordo com decreto 5.301, de 9/12/2004. Disponível no Arquivo Histórico de Estado do Ministério das Relações Exteriores.

Ou seja, transitam pelo Congresso apenas os atos internacionais aos quais se pretende atribuir efeito jurídico interno. Nesse sentido, não é possível dizer que a burocracia do Itamaraty não tenha autonomia de formulação quando se trata de acordos bilaterais. Em outras palavras, o Brasil pode, junto com outro chefe de Estado, declarar o desejo de firmar um acordo, mas este, primeiramente, só terá o formato de um acordo se o Itamaraty entender que nenhum outro formato de ato internacional é mais adequado.[115] E isso se faz com independência em relação ao presidente da República e, mais ainda, com relação ao Congresso Nacional, o que não é problema recente, como se narra na sequência.

Desde o Império até a República, a atuação do Legislativo se limitou a evoluir de uma "competência residual" à aprovação dos tratados internacionais, como indica Alexandre.[116] Rezava o artigo 102 da Constituição de 1824[117] que ao imperador competiria: "nomear

||||||||||||

115 Na concepção do MRE: "Ato internacional é todo instrumento pelo qual uma Pessoa de Direito Internacional Público (Estado ou Organização Internacional, por exemplo) assume obrigações e adquire direitos, por escrito, sobre determinada matéria, perante outra ou outras Pessoas de Direito Internacional". As tipologias dos atos internacionais são assim definidas: tratado, convenção, acordo, ajuste complementar, memorando de entendimento, protocolo e convênio interinstitucional. Os tratados são atos bilaterais e multilaterais considerados de relevância máxima. Nessa categoria destacam-se, por exemplo, os tratados de paz e amizade, os tratados de amizade e cooperação, os tratados de extradição etc. As convenções "são os atos de caráter multilateral oriundos de conferências internacionais, versando sobre assuntos de interesse geral". Os acordos são tratativas de naturezas diversas que admitem modificações (inclusões e exclusões) ao longo do tempo, a partir de ajustes complementares. Um memorando de entendimento é um "ato de forma bastante simplificada destinado a registrar princípios gerais que orientarão as relações entre as partes, em particular nos planos político, econômico, cultural, científico e educacional". Como ressalta o próprio manual, o último tipo de ato internacional vem sendo o mais utilizado para regular os princípios gerais de um processo cooperativo. Ver: Ministério das Relações Exteriores, op. cit., p.7.

116 Alexandre, op. cit., p.15-6.

117 "O Imperador é o Chefe do Poder Executivo, e o exercita pelos seus Ministros de Estado. São suas principais atribuições: [...] VI. Nomear Embaixadores, e mais Agentes Diplomáticos, e Comerciais; VII. Dirigir as Negociações Políticas com as

embaixadores, dirigir as negociações políticas com nações estrangeiras, assinar tratados internacionais, declarar guerra e fazer a paz".[118] A convocação de assembleia geral – a qual seria composta pela Câmara dos deputados e dos senadores – só era feita em ocasiões extraordinárias, caso fossem assinados tratados em tempos de paz e/ou envolvendo cessão e troca de território, caracterizando uma situação de centralização do poder decisório nas mãos do Executivo.

Há controvérsias interpretativas quando a questão é a quem se atribui a responsabilidade por esse desequilíbrio no processo decisório. Quando questionado sobre o grau de envolvimento do Congresso no processo decisório de política exterior durante sua gestão, o embaixador Lampreia descreveu:

> Fui inúmeras vezes ao Congresso, ao Senado. Mas o Congresso é de certa forma um ponto fraco nas nossas relações internacionais. O Congresso não é atuante. Há muito poucos deputados e senadores que se interessem pelo assunto, pela simples razão de ibope [...]. Então, é muito raro haver interesses e quando há são muito específicos [...]. Quando há, eles convocam o ministro. Mas não há um acompanhamento semelhante ao que há

||||||||||

Nações estrangeiras; VIII. Fazer Tratados de Aliança ofensiva, e defensiva, de Subsídio, e Comércio, levando-os depois de concluídos ao conhecimento da Assembleia Geral, quando o interesse, e segurança do Estado permitirem. Se os Tratados concluídos em tempo de paz envolverem cessão, ou troca de Território do Império, ou de Possessões, a que o Império tenha direito, não serão ratificados, sem terem sido aprovados pela Assembleia Geral; IX. Declarar a guerra, e fazer a paz, participando à Assembleia as comunicações, que forem compatíveis com os interesses, e segurança do Estado; [...]". Vale ressaltar ainda que a participação dos membros do Conselho de Estado que seriam ouvidos "em todos os negócios graves, e medidas gerais da pública Administração; principalmente sobre a declaração da Guerra, ajustes de paz, negociações com as Nações Estrangeiras, assim como em todas as ocasiões, em que o Imperador se proponha exercer qualquer das atribuições próprias do Poder Moderador, indicadas no art. 101, à exceção da VI" (art. 142). Como competência própria do Legislativo em matéria de política externa, havia ainda a autorização da entrada de forças estrangeiras de terra e mar dentro do Império ou de seus portos (art. 15, inciso XII). Apud ibid., p.47.

118 Ibid.

em outros países, uma discussão permanente, uma tomada de pressão e até um controle mais intenso. Na verdade, da Comissão de Relações Exteriores, os únicos que participavam mais frequentemente eram os deputados de esquerda que tinham uma visão mais de Estado, uma visão mais intelectual do assunto. Estavam sempre muito presentes na discussão, por exemplo, o Fernando Gabeira [...]. Eu acho uma pena [...].[119]

Contudo, alguns estudiosos como Alexandre defendem que, ainda que exerça pouca influência, o Parlamento nunca deixou de se posicionar em relação às decisões tomadas em política exterior. Segundo a autora, desde a era imperial já se ouviam manifestações de discordância parlamentar quando se entendia que certos tratados assinados traziam desvantagens para o país. Cervo raciocina em reta afluente. De acordo com ele, após a abdicação de d. Pedro I, em 1831, a Lei de Regência reviu a necessidade da participação parlamentar no consentimento para a assinatura de tratados, o que, todavia, foi revogado, em 1840, com a coroação de d. Pedro II. Entre ganhos e perdas de prerrogativa decisória, no entanto, o Parlamento não deixou de requerer a fiscalização da tomada de decisões.[120] Isso foi capital para que, a partir da proclamação da República, em 1889, ficasse constitucionalmente estabelecida a competência do Congresso em "resolver definitivamente sobre tratados e convenções com as nações estrangeiras", sem restrições temáticas, exceto em casos de invasão estrangeira ou declaração de guerra pelo presidente da República.[121]

A despeito de tais proposições, é constatável a adesão da sociedade ao monopólio decisório do Itamaraty. Para Albuquerque, é uma condição que deriva do fato de que:

||||||||||||

119 Lampreia, Entrevista concedida à autora. Rio de Janeiro: junho de 2009.

120 Cervo, *O Parlamento brasileiro e as relações exteriores (1826-1889)*, p.6 apud Alexandre, op. cit., p.46.

121 Entrevista com o então chefe da divisão de atos internacionais do Itamaraty e com Antônio P. Cachapuz de Medeiros, consultor jurídico do Itamaraty. In: Alexandre, op. cit., p.68-72.

> Os partidos políticos estão geralmente distantes da política externa e a agenda oficial dos principais partidos políticos também ignora, ou, simplesmente, espelha os pontos de vista do Itamaraty [...]. O mesmo se aplica aos sindicatos, à mídia e à opinião pública em geral. [...] A pesquisa acadêmica está muito incipiente e a maior parte dos autores está limitada a comentar (favoravelmente) sobre a formulação e implementação da política externa pelo Itamaraty. Tudo isso é decorrente da extrema habilidade do corpo diplomático em obter credibilidade geral como o único campeão e eficiente guardião dos interesses vitais externos brasileiros. Esta capacidade é provavelmente decorrente do fato de que o Itamaraty é tanto uma escola de diplomacia como um sofisticado corpo burocrático no sentido weberiano da palavra.[122]

Se, por um lado, a sociedade não mostra interesse, por outro, seus canais de representação tornam-se dispensáveis, o que acaba resultando no baixo perfil político e na centralização da discussão no seio de burocracias especializadas. Sem querer encontrar culpados, o fato é que desde a era imperial até hoje incomuns foram os casos em que o Congresso Nacional rejeitou um tratado ou acordo internacional formulado pelo Executivo. E mais raros ainda foram os casos em que a rejeição implicou revisão do ato por parte do Executivo. Até hoje, somente o acordo entre o Brasil e os Estados Unidos para cessão de uso da base de lançamentos de Alcântara foi retirado pelo governo, devido à polêmica desencadeada no Executivo e ao escândalo internacional despertado pela mídia.[123]

Para o ex-senador da República Lúcio Alcântara, pesa sobre a questão a omissão por parte dos teóricos do Direito Constitucional

---

122 Albuquerque, From dependency to globalization: brazilian foreign policy in the cold war and post-cold war. Draft Version. Chapter prepared for the forthcoming book: *Latin American and Caribbean Foreig Policy* apud Oliveira, *Política externa brasileira*, p.24.

123 Ver: Rocha; Saint-Pierre; Silva, Parlamento e Defesa: o caso brasileiro. In: Follieti; Tibiletti (eds.), *Parlamento y Defensa en America Latina. El papel de las comissiones*, vol. I, p.90.

em questionar as ideias carregadas ao longo da pausada evolução do sistema democrático-representativo do governo brasileiro.[124] Em contrapartida, a questão da apatia da sociedade pelos temas externos é, ainda, um fator agravante. O estudo de Paulo Roberto de Almeida acerca dos "posicionamentos ideológicos e práticos" dos partidos políticos aponta para uma impassibilidade histórica em relação aos temas externos, em que pese o crescimento do interesse dos partidos pelo assunto, a partir da década de 1990, sobretudo nos temas referentes à inserção econômica internacional. Em outro flanco, o autor julga necessário considerar os percalços históricos impostos à constituição de um pluripartidarismo democrático no Brasil.[125] Uma minoria de deputados e senadores tem interesse em compor comissões parlamentares dedicadas à política de defesa e à política externa. No momento de escolher as comissões às quais possam pertencem, os parlamentares optam por aquelas que estejam em conformidade com seus conhecimentos e suas vocações.[126] Também o monopólio militar sobre a temática de Defesa e o alheamento que a imprensa empreende contra esse são fatores que minam a demanda social necessária para obrigar que tais debates sejam públicos.[127]

Enfim, a centralização da elaboração no reduto burocrático do Itamaraty faz que os valores cultivados por aquela instituição moldem as diretrizes gerais no seio das quais o processo cooperativo se desenvolve. A cautela do Itamaraty em manter a informalidade e a flexibilidade muito tem que ver com ressalvas que a diplomacia brasileira insiste em reservar para com a Argentina – conforme o trabalhado na última parte do Capítulo 1. Relaciona-se também ao

||||||||||||

124 Ibid.
125 Almeida, A política da política externa: o papel dos partidos. In: _____, *Relações Internacionais e política externa do Brasil*, p.187.
126 Ver: Rocha; Saint-Pierre; Silva, Parlamento e Defesa: o caso brasileiro. In: Follieti; Tibiletti (eds.), *Parlamento y Defensa en America Latina. El papel de las comissiones*, vol. I, p.92.
127 Ibid., p.91.

estilo de cooperação que o Itamaraty considera mais adequado para a satisfação de seus objetivos de longa duração, conforme explorado no Capítulo 2. Tratando-se de uma cooperação no campo da Defesa, o problema se torna ainda mais particular, uma vez que é fraca a conexão entre aqueles que seriam os setores executores das duas faces da política externa: os militares (Defesa) e os diplomatas (Diplomacia). O fraco vínculo entre eles gera uma política de Defesa que pouco corresponde aos objetivos de política externa, formulados por sua vez no âmbito do Itamaraty. Se é a própria burocracia diplomática quem responde pelos interesses de política externa, por outro lado também são os militares quem ditam a política de Defesa nacional, cujo controle por civis não foi estabelecido pela criação do Ministério da Defesa. Em vez de contar com dois grupos táticos controlados pelo Estado, a política externa brasileira conta com dois grupos executores que fragmentam, por questões valorativas, o projeto nacional.

O Capítulo 4 tomará como objeto de análise o processo de Itaipava,[128] emblemático das tentativas de institucionalização dos vínculos cooperativos em matéria de Defesa supostamente estabelecidos entre Brasil e Argentina. Numa tentativa de concatenação entre história e conjuntura, buscaremos pontuar como, na prática, as particularidades do processo decisório agiram como condicionantes da amalgamação institucional de tal processo, bem como buscaremos constatar em que medida a conjuntura e a resposta dos homens de Estado a ela lograram driblar os obstáculos estruturais trabalhados nos três primeiros capítulos.

||||||||||||

128 Também chamado de mecanismo 2+2 (por simbolizar a união entre chancelarias e Defesa de ambas as partes), o Processo de Itaipava compreende os entendimentos firmados entre Brasil e Argentina em torno do Mecanismo de Consulta e Coordenação em matéria de Defesa e Segurança Internacional, assim como seus desdobramentos, a exemplo do posterior Mecanismo de Análise Estratégica. Costumou-se chamar de processo de Itaipava, porque a cidade de Itaipava (RJ) foi sede do encontro inaugural.

4 DEFESA COOPERATIVA E RELAÇÕES COM A ARGENTINA NA ERA CARDOSO (1995-2002). HISTÓRIA E CONJUNTURA NA ANÁLISE DO CASO ITAIPAVA

O PRIMEIRO MÊS DO PRIMEIRO MANDATO do governo de Cardoso se iniciou com o estabelecimento de diálogos substanciais com a Argentina, assinalado pela visita do ministro das Relações Exteriores brasileiro, Luiz Felipe Lampreia, a Guido Ti Tella, ministro das Relações Exteriores e Culto da Argentina, a 20 de janeiro de 1995. Nesse primeiro encontro, Lampreia ouvia de Di Tella que, para a Argentina, as relações com o Brasil, assim como com o Chile, eram tão densas que podiam ser chamadas de "Barriales". O ministro argentino esclarecia que as relações com o Chile não buscavam criar um equilíbrio de poder em relação ao Brasil, até porque era nas relações com o Brasil que a Argentina angariava segurança, prosperidade econômica e possibilidade de maior presença internacional.[1]

---

1 MSG OF00067A, 21/01/95, Urgentíssimo, G/SG/DAM-I/DMC Confidencial. Desclassificado de acordo com o decreto 5301 de 09/12/2004. Disponível para consulta no Arquivo de Estado do Ministério das Relações Exteriores do Brasil.

As conversas entre Fernando Henrique Cardoso e sua chancelaria levam a crer que partia do presidente uma orientação para que se mantivesse com a Argentina uma relação aberta e franca, examinando-se potenciais áreas de convergência.[2] Para Marcos Castrioto de Azambuja, então embaixador do Brasil na Argentina, no entanto, o país deveria se precaver, procurando, mesmo nos temas aos quais ele chamou de "misunderstandings",[3] adotar uma postura linear, respeitosa, porém cuidadosa, até para conseguir da Argentina a abertura sobre suas posições.[4]

O Conselho de Segurança foi, desde o início do governo de Cardoso, um ponto declaradamente controvertido no diálogo com a Argentina. Di Tella manifestou a Lampreia, sem pudores, que a opinião pública de seu país não aceitaria uma situação de assimetria entre Brasil e Argentina e que, por conseguinte, se o Brasil reivindicasse assento permanente, a Argentina seria compelida a fazer o mesmo. Admitia, porém, que seu país nada poderia fazer se, ao longo do governo Cardoso, o Brasil alcançasse reconhecimento de êxito, e se vivesse uma conjuntura favorável para granjear massa

IIIIIIIIIII

2 Ibid.

3 Pelo documento, depreende-se que se trata dos pontos polêmicos de diálogo entre Brasil e Argentina, os quais Castrioto especificou: o Tratado de Não Proliferação (TNP) e o Conselho de Segurança.

4 Desde que assumiu o governo, Cardoso pensava em aderir ao TNP como último estágio de quitação das dívidas do Brasil com a comunidade internacional, como ele mesmo ressaltou em diversos discursos. Conforme já exposto no Capítulo 2, foi necessário primeiro convencer os militares de que isso não traria prejuízos ao Brasil e que, ao contrário, conduziria o país a um novo patamar de *know-how* tecnológico. Para Di Tella, Brasil e Argentina não deveriam se sentir cobrados a aderir ao TNP, porque já praticaram atos suficientemente críveis no campo da não proliferação, como os acordos que envolveram a Agência Internacional de Energia Atômica e o próprio Tlatelolco. O Brasil, porém, enfatizou que não possuía uma posição predefinida, podendo vir a aderir ao TNP se julgasse conveniente, e que, para tanto, a partir de então observaria com cuidado as conversações acerca da revisão do referido tratado. MSG OF00067A, 21/01/95, Urgentíssimo, G/SG/DAM-I/DMC Confidencial. Desclassificado de acordo com o decreto 5301 de 09/12/2004. Disponível para consulta no Arquivo de Estado do Ministério das Relações Exteriores do Brasil, 2ª parte.

crítica internacional que apoiasse seu pleito. Ficava claro, portanto, que aquele seria um ponto de desentendimento a se perder de vista.

Cientes disso, ambos os chanceleres acordaram que tentariam manter o tratamento do tema longe da imprensa, e que isso não deveria impedir tampouco a ocorrência de encontros amistosos para tratar de outros temas da agenda bilateral e regional.[5] Ao longo do ano de 1995, outras conversas em direção convergente foram registradas.[6]

O Mercosul era percebido pelos dois países como uma área carente de negociações conjuntas, tendo a parte argentina aludido a problemas brasileiros de ordem constitucional que dificultavam a plena concretização do Tratado de Assunção.[7] O Brasil, por sua vez, sempre tentava convencer seu parceiro de que entendimentos em outras áreas eram mais significativos que o próprio Mercosul.

A participação do Brasil e da Argentina em missões de paz mostrou-se, já no primeiro encontro de Lampreia com o ministro da Defesa Oscar Camilión, um problema tão questionável entre ambas as partes quanto o do Conselho de Segurança. Camilión

||||||||||||

5 Ibid., 4ª parte.

6 A Argentina parece sempre consciente de que o Brasil tem melhores condições para alcançar o assento permanente do Conselho de Segurança, mas sinaliza abertamente que não deixará de jogar com as armas que tem. É nessa direção que, em 25 de agosto de 1995, o vice-chanceler argentino Fernando Petrella procura o embaixador brasileiro na Argentina, Marcos Azambuja, para avisar que a delegação argentina em Nova York recebia instruções do Palácio San Martín para estabelecer um arranjo com a Austrália visando apoiar a ampliação do Conselho de Segurança. De acordo com a opinião pessoal de Azambuja, o embaixador Petrella mantinha com ele tais conversas por amizade e receio de que a chancelaria argentina parecesse ao Brasil como deveras intransigente. Tratava-se de atitude característica de Petrella. Porém, Azambuja admitia acreditar que uma vez que a Argentina não tinha condições de desalojar a posição de favoritismo do Brasil para o pleito, buscaria sempre por meios paralelos "alguma forma de acomodação para ampliação de seu espaço". MSG OF01068B TEKA 26, 25/08/95 (APLR-7776889). Desclassificado de acordo com o decreto 5301 de 09/12/2004. Disponível para consulta no Arquivo de Estado do Ministério das Relações Exteriores do Brasil.

7 MSG OF00067A, 21/01/95, Urgentíssimo, G/SG/DAM-I/DMC Confidencial. Desclassificado de acordo com o decreto 5301 de 09/12/2004. Disponível para consulta no Arquivo de Estado do Ministério das Relações Exteriores do Brasil, 5ª parte.

afirmava considerar positivo o saldo das participações de seu país nas operações da Organização das Nações Unidas (ONU), revelando interesse em continuar participando delas, as quais, segundo ele, propiciavam contatos muito proveitosos com Forças Armadas de outros países, além de conferir às forças nacionais uma razão existencial. O Brasil contra-argumentava que se deveria examinar com cautela tal tipo de participação, alegando que muitas delas foram pautadas em objetivos equivocados e no emprego de meios inadequados.[8] O hiato entre Brasil e Argentina ficou mais patente no tocante à participação de forças de paz no Haiti, cuja coordenação era, naquele momento, transferida da Organização dos Estados Americanos (OEA) à ONU. Segundo Camilión, era na "fase ONU" que a Argentina deveria investir a partir de então, mesmo consciente de que já havia "candidatos demais".[9]

A despeito das dissidências declaradas, iniciar-se-ia uma prática de abertura mútua de informações acerca da situação da Defesa nos dois países. Já no primeiro encontro de consultas, Camilión expôs a Lampreia a situação da Defesa argentina que, segundo ele, contava com um orçamento congelado e comprometido em 85% com gastos de pessoal, o que havia desmotivado a compra de aviões Skyhawk e estimulado propostas de reformas, como: no sistema de aposentadorias, na parte de pessoal ativo (divisão entre um "pessoal *hard core* em regime *fulltime*, complementado por pessoal em regime *part time*"); redimensionamento das instalações militares; mudanças no sistema de seleção e incorporação.[10] Lampreia informou que tais questionamentos também estavam em andamento no Brasil, com as devidas diferenças ditadas por estruturas sociológicas militares diferenciadas e pelas características de ocupação territorial. Cientificou

||||||||||||

8 Ibid.
9 Ibid.
10 Ibid., parte 6ª. Observação: O serviço militar voluntário já havia sido adotado na Argentina desde 1994.

a Camilión, ademais, sobre o propósito de criação do Ministério da Defesa.[11]

No mesmo contexto em que se dialogava cordialmente, sem porém deixar de expressar seus diferentes posicionamentos,[12] Brasil e Argentina disputavam a liderança pelo processo de paz Equador--Peru, como já narrado nos Capítulos 1 e 2.[13] Não obstante, as cada vez mais gritantes divergências no campo da Segurança Internacional e nas propostas de reformulação da Defesa nacional de cada país conduziam Brasil e Argentina a seguir buscando maior entendimento e transparência. O Brasil parecia bastante preocupado em compreender as diferenças da parte argentina, o que incitou o então ministro--chefe da Secretaria de Assuntos Estratégicos, embaixador Ronaldo Sardemberg, a solicitar entrevista com o chanceler interino, o embaixador Petrella, realizada a 25 de agosto de 1995, em Buenos Aires.[14]

Durante a entrevista, Petrella criticou o insatisfatório nível de adestramento das Forças Armadas argentinas. Segundo ele, das três forças, a Marinha seria a mais bem preparada, até em razão das necessidades permanentes ligadas à Defesa do mar territorial e à questão das Malvinas.[15] Comentando a situação da Defesa brasileira,

||||||||||||

11 Ibid., parte 7ª.

12 Não só diálogos cordiais preencheram o período, mas condecorações, como a realizada pelo governo argentino ao pavilhão do porta-aviões brasileiro Minas Gerais, em reconhecimento pela participação da Marinha de Guerra do Brasil nas operações conjuntas de adestramento em tempo de paz, realizadas com a Marinha argentina. OF00353A 26/003/95, Normal, PEXT BRAS ARGT, Confidencial. Desclassificado de acordo com o decreto 5301 de 09/12/2004. Disponível para consulta no Arquivo de Estado do Ministério das Relações Exteriores do Brasil, 5ª parte.

13 Ibid., 1ª parte.

14 Também participaram da entrevista o embaixador Juan Jose Uranga, subsecretário de Política Latino-Americana e o ministro Enrique De La Torre, diretor de Segurança Internacional e assuntos nucleares e espaciais. MSG OF01067A, de 25/08/95, DAA/DAMI, GVIO BRAS ARGT, Confidencial. Desclassificado de acordo com o decreto 5301 de 09/12/2004. Disponível para consulta no Arquivo de Estado do Ministério das Relações Exteriores do Brasil.

15 Ibid., parte 1ª.

Sardemberg ressaltou a atuação preponderante do Exército, o que "fazia supor a natural preeminência dessa força na criação do Ministério da Defesa no Brasil", e pontuou o desejo brasileiro de apoiar o projeto de veículo de lançamento de satélites para fins não militares. Aludiu também à distribuição dos contingentes, explicando que havia uma forte concentração de efetivos da Marinha no Rio de Janeiro e do Exército no Sul, esclarecendo que a transferência do Exército para o Norte ainda não teria sido possível por dificuldades tanto de ordem política, como de natureza orçamentária. Sobre o orçamento da Defesa do Brasil, Sardemberg afirmou que não havia, por parte do governo brasileiro, o interesse em aumentá-lo para além do 0,5% em relação ao Produto Interno Bruto do país.[16]

O embaixador Sardemberg ressaltou que era de interesse do presidente brasileiro aceitar convite do senador argentino Eduardo Vaca para participar de audiência pública no Senado argentino sobre a "reestruturação do sistema nacional de Defesa". Mas deixava claro que a posição do país sobre o encaminhamento das relações do Brasil com a Argentina na área de Defesa primava pela continuidade das conversas informais, no intuito restrito de harmonizar pontos de vista. Em contrapartida, Petrella assegurava a Sardemberg que era de interesse da Argentina ter com o Brasil relações mais intensas que as mantidas com o Chile ou com os Estados Unidos.[17]

Para o Itamaraty, um dos motivos de a Argentina ser tão incisiva nas propostas de formalização de vínculos na área de Defesa com o Brasil poderia residir no sucateamento pelo qual passavam as Forças Armadas daquele país.[18] Desde então, observamos um Brasil

||||||||||||

16 Ibid., parte 2ª.
17 Ibid., parte 5ª. Uma observação a se fazer é que a conversa acima resumida, entre Sardemberg e Petrella, foi narrada por Azambuja a Lampreia, comentando que confiava na transparência do diálogo, já que Sardembeg e Petrella eram amigos havia mais de vinte anos.
18 Em 19 de outubro de 1995, Azambuja escreve a Lampreia comentando notícia que corria na imprensa argentina sobre a possibilidade de venda do Campo Morón – sede

reticente em ceder às vontades de seu parceiro, e que lançava mão do traquejo diplomático para evitar enquadramentos mais rígidos. Se, por um lado, a diplomacia brasileira reconhecia, por exemplo, que os exercícios conjuntos realizados entre o porta-aviões brasileiro Minas Gerais e a aviação naval argentina representavam um dos momentos mais importantes de colaboração entre as duas forças, por outro, não se mostrava segura com a proposta de Menem de visitar pessoalmente o Minas Gerais, chegando a aventar a possibilidade de tentar "desencorajar a visita".[19] Caso Menem não fosse realmente dissuadido, o Itamaraty preferia transferir a responsabilidade da recepção a Menem ao ministro da Marinha ou ao chefe do Estado-Maior daquela força.[20]

A hesitação brasileira recrudesceu consideravelmente após o envolvimento da Argentina na venda de armas ao Equador, em pleno processo de pacificação. As armas teriam sido transportadas até a Venezuela, sob pretexto de que aquele seria o destino final, mas terminaram desviadas ao Equador. O que em princípio era noticiado como responsabilidade de empresas privadas a serem punidas pelo governo argentino revelou-se ato consumado com o conhecimento prévio do Ministério da Defesa, segundo revelou depoimento do chefe da Inteligência da Força Aérea argentina, brigadeiro Roberto

||||||||||||

da mais importante base aérea da vizinhança de Buenos Aires. Caso a venda se concretizasse, o Edifício Libertador – antes sede do Comando do Exército – passaria a abrigar todas as repartições também da Marinha e da Aeronáutica. Além disso, encontrava-se em leilão a escola mecânica da Armada. MSG OF 01346Z, de 19/10/1995, Urgentíssimo, DAM-I, POIN ARGT, Confidencial. Desclassificado de acordo com o decreto 5301 de 09/12/2004. Disponível para consulta no Arquivo de Estado do Ministério das Relações Exteriores do Brasil.

19 MSG OF01453BX 08/11/95 Urgentíssimo, DAM-I, PEXT BRAS ARGT, Confidencial. Desclassificado de acordo com o decreto 5301 de 09/12/2004. Disponível para consulta no Arquivo de Estado do Ministério das Relações Exteriores do Brasil, 1ª e 2ª Partes.

20 Ibid.

Manuel de Sá, à Justiça do país. Sá afirmava que desde o início o governo argentino conhecia o destino real das armas.

Encarregado naquele contexto pela embaixada brasileira na Argentina, o embaixador Pedro Motta Pinto Coelho escreve a Lampreia comentando a situação delicada em que se encontravam o ministro da Defesa Oscar Camilión e o chefe do Estado-Maior da Aeronáutica, brigadeiro Juan Paulik.[21] Elucidando, porém, mais uma vez, que as relações entre as duas Forças Armadas não se deixavam paralisar por tais desconfianças, pouco tempo depois de reconhecido pelo Brasil que o Ministério da Defesa argentino não era confiável, as Forças Armadas brasileiras prestaram homenagem ao herói da Independência argentina (general San Martín), em cerimônia que, inclusive, contou com a participação do então suspeito Camilión,[22] que aliás esteve no Brasil em seguida, visitando o ministro-chefe do EMFA e o secretário de Assuntos Estratégicos.[23]

Durante essa primeira fase de embaraço, o Brasil buscava dialogar de modo alternativo com a Argentina na temática da Defesa. Por convite do presidente Menem, o presidente Cardoso esteve em Buenos Aires no mês de março de 1996. Ao preparar a agenda do encontro, o Itamaraty recomendava que fosse manifestado pelo

||||||||||||

21 MSG OF00012A, de 02/01/96, normal, DAM-I/DAM-II, PDEF ARGT EQUA, Confidencial. Desclassificado de acordo com o decreto 5301 de 09/12/2004. Disponível para consulta no Arquivo de Estado do Ministério das Relações Exteriores do Brasil, 1ª e 2ª Partes.

22 Na ocasião, 150 cadetes da Marinha, do Exército e da Aeronáutica do Brasil fizeram oferenda floral diante da estátua equestre do herói argentino. Foram apresentados a Camilión os comandantes da missão operativa brasileira integrada pela fragata União, pelos navios-desembarque Rio de Janeiro e Ceará. Ao todo, 1.600 homem aportaram na capital portenha para a homenagem. MSG OF00074Z, 12/01/96, DAM-I, PDEF AMER, Confidencial. Desclassificado de acordo com o decreto 5301 de 09/12/2004. Disponível para consulta no Arquivo de Estado do Ministério das Relações Exteriores do Brasil.

23 Desp. Telegráfico n.074, DAM-I, Confidencial. Desclassificado de acordo com o decreto 5301 de 09/12/2004. Disponível para consulta no Arquivo de Estado do Ministério das Relações Exteriores do Brasil.

DEFESA COOPERATIVA E RELAÇÕES COM A ARGENTINA NA ERA CARDOSO (1995-2002)... 257

presidente o caráter excepcional que tal visita assumia para o Brasil, pelo desejo brasileiro de consagrar "uma parceria única", com amplo entendimento e identidade de propósitos. Aconselhava, entretanto, que no terreno da Defesa nenhum entendimento específico fosse firmado. Todavia, para não deixar de contemplar o diálogo naquela matéria, cobrado pela parte argentina, os temas de Defesa poderiam ser incluídos em uma declaração presidencial mais ampla que arrolasse pautas das mais diversas possíveis – cooperação nuclear, integração física, integração energética, cooperação cultural etc.[24]

A percepção brasileira sobre o momento de crise política e econômica vivido pelo governo Menem deixava o Itamaraty mais seguro para negociar segundo seu próprio ritmo, sem receio de maiores contestações da parte argentina. Assim sugerem as análises de conjuntura sobre a Argentina elaboradas pela embaixada brasileira naquele país.

Aceitando, contudo, os efeitos positivos que as manobras entre as Forças Armadas dos dois países faziam surtir para a manutenção da confiança mútua do setor militar, o Brasil cedeu ao pedido da Argentina para que a próxima manobra conjunta acontecesse entre os dois Exércitos,[25] em data breve. O pedido foi feito por Camilión a Sardemberg, em visita deste à Argentina, em 26 de março de 1996.[26] Camilión salientava que a Argentina precisava aproveitar a experiência dos oficiais brasileiros em missões de paz e rogava providências

||||||||||||

24 Desp. Telegráfico n.222, DAM-I/SGA/DIV/DAÍ/DOC, PEXT-BRAS-ARGT, 08/03/96, p.3. Desclassificado de acordo com o decreto 5301 de 09/12/2004. Disponível para consulta no Arquivo de Estado do Ministério das Relações Exteriores do Brasil.
25 Até então, as manobras conjuntas eram realizadas entre as duas Marinhas.
26 Seria a última tratativa do Brasil com Camilión, uma vez que este seria substituído por Jorge Dominguez, a partir de 6 de agosto de 1996. Apesar de criticar a postura de Camilión no caso da venda de armas ao Equador, Azambuja, em balanço geral de sua gestão, o avalia como "grande amigo dos brasileiros". MSG OF01046Z, 22/07/96, Normal, DAM-I, POIN ARGT, Confidencial. Desclassificado de acordo com o decreto 5301 de 09/12/2004. Disponível para consulta no Arquivo de Estado do Ministério das Relações Exteriores do Brasil.

do Brasil para que não houvesse impedimento constitucional à autorização das manobras.[27] Dois meses depois, ficou acertado que as manobras aconteceriam em outubro daquele mesmo ano, na cidade de Corrientes. No mês estipulado, acontecia a primeira manobra conjunta entre os Exércitos brasileiro e argentino, desde a Guerra do Paraguai.[28] Criar-se-iam entre as duas Forças Armadas expectativas sobre a intensificação da ocorrência dos exercícios, além da ampliação de suas modalidades. As tradicionais manobras entre as duas Marinhas haviam sofrido interrupção desde que Menem suspendera o orçamento para a participação argentina nas operações Unitas e Fraterno, motivo pelo qual a manobra inaugural entre os Exércitos viria a suprir importante lacuna que se abrira ao longo do ano de 1996, no campo da confiança mútua entre as duas Forças Armadas. Tornavam-se cada vez mais frequentes os pedidos dos Estados-Maiores para que tais exercícios fossem reconhecidos no âmbito político. No Brasil, foi muito importante a atuação do general de Exército Zenildo Gonzaga Zoroastro de Lucena junto ao Itamaraty para que essas manobras fossem reconhecidas como parte primordial do processo de construção de confiança mútua entre Brasil e Argentina.

Entre os dias 14 e 15 de setembro de 1996, os dois países se encontraram em Tandil (província de Buenos Aires) para tratar da coordenação de pontos de vista a ser assumida por ambos na reunião de ministros da Defesa que aconteceria em Bariloche.[29] Ainda que

||||||||||||

27 MSG OF00406BX 26/03/96, Urgentíssimo, DAM-I/DNU PEXT BRAS ARGT, Confidencial. Desclassificado de acordo com o decreto 5301 de 09/12/2004. Disponível para consulta no Arquivo de Estado do Ministério das Relações Exteriores do Brasil.

28 MSG OF00763A, 21/05/96, Normal, Dist. Dam-I, PDEF, BRAS, ARGT, Confidencial. Desclassificado de acordo com o decreto 5301 de 09/12/2004. Disponível para consulta no Arquivo de Estado do Ministério das Relações Exteriores do Brasil.

29 Nessa reunião, a delegação brasileira era composta pelo ministro das Relações Exteriores Luiz Felipe Lampreia, pelo secretário-geral das Relações Exteriores, Sebastião do Rego Barros, pelo subchefe do Estado-Maior do Exército, general José Luis Lopes da Silva, pelo subchefe do EMFA, general Ariel Pereira da Fonseca, pelo subchefe

escapasse à temática central da reunião, como de costume a Argentina cobrou do Brasil a conferência de uma maior institucionalidade à cooperação em matéria de Defesa, a qual estava sendo encaminhada pelo Brasil por conversas informais de diferentes setores argentinos com o Itamaraty, e por manobras conjuntas entre as duas Forças Armadas.[30] O Brasil, no entanto, procurava se esquivar de conversas que não tivessem como escopo principal a "Conferência Ministerial de Defesa" de Bariloche.[31]

A passagem do ano de 1996 para 1997 sinaliza o aumento de fôlego do relacionamento brasileiro-argentino. Pela primeira vez, ambos os países formalizam um entendimento visando à troca de apoios para seus pleitos referentes ao Conselho de Segurança da ONU,[32] fato que, somado às pressões realizadas pelas Forças Armadas de ambos os

||||||||||||

de Logística e Mobilização do Estado-Maior da Armada, almirante Julio Saboia de Araújo Jorge, pelo ministro Lucio Amorim, chefe da SPD, e pelo ministro Edmundo Fujita, subsecretário da SAE. Também estavam presentes alguns adidos da Aeronáutica. Do lado argentino, estiveram presentes: o chanceler Guido Di Tella e seu vice Andres Cisneros; o subsecretário de Política Externa, embaixador Alberto da Varede; o subsecretário de Assuntos Latino-Americanos, embaixador Alfredo Chiardadia; o embaixador argentino no Brasil, Diego Aguelar; o chefe de Gabinete do ministro Julio Freyre; o chefe de Gabinete do chanceler, embaixador Eduardo Airaldi, o diretor de Segurança Internacional da chancelaria, ministro Pedro Vilagra, o diretor de Política do Ministério da Defesa, general Antonio Fichera; e o assessor de Assuntos Militares, Enrique Braun de Corral. MSG OF01344A, de 17/09/96, Normal, SPD/DAM-I. GREU ARGT, Confidencial. Desclassificado de acordo com o decreto 5301 de 09/12/2004. Disponível para consulta no Arquivo de Estado do Ministério das Relações Exteriores do Brasil.

30 Até mesmo as duas Marinhas, de modo independente, já haviam assinado documento de estabelecimento de bases cooperativas. MSG OF 01336Z, 16/09/96, Urgentíssimo, DAM-I, PEXT, Confidencial. Desclassificado de acordo com o decreto 5301 de 09/12/2004. Disponível para consulta no Arquivo de Estado do Ministério das Relações Exteriores do Brasil.

31 Desp. Telegráfico n.1163, DEA/DAM-I/SPD PEXT BRAS ARGT. Desclassificado de acordo com o decreto 5301 de 09/12/2004. Disponível para consulta no Arquivo de Estado do Ministério das Relações Exteriores do Brasil.

32 Desp. Telegráfico n.1504 de 02/12/96, DNU/DAM-I. Desclassificado de acordo com o decreto 5301 de 09/12/2004. Disponível para consulta no Arquivo de Estado do Ministério das Relações Exteriores do Brasil.

países para intensificação das consultas bilaterais em nível de Estados-Maiores, preparou terreno para que o Brasil passasse a aceitar algum tipo de institucionalização da cooperação bilateral em matéria de Defesa. Em análise de balanço do ano de 1996, a diplomacia brasileira reconhecia que as diversas manobras conjuntas realizadas entre as Forças Armadas do Brasil e da Argentina, para preparo e adestramento de tropas aptas à participação em missões de paz, haviam aguçado na comunidade internacional a ideia da vocação pacífica brasileira e da estabilidade democrática do país, devendo o Brasil continuar a investir em tais exercícios.

Encerramos estas manobras com a satisfação e a convicção de poder dizer à comunidade internacional que nossos soldados são soldados da democracia, guardiães da esperança, da prosperidade de nossos povos, e, sobretudo, sempre prontos a defender os ideais da liberdade e da paz universal.[33]

Foi, sobretudo, a imagem brasileira perante a comunidade internacional, projetada pelas manobras conjuntas entre Brasil e Argentina, o que convenceu a chancelaria brasileira a abrir um diálogo sobre a possibilidade de criação de um mecanismo de entendimento em matéria de Defesa, o que mostra que a diplomacia brasileira estendia sua práxis de instrumentalização também à cooperação militar.

Para a Argentina, a cooperação ótima entre as duas Forças Armadas era incompatível com o descompasso político das relações com o Brasil, e, sob sua ótica, o político deveria ser coadunado ao operacional. Por isso, pensou-se em um formato de reunião chamado de 2+2 (chancelaria + Defesa de ambos os países). Com base nesse formato, o matiz que supostamente deveria caracterizar a nova fase das

||||||||||||

33 Desp. Telegráfico, minutado em 17/10/96, LCA 002.tel. Desclassificado de acordo com o decreto 5301 de 09/12/2004. Disponível para consulta no Arquivo de Estado do Ministério das Relações Exteriores do Brasil.

DEFESA COOPERATIVA E RELAÇÕES COM A ARGENTINA NA ERA CARDOSO (1995-2002)... 261

relações entre Brasil e Argentina teria sido revelado em 28 de abril de 1997, quando Brasília e Buenos Aires assinaram o Memorando de Entendimento sobre Consulta e Coordenação em Matéria de Defesa e Segurança Internacional (MCC),[34] o qual designava o estabelecimento de um dispositivo ininterrupto para "o fortalecimento das relações bilaterais", tendo como objetivo "o exame, a avaliação, a implementação e o seguimento das questões de defesa e segurança internacional de mútuo interesse".[35]

De acordo com tal memorando, as reuniões bilaterais deveriam acontecer a cada noventa dias. No entanto, o primeiro e último encontro do intervalo correspondente aos dois mandatos de Cardoso ocorreu em 31 de julho de 1997, quando foi ajustada a Ata de Itaipava.[36] Chegou-se ao formato final da reunião, bem como à elaboração de sua pauta, depois de três meses de negociação bilateral, ficando decidido que: o encontro seria presidido pelos chanceleres dos dois

||||||||||||

34 Memorandum de entendimiento sobre consulta y coordinación. Disponível em: <www.embarg.org.ar>.

35 Cabe ressaltar que esses entendimentos, em parte, decorreram de encontro realizado entre os ministros Di Tella e Lampreia, em 13 de setembro de 1996, na "Pousada dos Pássaros", em Tandil, na Argentina, no qual discutiram a necessidade de formulação de um pensamento comum de Defesa e Segurança, como também abordaram questões vinculadas à cooperação bilateral em matéria de satélites. Também visava à coordenação da posição brasileira e argentina no encontro que veio a acontecer, posteriormente, entre 7 e 9 de outubro de 1996, para a realização da Cúpula de Ministros da Defesa do Continente, em cuja ocasião os Estados Unidos propuseram a criação de um organismo continental de combate ao narcotráfico. O documento final é conhecido como *Declaración de San Carlos de Bariloche* e está disponível em: <http://www.summit-americas.org/hemispheric>.

36 Nesse ínterim – mais precisamente em 6 de maio de 1997 –, embora tenha havido pouca ou nenhuma divulgação, firmou-se um Protocolo de Intenção de Colaboração mútua entre a Indústria de Material Bélico do Brasil (Imbel) e o Instituto de Investigaciones Científicas y Técnicas para la Defensa (Citefa) da Argentina, o qual evoluiu juridicamente para um Acordo de Cooperação Técnica, firmado em Buenos Aires, em 9 de dezembro de 1999, permanecendo em vigor, de acordo com o Observatório de Políticas Públicas da Coordenação do Corpo de Administradores Governamentais das Chefias dos Ministérios (Disponível em: <www.sgp.gov.ar/contenidos>). O conteúdo do acordo não está aberto à consulta pública.

países, estando prevista a participação, pelo Brasil, do secretário de Assuntos Estratégicos, do secretário-geral das Relações Exteriores, do chefe do Estado-Maior das Forças Armadas e dos chefes dos Estados-Maiores das forças singulares; ficou também decidido que haveria uma agenda interna de conhecimento do Brasil e da Argentina e outra para efeito de divulgação, elaborada em versão mais genérica que anunciaria: "I) A instalação do mecanismo permanente de consulta e coordenação da área da Defesa e de Segurança Internacional Brasil-Argentina; II) Definição das regras de funcionamento do mecanismo; III) Intercâmbio de opiniões sobre as conjunturas internacional e regional, em particular no que tange às questões relativas à Segurança Internacional; IV) Cooperação bilateral em matéria de Defesa e de Segurança Internacional".[37] Entre os dois países, todavia, acordava-se que o encontro tinha como objetivo discutir: A) Análise das iniciativas de cooperação em curso (exercícios conjuntos, cooperação em matéria de formação e de aperfeiçoamento de recursos humanos e operações de paz); e B) Desafios comuns e perspectivas das relações bilaterais.[38]

A despeito do combinado, o conteúdo de fato discutido na reunião de 31 de julho de 1997, em Itaipava, foi assim resumido pelo chanceler Lampreia:[39]

> Procedeu-se, inicialmente, a uma avaliação da conjuntura internacional e regional. Destaquei, em minha exposição, dois grandes fenômenos característicos do momento atual: a convergência em direção a regras de conduta internacional uniformes (em matéria, por exemplo, de não proliferação,

||||||||||

37 Desp. Tel. Minutado em 22/07/1996. Desclassificado de acordo com o decreto 5301 de 09/12/2004. Disponível para consulta no Arquivo de Estado do Ministério das Relações Exteriores do Brasil.

38 Ibid.

39 Desp. Telegráfico, n.845 de 18/08/97, DAM-I/CASG/DOI/DIN. Desclassificado de acordo com o decreto 5301 de 09/12/2004. Disponível para consulta no Arquivo de Estado do Ministério das Relações Exteriores do Brasil.

meio ambiente, direitos humanos e comércio) – processo que tende a alijar da convivência internacional os países que optem por contrariar tais regras – e a globalização, às vezes apresentada como uma conspiração urdida por um "comando central" para aniquilar empregos e as empresas nacionais, mas que na realidade se trata de fenômeno que ninguém controla e a todos ameaça, como no caso dos movimentos especulativos de capitais. No quadro de clara preponderância político-militar norte-americana, identifiquei três cenários de possível conflito global: a) a China, que hoje se coloca como grande rival dos EUA; b) o Oriente Médio, que há 50 anos é fonte de instabilidade; e c) a Rússia e a URSS, região que continua a apresentar riscos potenciais, em função sobretudo de sua capacidade nuclear. Constituem soluções difíceis, de natureza regional, com possibilidade de virem a se tornar problemas mais graves, a questão das Coreias, Cambodja, Índia/Paquistão, África (inclusive Angola) e Cuba. Em relação à última, trata-se de fonte de preocupação especial para nós, pela incerteza sobre como se processará a transição de poder. No contexto regional sul-americano, a situação atual mais preocupante é da Colômbia, pelo processo de desintegração do Estado nacional por que vem passando. A questão Peru-Equador se mostra estabilizada, mas não resolvida, não havendo, no momento, condições políticas nos dois países que favoreçam uma solução. Quanto ao Paraguai, preocupa-nos que haja um grupo de políticos importantes com um discurso anti-Mercosul. Passando às relações com os EUA, observa-se certo antagonismo norte-americano em relação ao Mercosul, pelo fato de a União Europeia constituir um sistema de preferências regionais que inclui os Estados Unidos.

Di Tella referiu-se ao tema Mercosul/EUA, observando que em Belo Horizonte deu-se um acordo de circunstância, pelo qual se reconheceu a importância da Alca, de um lado, e o interesse na permanência do Mercosul, de outro. Sugeriu que, por ocasião da visita do Presidente Clinton, transmitíssemos mensagem que pudesse dissipar a percepção norte-americana de que o Mercosul seria anti-Alca ou anti-EUA. No contexto político regional, manifestou preocupação com a situação na Colômbia – a seu ver, crescentemente grave, e na qual os EUA não têm tido posição construtiva –, no Peru e no Paraguai.

O Embaixador Ronaldo Sardemberg fez uma apreciação sobre a dimensão sul-americana de segurança e defesa. Observou que a consolidação da democracia, o processo de integração e a adoção de políticas de defesa sustentáveis a longo prazo criam condições para um trabalho conjunto no sentido de uma reflexão ampla e gradual na região acerca da situação de segurança e defesa, com o objetivo de aumentar o grau de confiança recíproca. Ressaltou que não se trata de criar um bloco para contrastar a hegemonia norte-americana ou de gerar formas de subordinação da segurança nacional a critérios supranacionais.

O Ministro da Defesa da Argentina, concordando com as análises precedentes, afirmou que "nenhum país está buscando a submissão de seus mecanismos nacionais a um arranjo regional e sim adicionar uma dimensão regional". A seu ver, as consultas diplomático-militares propiciam uma avaliação dos avanços ocorridos no plano operativo, das relações entre as forças singulares, bem como um intercâmbio de perspectivas sobre o marco internacional. Sobre esse último aspecto, observou que a presença argentina mais importante é nas missões de paz da ONU, onde há grande interação com o Brasil [...]

Os representantes brasileiros e argentinos de cada força singular traçaram um quadro da cooperação existente. Os dois lados coincidiram em que as relações têm sido excelentes, abrangem grande número de atividades e iniciativas, as quais se vêm ampliando nos últimos anos [...]

O chanceler argentino comentou as consultas diplomático-militares entre Argentina e Chile ocorridas em Zapallar, que qualificou de "surpreendentemente boas".

O chanceler Di Tella suscitou o tema das Malvinas para agradecer o apoio do Brasil [...]

Sobre o tema relativo a minas antipessoal, coincidimos em que seria desejável a formação de um consenso regional favorável ao processo Ottawa [...]

Um rápido intercâmbio de ideias sobre iniciativas visando à autolimitação de armamentos na América Latina mostrou haver uma percepção coincidente de que tais propostas sinalizam uma preocupação injustificada com o armamentismo na reunião e não correspondem à realidade de relativa paz, na qual os gastos e arsenais militares se situam entre os menores do mundo, e que não enfrenta riscos de uma eventual corrida armamentista.

Houve também coincidência quanto ao fato de que os desafios representados pelos problemas de narcotráfico, meio ambiente e ilícitos transnacionais não requerem a atuação direta das Forças Armadas, cuja participação se restringe a eventual apoio logístico.

Acordou-se a realização intersessional, em nível hierárquico menos elevado para o seguimento dessas conversações e preparação do próximo encontro.[40]

Percebe-se pela narração de Lampreia que o encontro tratou de uma agenda ampla e diversificada, em conformidade com o formato desejado pelo Brasil. A exposição do embaixador Sardemberg também se mostrou coerente aos objetivos brasileiros, ao discernir que não se buscava, com o encontro, a formação de um bloco que integrasse políticas de Defesa, mas tão somente inserir as conversações já em andamento num contexto regional mais amplo. Também fica claro que o chanceler dá pouco destaque à exposição dos Estados-Maiores, fazendo uma curta menção a respeito, o que pode refletir tanto um desinteresse pessoal do chanceler, como o fato de a participação militar ter sido realmente restringida durante as explanações. Apesar da maciça presença de militares na comitiva brasileira,[41] sobressaíram os pontos de vista das chancelarias, o que enfraquece algumas teses que defendiam que o número excessivo de militares na comitiva brasileira teria dificultado o diálogo com a Argentina.[42]

||||||||||||

40 Ibid.
41 Dos 28 componentes da comitiva brasileira, 14 eram militares e 14 diplomatas. Dos 14 componentes da equipe argentina, 7 eram diplomatas e embaixadores, 5 militares e 2 funcionários do Ministério da Defesa, conforme registra a Ata de Itaipava.
42 Como a de Flemes, *Brazil's cooperative leadership in Southern Latin America's security policies*.

Ao fim das exposições, firmou-se uma ata que permaneceu discretamente guardada pelos dois países durante dez anos, cujo conteúdo gerou especulações acerca da possibilidade de formação de um sistema de Defesa comum no âmbito do Mercosul. A imprensa argentina se dividia. Havia o grupo que passava a ver um Brasil mais disposto a dividir suas potencialidades e a cooperar em matéria de Defesa, por meio de mecanismos institucionais mais rígidos, e outro que via a reunião como uma manobra do governo argentino para "definir um novo papel às Forças Armadas que lhes ofereça uma alternativa para a crise orçamentária e de identidade em que se encontram".[43] O repúdio de parcela da imprensa argentina à suposta assinatura de um documento que criava o sistema de Defesa no âmbito do Mercosul ganhou ressonância no Congresso brasileiro, que reivindicou junto a Lampreia esclarecimentos sobre a reunião de Itaipava, da qual não se tinha conhecimento. Negando que tal pretensão tenha sido objetivo das conversações de Itaipava, o chanceler Lampreia enviou ao deputado Nilmário Miranda uma cópia da Ata de Itaipava,[44] a qual, chegada recentemente às mãos do público, revelou-se um documento redigido em apenas uma lauda, constante de seis itens, dos quais os mais importantes registram que:

> Tal como previsto no Memorandum de Entendimento sobre Consulta e Coordenação, procedeu-se à definição das regras de funcionamento do mecanismo: decidiu-se que as reuniões serão anuais, alternadamente no Brasil e na Argentina. As partes poderão de comum acordo convocar uma reunião extraordinária se as circunstâncias assim o indicarem. A agenda de cada reunião deverá ser preparada à luz dos objetivos definidos no

||||||||||||

43 MSG OF00925Z de 30/07/97, Normal, PEXT. Confidencial. Desclassificado de acordo com o decreto 5301 de 09/12/2004. Disponível para consulta no Arquivo de Estado do Ministério das Relações Exteriores do Brasil.

44 Ofício n.50/DAM-I/CASG/ARC-MRE-PEXT BRAS ARGT. Disponível para consulta no Arquivo de Estado do Ministério das Relações Exteriores do Brasil.

citado Memorandum de Entendimento, mediante coordenação prévia entre as partes.

As partes criam um Mecanismo Permanente de Análise Estratégica que procederá ao seguimento e implementação das decisões tomadas nas reuniões do Mecanismo de Consulta e Coordenação entre os governos do Brasil e da Argentina, e coordenará a preparação das reuniões seguintes.

As partes promoveram um amplo intercâmbio de ideias e opiniões sobre a conjuntura internacional e regional, com especial ênfase em questões relativas à Defesa e segurança internacional, entre as quais desarmamento, não proliferação de operações de paz. Cada parte apresentou um breve resumo de suas respectivas participações em operações de manutenção da paz no âmbito das Nações Unidas e examinaram-se formas de intensificar a cooperação nesse contexto.[45]

Enfim, o encontro de Itaipava não resultou em nenhuma medida bilateral para que a cooperação fosse institucionalizada. Tampouco ficou claro de que maneira se daria a concatenação entre as conversas mantidas em nível de chancelaria e aquelas que redundavam nas várias manobras militares conjuntas que se encontravam em andamento. Como exemplificado anteriormente, com base em citação documental, o Itamaraty via nos exercícios conjuntos com a Argentina um modo de mostrar ao mundo que suas tropas estavam suficientemente adestradas para participar de missões de paz. Era a tal intento que se prendia a diplomacia. Embora reconhecesse a importância das manobras para reforço da confiança mútua entre as Forças Armadas, esse não era o aspecto principal a se aprofundar. Uma breve análise do documento de Defesa de 1996, elaborado praticamente pela ala militar, supõe que a primeira diferença existente entre os objetivos da diplomacia e os dos militares em relação às manobras

|||||||||||

45 Ata de Itaipava. Disponível para consulta no Arquivo de Estado do Ministério das Relações Exteriores do Brasil.

conjuntas resida no fato de que o Itamaraty buscava com as manobras militares o aumento do poder simbólico, dando seguimento à sua política de reforço do moral do país na cena internacional. As Forças Armadas, mais voltadas a um pensamento dissuasório, percebiam nas manobras conjuntas uma forma de somar meios de aumento de bases reais de poder. O Itamaraty da era de FHC não só não concebia uma cooperação com bases dissuasórias, como chegou a aventar a possibilidade de inclusão dos Estados Unidos no mecanismo de Itaipava, uma vez que já se encontravam em curso manobras entre os países sul-americanos e o Comando Sul. Essa seria a primeira dificuldade para a institucionalização de um mecanismo de coordenação de ações no campo da Defesa que contava com ações paralelas: uma diplomática e outra militar, baseadas em distintos escopos. E ainda que o encontro houvesse sido em muito influenciado pelos Estados-Maiores, pela necessidade de regulamentar aspectos operacionais das manobras conjuntas e de lastreá-las por iniciativas políticas, não foi essa a abordagem predominante da reunião.

De toda forma, Menem e Cardoso, aproveitando-se da repercussão da mídia sobre a reunião de Itaipava, encerraram sua agenda de encontros naquele ano reforçando as expectativas quanto ao progresso que a reunião representava às relações entre o Brasil e a Argentina, no Comunicado Conjunto de 11 de novembro, lançado durante a visita do presidente argentino à Brasília,[46] um dia após assinatura da Declaração conjunta por ocasião do Aniversário da Agência Brasileiro-Argentina de Contabilidade e Controle de Materiais Nucleares (ABACC).[47]

Contudo, a reunião de Itaipava terminou sendo a primeira e a última do Mecanismo de Entendimento sobre Consulta e

||||||||||||

46 Disponível em: <www.embarg.org.ar>.
47 Atos em vigor assinados com a República Argentina. Departamento de Atos Internacionais do Ministério das Relações Exteriores. Disponível em: <http://www2.mre. gov.br/dai/biargent.htm>.

Coordenação em matéria de Defesa e Segurança Internacional. A despeito de sua ata prever sua ocorrência anual, ela só voltou a acontecer em 2003, já no governo de Lula da Silva, na cidade de Calafate, Argentina. O formato pelo qual se registrou juridicamente o acordado entre as partes – uma simples ata, em detrimento de um acordo – impediu, por seu turno, que os termos de continuidade do mecanismo fossem cobrados por quaisquer partes.

A partir de 1998, iniciou-se um novo momento de afrouxamento das relações entre Brasil e Argentina na área de Defesa. Durante todo aquele ano, a única consulta bilateral realizada entre os dois países ocorreu em nível de vice-chanceleres, no Rio de Janeiro, entre 27 e 28 de agosto, abordando basicamente a temática de Segurança na Tríplice Fronteira e negligenciando por completo os temas tratados em Itaipava.[48] O assunto principal entre as Secretarias de Assuntos Estratégicos dos dois países tornou-se a adoção da moeda única, como ato de investimento estratégico no Mercosul.[49]

Crescia, no entanto, o número de correspondências entre a embaixada brasileira na Argentina e o Ministério das Relações Exteriores do Brasil que voltavam a concluir pela adequação do uso de evasivas brasileiras para quaisquer tentativas argentinas de dialogar sobre Defesa. Sobre a reunião de vice-chanceleres acima aludida, Pinto Coelho esclarece a Lafer que:

> Nos termos das instruções, reiterei ao Ministro Natalio Jamer o interesse do lado brasileiro no caráter informal da reunião, e na natureza flexível da agenda, cujo escopo deveria ser reduzido a um pequeno número de

---

48 OF0101 PEXT BRAS ARGT, Confidencial, Urgentíssimo, SG/SGAP/SGA/DAM-I/DCJ, de 008/09/1998. Desclassificado de acordo com o decreto 5301 de 09/12/2004. Disponível para consulta no Arquivo de Estado do Ministério das Relações Exteriores do Brasil.

49 OF0013 ARTBREN 290753 OF00131Z, 29/01/1998. Desclassificado de acordo com o decreto 5301 de 09/12/2004. Disponível para consulta no Arquivo de Estado do Ministério das Relações Exteriores do Brasil.

temas. [...] Como forma de limitar o diálogo a alguns temas que pudessem ser discutidos com maior profundidade, antecipei nosso interesse em uma agenda aberta [...].[50]

A justificativa brasileira para essa regressão de atitude voltou a se pautar na questão da candidatura brasileira ao assento permanente no Conselho de Segurança das Nações Unidas. Desde que Menem passou a defender com mais ênfase a tese da rotatividade como método de representação de cada região dos países em desenvolvimento do CSNU, o Brasil voltou a ver na Argentina um obstáculo para seu pleito de assento permanente.[51] Aproveitava o ensejo, porém, para voltar a explorar como malévola a tentativa argentina de se tornar aliada da Organização do Atlântico Norte (Otan).[52] Mas há diversos indícios de que a questão da Otan não era em si a geradora do desconforto brasileiro, e sim um pretexto utilizado pelo Brasil para tentar deslegitimar a Argentina, tanto em suas empreitadas para a liderança de missões de paz, como em uma eventual iniciativa argentina de tentar convencer os países da região de que a rotatividade constituía melhor opção do que a candidatura solo do Brasil para membro permanente. Um desses indícios é que desde 1997 a então secretária de Estado dos Estados Unidos, Madeleine Albright, anunciava que a Argentina havia conquistado o *status* de aliado-extra Otan, fato que não freou os ânimos iniciais de Itaipava. Mas é o acompanhamento de todo o desenrolar desse processo que nos deixa a impressão de que o Brasil soube aproveitar a tentativa argentina para deslegitimar

||||||||||

50 ARTBREM 051910 of01298A TEKA CO DE BRASEMB BUENOS AIRES PARA EXTERIORES, 05/08/98. Desclassificado de acordo com o dec. 5.301, de 09/12/2004. Disponível no Arquivo Histórico do Itamaraty.

51 OF0007 ARTBREM 201250 OF0000075 TEKA CO, de 20/01/98. Desclassificado de acordo com o decreto 5301 de 09/12/2004. Disponível para consulta no Arquivo de Estado do Ministério das Relações Exteriores do Brasil.

52 É sabido que desde 1992 o ministro argentino Di Tella buscava uma aproximação com a Otan, por meio da participação em forças de paz daquela organização.

a imagem do país perante a vizinhança. Menem, em 1997, em meio às negociações de Itaipava declarou durante entrevista ao jornal brasileiro *O Estado de S. Paulo* que a pretensão brasileira traria graves desequilíbrios regionais. O problema foi levado à discussão na Reunião Anual do Grupo do Rio, no mesmo ano. Em 1998, o Brasil declarou à imprensa sua intenção de desistir de se tornar membro permanente, visando à preservação das relações com a Argentina, o que o fazia ser visto como mais transigente do que o parceiro argentino. Em contraste à perspicácia brasileira, em 1999, Menem, não se contentando com seu *status* de aliado-extra, lançou um pedido formal ao presidente Bill Clinton e ao Conselho Atlântico – mais alto recinto decisório da Otan – de ingresso como membro permanente do tratado.[53] Sobre tal pedido, o Ministério das Relações Exteriores do Brasil se pronunciou, declarando que:

> [...] a vinculação formal da Argentina à Otan introduziria elementos estranhos no contexto de segurança regional sul-americano. Teria, portanto, consequências palpáveis para o Brasil, [...] analisadas em todos os seus aspectos de natureza política e militar.[54]

Algumas correspondências indicam que o Brasil pouco acreditou na possibilidade de a Argentina ser aceita pela Otan como membro permanente, dado, principalmente, o sucateamento de suas Forças Armadas e de sua estrutura de Defesa. O Brasil sabia, porém, que a investida argentina incomodaria o Chile e o compeliria a apoiar o Brasil no pleito pelo assento permanente do CSNU, motivo pelo qual não abandonava o acompanhamento da questão. Quando a

|||||||||||

53 Colacrai, *Las relaciones de la Argentina y Brasil durante los noventa: temas de defensa y seguridad*. Disponível em: <http://www.ilea.ufrgs.br/nerint>.
54 Ver: Declaração do Porta-voz do Ministério das Relações Exteriores do Brasil, sobre a solicitude argentina de ingresso à Otan. Disponível em: <http://www.embarg.org.br/DeclArgOTAN090799.htm>.

Otan, enfim, respondeu negativamente à Argentina, o Itamaraty opinou que:

> Quaisquer que tenham sido as reais motivações de Menem ao acatar a proposta do seu secretário e planejamento estratégico, Jorge Castro, a resposta traz agora ao presidente o duplo ônus de, no plano externo, haver perdido credibilidade e indisposto o Brasil e outros parceiros regionais e, no âmbito interno, haver transparecido o descabimento da iniciativa e a superficialidade com que foi preparada e conduzida [...].[55]

Além disso, o Brasil vislumbrava que a frustração argentina, somada ao desprestígio político interno das investidas de ingresso à Otan, faria que o país vizinho voltasse a valorizar o Mercosul, ao mesmo tempo que permitiria ao Brasil voltar a pensar no desenvolvimento de um "pensamento estratégico comum na área de Defesa e Segurança no marco do Mercosul".[56] A confirmação desse presságio veio pelo acompanhamento da reunião Argentina-Otan de 8 de outubro de 1999, sobre a qual o Brasil teve a seguinte impressão:

> Seminário com presença de funcionários da Otan tem relativamente pouca repercussão política e na imprensa. Verifica-se empenho argentino em evitar repercussão negativa com o Brasil. É hora de retomar o diálogo bilateral sobre segurança e defesa.[57]

Com efeito, os últimos anos do governo de Cardoso no Brasil relançaram expectativas no tocante ao relacionamento brasileiro-argentino

|||||||||||

55 OF00992, de 02/08/199, Confidencial, Urgente, DAM-I, DDS. Desclassificado de acordo com o decreto 5301 de 09/12/2004. Disponível para consulta no Arquivo de Estado do Ministério das Relações Exteriores do Brasil.
56 Ibid.
57 OF01284 de 12/10/1999. Desclassificado de acordo com o decreto 5301 de 09/12/2004. Disponível para consulta no Arquivo de Estado do Ministério das Relações Exteriores do Brasil.

no campo da Defesa. Além da continuidade do alto grau de comunicação entre as duas Forças Armadas,[58] no âmbito político pareceu haver uma retomada da vontade integracionista. Exemplo disso é que em 6 de outubro de 2000, cerca de três anos depois de prenunciado pela Ata de Itaipava (a qual registrou o primeiro e último encontro do MCC), teve lugar em Buenos Aires o primeiro encontro do Mecanismo de Análise Estratégica (MAE), sendo seguido pelo segundo encontro, em 14 de outubro de 2002, no Brasil. Foram recolocadas nas pautas das relações bilaterais: uma agenda comum para discutir os problemas globais de segurança; uma agenda comum de participação em missões de paz da ONU; a aquisição comum de um sistema de segurança para equipamento das duas Forças Armadas; um debate para a revisão do Tratado Interamericano de Assistência Recíproca (TIAR); o alcance de um consenso para posicionamento ímpar na próxima reunião de Ministros da Defesa, que aconteceria em Santiago do Chile, em novembro daquele ano, assim como na Conferência Especial de Segurança, que aconteceria em outubro de 2003, no México; discussão sobre o balanço estratégico da região; a possibilidade de um acordo

||||||||||||

58 No plano bilateral, foram muitas as manobras conjuntas até o fim do governo FHC. Entre os dois Exércitos, podem-se mencionar as seguintes: Cabanas 2000 (Simulação de Operação de Paz); Iguaçu II, em 2001 (Treinamento para medidas comuns de suporte a desastres naturais); Operação Saci II, em 2001; Cabanas 2001; Cruz del Sur 2001; além de diversas outras ocorridas multilateralmente. Entre as duas Forças Aéreas, aconteceram a Operação Tanba I, em 2001 (exercícios comuns para interceptação e monitoramento do espaço aéreo) e a Prata I, em 2001 (manobra para localização de aeronaves ilícitas). E por último, entre as Marinhas, houve o exercício Revista Naval, em 2000 (manobras em ocasião das festividades de 500 anos do Brasil); o Fraterno XX, em 2000 (exercício marítimo interoperacional); o Fraterno XXI, em 2001; o Araex VI, em 2002; o Temperex, em 2002 e o Fraterno XXII, em 2002. Ademais, os Estados-Maiores do Brasil e da Argentina se reuniram em 2000, no Simpósio de Estudos Estratégicos dos Estados-Maiores Conjuntos; em 2001, para discutir uma eventual integração em operações de paz das Nações Unidas (encontro ocorrido na Argentina), para a Conferência sobre Logística militar (sediada no Brasil), para o Curso de treinamento de oficiais para Defesa nacional (na Argentina); e em 2002, para a Conferência sobre Inteligência Estratégica (ocorrida no Brasil). Cf. Flemes, op. cit., p.150-1.

na área de tecnologia para Defesa; um balanço das medidas bilaterais de confiança mútua em andamento e o estabelecimento de um fórum para consulta mútua em seus respectivos programas para a Antártica.[59] Também ficou estabelecido, desde julho de 2000, a criação do Grupo de Trabalho Bilateral de Defesa entre Brasil e Argentina (GTBD),[60] que deveria ter encontros anuais alternados, no Brasil e na Argentina, devendo ser composto pelos ministros da Defesa dos dois Estados. A primeira reunião aconteceu em 26 de outubro de 2001, em Brasília,[61] sinalizando um reaquecimento político das relações entre os países, inserido em diferentes contextos econômicos e estratégicos mundiais daqueles que, por exemplo, encaixaram as disputas em torno de um assento brasileiro no Conselho de Segurança e da entrada argentina à Otan.

Vê-se, portanto, que mais uma vez o Brasil condicionou sua ação à aceitação da Argentina quanto à sua vocação natural de líder, na medida em que não admitia a tentativa argentina de ingresso à Otan, mas retomava sua luta para ocupar um assento permanente. Ao longo do Capítulo 1 essa noção de liderança já aparecia como interferente no cultivo de uma dinâmica de rivalidade e no reforço da memória que a moldava. No Capítulo 2, abordamos como a percepção brasileira de liderança torna muito peculiares os objetivos do país com a cooperação regional, fazendo deles um motivo para que a institucionalização de mecanismos cooperativos seja sempre adiada, principalmente quando estas tangenciam setores nucleares da política externa, como é o caso da Defesa.

Aproveitando alguns exemplos abertos no primeiro capítulo, é emblemático da postura de resguardo da posição de liderança do Brasil, durante a gestão de Fernando Henrique Cardoso e na gestão

---

||||||||||||

59 Ibid., p.135-6.
60 A partir do governo Lula, grupos de trabalho bilaterais conformados com e para o mesmo fim foram criados também com Bolívia, Peru, Chile e Uruguai.
61 Flemes, op. cit., p.138.

do chanceler Luiz Felipe Lampreia, o mal-estar que causou ao país a tentativa argentina de liderar a resolução do conflito Peru-Equador, em 1995. Segundo o Brasil, tratava-se de desrespeito ao Protocolo do Rio de Janeiro, firmado em 1942, e de iniciativa argentina no sentido de "forçar uma atitude de liderança em todo o contexto latino-americano".[62] Obviamente era um desconforto velado por um diálogo oficial que parecia abordar amistosamente a questão, já que os dois países, para todos os efeitos, continuavam negociando conjuntamente medidas de auxílio ao cessar-fogo entre aqueles dois países.[63] Também é elucidativo o que se passava em relação à reunião de ministros da Defesa que ocorreria em Williamsburgo. Ao mesmo tempo que setores da Defesa do Brasil e Argentina se encontravam frequentemente para preparar e discutir posições convergentes a serem apresentadas na dita reunião,[64] a diplomacia brasileira mostrava

||||||||||||

62 MSG OF00101A, de 28/01/95, urgentíssimo. DNU/DAM I, PEXT PERU, EQUA, Confidencial. Desclassificado de acordo com o Dec. 5.301, de 09/12/2004. Disponível no Arquivo Histórico do Ministério das Relações Exteriores.

63 Tanto que, em telegrama posterior, Azambuja relata a Lampreia o teor das conversas entre Brasil e Argentina a respeito, detalhando que instava Menem a exercer, junto ao Peru de Fujimori, influência para que "anunciasse de forma clara e incondicional" a paz. Concomitantemente, precavia o embaixador ao chanceler brasileiro que Menem abrira com os Estados Unidos diálogo sobre auxílio à crise mexicana, recomendando que o Brasil fizesse o mesmo, por intermédio da pessoa do presidente Fernando Henrique Cardoso. O que, a nosso ver, representa um gesto claro de demarcação de posições, embora o embaixador considerasse que se tratava do fortalecimento de "posições de apoio dos principais amigos dos EUA no continente". Ver: MDG OF00116Z, de 02/02/05, Urgentíssimo, DAM I/DCS/DPF/DEA/DAM II; POIN BRAS ARGT PEXT PERU, Confidencial. Desclassificado de acordo com o Dec. 5.301, de 09/12/2004. Disponível no Arquivo Histórico do Ministério das Relações Exteriores.

64 A reunião de Williamsburg inaugurou a era de encontros hemisféricos da chamada *diplomacia de cúpula*, constituindo o primeiro encontro de ministros da Defesa americanos. Basicamente, ela tratou de temas como Defesa cooperativa, o papel das Forças Armadas nas democracias do século XXI e de mecanismos de transparência e confiança mútua. A declaração gerada por ocasião da reunião pode ser consultada no site da OEA, em: <http://www.summit-americas.org/Williamsburg>.

interesse em demover o objetivo argentino de sediar o encontro subsequente, como relata trecho de carta de Azambuja a Lampreia:

> No dia seguinte aos encontros acima descritos jantei com Oscar Camilión que me disse que a Argentina pensaria em ser sede no encontro seguinte àquele que se realizará em Williamsburgo, nos próximos dias. Acredito que se o Brasil desejar acolher esse futuro encontro, a Argentina nos cederia a vez, com naturalidade. Peço que esta comunicação seja transmitida ao Embaixador Luis Augusto Araújo Castro a quem caberão, na OEA e na Presidência da Comissão Permanente de Segurança, responsabilidades muito especiais no seguimento desses temas.[65]

O desfecho do caso da Otan coincide com o caso da cimeira do Rio, tratada também no Capítulo 2. O fracasso da empreitada argentina, de um lado, e o sucesso brasileiro da cimeira do Rio, de outro, na qual o Brasil obteve inclusive da Argentina o reconhecimento de suas capacidades de líder, foram cruciais para que o país voltasse a pensar na institucionalização de vínculos cooperativos com a Argentina.

Enfim, é na percepção de si enquanto líder regional que se encaixa a formulação das principais linhas de comportamento externo do Brasil, as quais limitam, por sua vez, as relações do país com a Argentina. Figurativo disso é o acompanhamento das negociações que precedem as reuniões derivantes do chamado mecanismo de Itaipava. Enquanto a Argentina reivindica a fixação de pautas, o Brasil sugere para os encontros a "informalidade e a flexibilidade de agenda".[66] É notável que isso aconteça a cada vez que a Argentina toma qualquer

---

65 MSG OF00914A de 19/07/1995, urgentíssimo, DAM-I, PEXT BRAS ARGT. Confidencial. Desclassificado de acordo com o Dec. 5.301, de 09/12/2004. Disponível no Arquivo Histórico do Ministério das Relações Exteriores.

66 SEDNET QD BRAZEXT ARTBREM 05910 OF 01298A TELA CO, de 05/08/98. Desclassificado de acordo com o Dec. 5.301, de 09/12/2004. Disponível no Arquivo Histórico do Ministério das Relações Exteriores

iniciativa de política exterior interpretada pelo Brasil como tentativa de liderança. Em contrapartida, o contexto interno influenciava muito a mudança de postura da Argentina. Em primeiro lugar, vale enfatizar que o país vizinho, submerso em profunda recessão econômica, reconheceu, sob os governos de de la Rúa a Duhalde, que não recebera ganhos concretos com suas relações carnais com os Estados Unidos, ao mesmo tempo que o Brasil decidiu revisar o problema do Mercosul que naquele momento mergulhava no fracasso. Tal revisão, juntamente com a reavaliação da questão da Alca, é considerada, tanto pelo Brasil como pela Argentina, como prioridade, em especial após a subida de George W. Bush à presidência dos Estados Unidos.[67] Todavia, os ataques de 11 de setembro de 2001 trouxeram novas questões, constituindo o tema central da primeira reunião do GTBD, em outubro daquele mesmo ano. Entretanto, embora os impactos políticos e econômicos daquele acontecimento tenham tornado necessária a revisão da agenda internacional, fazendo contrastar novamente questões referentes à segurança internacional, devido à abertura de novas possibilidades de tensões localizadas em quaisquer partes do mundo, como pontua Vaz, o reajuste da diplomacia brasileira ao contexto mundial de segurança que se instala após o 11 de setembro de 2001 esteve mais voltado ao entorno interamericano – a exemplo de iniciativas lideradas pelo Brasil no seio da OEA – do que à região sul-americana. Além disso, tornava-se mais aguçada a percepção brasileira acerca dos problemas do conflito colombiano e da eventual presença de grupos terroristas na Tríplice Fronteira.[68]

||||||||||||

67 Bandeira, *As relações perigosas: Brasil-Estados Unidos (de Collor a Lula 1990-2004)*, p.207.
68 Vaz, O governo Lula. Uma nova política exterior?, *Nueva Sociedad: Anuario Social y Político de América Latina y el Caribe*, 2003, p.7.

Continuidades e mudanças na administração Lula

Como adverte Vaz, ainda que a chegada de um novo governo desperte a curiosidade do pesquisador em conhecer novidades e constatar linearidades, é mister reconhecer que no Brasil a política externa carrega princípios, valores e objetivos contidos nos moldes de uma política de Estado, o que nos leva a considerar, na análise da política externa de determinado governo, a baixa probabilidade de verificação de inflexões dramáticas, mesmo no caso de Lula – um líder de esquerda com trajetórias pessoais e políticas distintas das vividas pelas autoridades presidenciais anteriores. O que nos resta é observar a disposição do governante em assumir mudanças, ainda que sobre um quadro construído por distintas gestões ao longo do tempo.[69]

Ao assumir a presidência, amparado em sua equipe de governo, Lula avaliou que a liberalização econômica, da forma como foi conduzida por Fernando Henrique Cardoso, fora responsável por um dramático período de crise econômica e empobrecimento da população, e que a partir de então a política externa teria de tomar como premissa um desenvolvimento nacional gerador de maior equilíbrio social. Em suas palavras:

> Nossa política externa refletirá também os anseios de mudança que se expressam nas ruas. No meu governo, a ação diplomática do Brasil está orientada por uma perspectiva humanista e será, antes de tudo, um instrumento do desenvolvimento nacional.[70]

De acordo com o discurso do novo governo, o Mercosul, bem como todas as iniciativas regionais, deveriam ser revigorados a fim de atuar como remédio à situação de crise enfrentada pelos países

||||||||||||

69 Ibid.
70 Silva, Discurso de posse no Congresso Nacional, 1º de janeiro de 2003. In: República Federativa do Brasil, Política Externa do Brasil.

DEFESA COOPERATIVA E RELAÇÕES COM A ARGENTINA NA ERA CARDOSO (1995-2002)... 279

do bloco, precisando, dessa maneira, ser tomado como primazia na agenda da política externa. Assim, ele é percebido pelo novo governo como uma ferramenta estratégica transcendental ao âmbito comercial.[71] Os discursos de posse do ministro das Relações Exteriores, Celso Amorim, e do secretário-geral do Itamaraty, Samuel Pinheiro Guimarães, apontam para a mesma orientação. Celso Amorim enfatiza, inclusive, que as relações com a Argentina seriam o pilar de tal processo,[72] ao expor o caráter estratégico desse relacionamento, posteriormente, aos futuros membros da Casa de Rio Branco, com a seguinte mensagem:

> Com a Argentina desejamos um aprofundamento da *aliança estratégica*, com vistas a transformá-la no motor da integração da América do Sul, a começar pela revitalização do Mercosul. O objetivo é ir além da liberalização dos fluxos de comércio intrazona, consolidar a União Aduaneira e avançar em direção ao Mercado Comum. Esperamos – mais do que isso, estamos seguros – que quem quer que venha a ser eleito Presidente, no pleito que se avizinha nesse país irmão, compartilhará esta visão.[73]

Compunha-se, portanto, um cenário de expectativas e promessas quanto a um relacionamento multidimensional entre Brasil e Argentina, alentado pela esperança de que a iminência de uma crise econômica, decorrente da sobrançaria de guerra suscitada pelos ataques de 11 de setembro de 2001, predispusesse uma consciência comunitária em prol da melhoria das condições econômicas e sociais dos países do Mercosul. No entanto, o cimento da integração seria fornecido

||||||||||||

71 "O Mercosul, assim como a integração da América do Sul em seu conjunto é, sobretudo, um projeto político", disse Lula. Cf. ibid., p.41.

72 Amorim, Discurso de posse no Congresso Nacional, 1º de janeiro de 2003. In: República Federativa do Brasil, Política Externa do Brasil, p.54-5.

73 Amorim, *A diplomacia do governo Lula*. Aula Magna do senhor ministro de Estado das Relações Exteriores, no Instituto Rio Branco, no dia 10/4/2003. Disponível no site no Ministério das Relações Exteriores: <www.mre.gov.br>. Grifo nosso.

pelo elemento político-estratégico.[74] O presidente Duhalde, ainda que em final de mandato, confirmou essa tendência no comunicado à imprensa que fez juntamente com o presidente do Brasil:

> Os presidentes expressaram sua firme determinação de aprofundar a aliança estratégica entre o Brasil e a Argentina, de estendê-la a novos campos e de transformá-la em motor da integração da América do Sul.[75]

Apesar de reconhecer a importância dos Estados Unidos enquanto parceiro brasileiro e enquanto primeira potência mundial, o Brasil de Lula pensou no fortalecimento da união latino-americana como forma de aliviar a pesada influência estratégica na região, bem como na possibilidade de os países componentes adotarem posturas mais originais – e que julgassem imparciais – perante questões internacionais diversas. A exemplo disso, Lula se engajou em campanha regional contra a pretensão dos Estados Unidos de ataque ao Iraque, ao reiterar em Montevidéu, onde se assinou uma declaração conjunta com os chanceleres do Mercosul – a qual reforçava o repúdio ao terrorismo e às armas de destruição em massa –, a preocupação brasileira com o uso da força na guerra contra o terrorismo; e ao pedir solução pacífica para a questão. Depois, Lula telefonou pessoalmente aos então presidentes do Chile, Ricardo Lagos, da Argentina, Eduardo Duhalde, e do Equador, Lucio Gutierrez, propondo uma reunião para discutir uma forma de militar conjuntamente contra a guerra, temendo que uma possível guerra refletisse de forma drástica nas economias sul-americanas.[76]

|||||||||||

74 Idem, Discurso de posse no Congresso Nacional, 1º de janeiro de 2003. In: República Federativa do Brasil, Política Externa do Brasil, p.54-5.

75 Silva; Duhalde, Comunicado conjunto de imprensa dos presidentes da República Federativa do Brasil e da República da Argentina. Brasília, 14 de janeiro de 2003. Disponível no site do Ministério das Relações Exteriores do Brasil: <www.mre.gov.br>.

76 "Internacional", *O Estado de S. Paulo*, 15/2/03; *Correio Braziliense*, tema do dia 16/2/03. Ver: Informe Brasil, 069. In: *Observatório Cone Sul de Defesa e Forças Armadas*.

Néstor Kirchner, candidato apoiado por Duhalde, foi eleito presidente, fato que inspirou tranquilidade quanto à continuidade do caminho integrativo. Nesse sentido, Brasil e Argentina, num primeiro momento, coincidiram quanto à adoção de uma postura menos complacente ao voluntarismo dos Estados Unidos, principalmente no que se referia à adesão à Alca. Ou seja, a primeira fase do relacionamento Lula/Kirchner foi assinalada por diversos entendimentos políticos e econômicos sugestivos de um *optimum* atribuído ao grau de entrosamento e à alta capacidade de solução de pendências comerciais e políticas relativas ao processo integrativo. Em um segundo momento, as divergências em torno das chamadas assimetrias comerciais foram responsáveis por um novo mal-estar. A Argentina se queixou da entrada excessiva de produtos brasileiros no país e do decorrente prejuízo da indústria nacional, e, em seguida, estabeleceu uma barreira de importação. As relações comerciais caminharam de forma trépida, até que em 2004, quando se reconheceu o único déficit, em relação ao Brasil, tido nos últimos dez anos, os ministros das Relações Exteriores Rafael Bielsa e Celso Amorim se encontraram a fim de sanar tais dificuldades.[77]

Contudo, as diferenças não morreram na questão comercial. A despeito de o presidente Duhalde ter declarado encerrada a peleja pela vaga no Conselho de Segurança (CS), e das expectativas brasileiras quanto à maleabilidade do futuro presidente, pouquíssimo tempo depois da tomada de posse de Kirchner as desavenças vieram novamente à tona, quando o Rafael Bielsa esclareceu a Celso Amorim que o engajamento da Argentina na luta pela reforma do CS não incluía necessariamente apoio à candidatura do Brasil, mas à participação

----

77 Informação disponível no site do Ministério do Planejamento do Brasil. Conferir em: <http://clippingmp.planejamento.gov.br/cadastros/noticias/2004/8/9/noticia.141936>.

comunitária de toda a região sul-americana.[78] Em seguida, Kirchner propôs a Lula que a cadeira fosse compartilhada pelos dois países, durante dois anos, uma configuração, por sua vez, não apreciada pela diplomacia brasileira.[79] Ocorre que, diferentemente do que houvera durante os dois mandatos de Fernando Henrique Cardoso – durante os quais a candidatura do Brasil ao CS era um interesse virtual, sem merecer perseguição –, no governo Lula ela se tornou objetivo de grande relevância.[80]

Também no âmbito da segurança internacional houve um desencontro de ponto de vista acerca do envio de uma força integrada para manter a paz no Iraque – o qual sofria os ataques antiterroristas dos Estados Unidos. A ideia partiu de Bielsa, mas foi rechaçada por Amorim, que alegou não existir viabilidade para o envio de tropas àquele país.[81]

Não obstante essa situação pendular, as relações Brasil–Argentina, no ano de 2003, receberam endosso político e foram frutíferas quanto à corroboração da confiança mútua no âmbito militar.

No que toca ao domínio político-diplomático, no dia 8 de maio de 2003 Lula recebeu a visita do presidente eleito Néstor Kirchner e, posteriormente, em 25 do mesmo mês, viajou à Argentina para participar da cerimônia de posse. Em junho o Brasil recebeu duas visitas da Argentina: a primeira de seu chanceler Bielsa e a segunda

||||||||||||

78 "Nacional", *O Estado de S. Paulo*, 28/5/03; "O País", *O Globo*, 28/5/03; "Mundo", *Correio Braziliense*, 30/5/03; "Nacional", *O Estado de S. Paulo*, 30/5/03. Informe Brasil 088. In: *Observatório Cone Sul de Defesa e Forças Armadas*.
79 "Brasil", *Folha de S.Paulo*, 22, 23 e 26/9/03; "Nacional", *O Estado de S. Paulo*, 22 e 23/9/03; "Política", *Correio Braziliense*, 23/9/03. Informe Brasil 105. In: *Observatório Cone Sul de Defesa e Forças Armadas*.
80 Como nos mostra Almeida, Um exercício comparativo de Política Externa: FHC e Lula em perspectiva, *Achegas*, n.17, 12 de maio de 2004.
81 "Brasil", *Folha de S.Paulo*, 4/8/03. Informe Brasil 099. In: *Observatório Cone Sul de Defesa e Forças Armadas*.

do presidente Kirchner.[82] Bielsa declarara que desde 1998 Brasil e Argentina não se juntavam com tanta frequência.

No dia 15 de agosto, como resultado de todos esses encontros, os dois países acordaram intensificar a cooperação bilateral nos campos nuclear, espacial, aeronáutico e econômico-comercial. Em outubro, Lula foi à Argentina e assinou com Kirchner o Consenso de Buenos Aires – cuja denominação ironiza as medidas conhecidas como *Consenso de Washington* –, instituindo 22 atos bilaterais que, em seu conjunto, tratavam de consagrar a integração como arma contra o modelo excludente de distribuição do poder econômico mundial, além de voltar a enfatizar o caráter estratégico da aliança.[83] Sem embargo, durante o encontro, os dois parceiros decidiram enviar a La Paz – capital da Bolívia – uma missão conjunta de observação à crise política do país, assinalando o início do compartilhamento de uma liderança para contenção de conflitos em áreas vizinhas.[84]

De certa forma, tentou-se reanimar o mecanismo de Itaipava, quando, em 2003, aconteceu na Argentina a terceira reunião do Mecanismo de Análise Estratégico (MAE) e a segunda e última reunião do Mecanismo de Concerto e Coordenação (MCC) – mais conhecido como Itaipava II –, na cidade de Calafate. A terceira reunião do MAE, realizada entre os dias 30 e 31 de outubro, contou com a presença de representantes dos ministérios da Defesa e das Relações Exteriores dos dois países e buscou discutir: a preservação da vida das tropas enviadas a missões de paz; a revisão de mecanismos de consulta

||||||||||||

82 Cronologia da Política Externa do governo Lula (2003-2006). Brasília (DF): Ministério das Relações Exteriores; Secretaria de Planejamento diplomático; Fundação Alexandre de Gusmão, 2007, p.60-73.

83 O documento está disponível na Assessoria de Comunicação Social do Ministério das Relações Exteriores, segundo nota à imprensa 464 de 16 de outubro de 2003.

84 Todavia, pouco tempo depois de assinado o acordo, o jornal chileno *El Mercurio* especulou sobre um possível telefonema de Bielsa para um negociador norte-americano justificando que nem todo o texto refletia posição da Argentina. Ver: Sinopse da mídia internacional, disponível no site da Presidência da República do Brasil: <www.planalto.gov.br>.

e coordenação já existentes, assim como de manobras conjuntas em operação; o intercâmbio de pessoal militar entre Brasil e Argentina para compor as forças de paz em Chipre e no Timor Leste.[85] Mas a última ação a ele relacionada aconteceu durante a quarta e última reunião do MAE, ocorrida entre os dias 4 e 5 de março de 2004, em Buenos Aires, momento em que se discutiu: a manutenção de turbinas potentes da frota brasileira em estaleiros da Marinha argentina; a inspeção geral do submarino argentino ARA San Juan pela Marinha brasileira e a inspeção geral do submarino brasileiro ARA Santa Cruz pela Marinha argentina; a assinatura de um memorando bilateral para fabricação comum de aeronaves.

No que se refere às reuniões específicas do MCC e do MAE, podemos dizer que o ano de 2004 encerrou o ciclo de encontros, entrando em desacordo com as normas de seu estabelecimento, já que o primeiro deveria reunir-se a cada noventa dias e o segundo a cada ano. Ou seja, desde o início do governo Lula até a atualidade, no que toca aos encontros denominados *2+2* (compostos por ministros da Defesa e das Relações Exteriores), deveria constar a ocorrência de 32 reuniões do MCC e 8 reuniões do MAE, havendo, na realidade, apenas uma do MCC, em 2003 – conhecida como Itaipava II –, e 2 reuniões do MAE (2003 e 2004). Tal constatação aponta a estagnação política das relações Brasil-Argentina no campo da Defesa, o que, por sua vez, constitui traço de continuidade em relação ao governo Cardoso. Entretanto, se na era Cardoso destacavam-se no leque dos motivos domésticos para o fracasso do relacionamento as questões em torno das particularidades da dinâmica cooperativa e decisória brasileira e, na gama de causas externas, as contendas envolvendo a vaga no CS da ONU, no governo Lula – além das diferentes maneiras com que ambos percebiam suas relações com a potência mundial – outros pequenos incidentes entraram

||||||||||||
85 Flemes, op. cit., p.136.

para a somatória de fatores. Assim, além da permanência da sensibilidade dessas questões, encontramos no arcabouço argumentativo argentino outras acusações contra o empenho brasileiro em fazer valer o processo cooperativo. Por exemplo, o jornal *La Nación* publicou, em abril de 2004, uma matéria opinativa que comentava o embargo do Brasil à inspeção por parte da Agência Internacional de Energia Atômica à planta de enriquecimento de urânio, situada em Resende, no estado do Rio de Janeiro, sob o pretexto de proteger uma tecnologia própria e nacional, a qual fora conquistada com o investimento de cerca de 1 bilhão de dólares. De acordo com o *La Nación*, o método mais adequado de proteção da propriedade industrial não deveria se embasar no segredo em relação a ela, mas nos regimes internacionais de patentes, de forma a não despertar novamente na Argentina a percepção de que os acordos nucleares da década de 1990 não foram suficientes para que as autoridades de lá tivessem as informações necessárias sobre as centrífugas brasileiras, a fim de garantir um razoável estado de confiança recíproca.[86] Vale dizer que esses acordos da década de 1990 são a base do empreendimento para a construção da confiança mútua, em continuidade até hoje, e que, portanto, uma vez enfraquecidos, balançariam todos os aspectos da cooperação – o militar, o político e o diplomático.

Logo, a Argentina viu a atitude brasileira como uma exposição de risco de todo o processo de consolidação de confiança mútua e institucionalização do diálogo e da transparência, posto em marcha ao longo da década de 1990.

||||||||||||

86 *La Nación*, edición del 7/4/2004, sección opinión, p.16 apud Runza, Análisis y Evaluación de las relaciones argentino-brasileñas de defensa, desde la perspectiva del Mecanismo de Análisis Estratégico (MAE). Investigación preparada para el Proyecto: *¿Hacia una Comunidad Regional de Seguridad? Una investigación comparativa de las políticas de seguridad nacionales en el Sur de Latinoamérica.* (Instituto de Estudios Iberoamericanos de la Universidad de Hamburgo). Disponível no site do Banco Interamericano de Desenvolvimento: <http://www.iadb.org>.

Outro fato que a Argentina julgou como indício do comportamento aventureiro do Brasil foi a intransigência do Ministério das Relações Exteriores em abrir mão de seu comando das operações de paz desenvolvidas no Haiti, em prol de um comando regional, quando um dos pontos acordados desde a primeira reunião de Itaipava abordava o compartilhamento de liderança em missões de paz, bem como a formação de brigadas conjuntas.[87] Isso, adicionado à questão da disputa em torno da vaga no Conselho de Segurança – que permanece aguçada até hoje –, torna mais intensa a percepção da Argentina em relação à imortal tendência sub-hegemônica do Brasil na América do Sul.

Os estudiosos argentinos das relações com o Brasil apontam as falhas dessa dinâmica, a partir de sua comparação com os logros obtidos na parceria com o Chile.[88] Com este país a inimizade argentina atingiu sua concreção, ao contrário do que houve com o Brasil – uma rivalidade posicionada no terreno subjetivo dos sentidos. Justamente por tal diferença, como aponta Rut Diamint,[89] foi preciso intensificar e regularizar normativamente as relações com o Chile de modo a anular a possibilidade de retrocesso a um quadro de inimizade – o que resultou de um sistema cooperativo mais rígido e efetivo; ao passo que com o Brasil, com o qual as hipóteses de conflito já estavam afastadas, as medidas aconteceram no sentido de reforçar os exercícios de confiança recíproca, e a evolução do relacionamento

IIIIIIIIIII

87 Segundo informações reservadas de alto funcionário do governo argentino, durante entrevista concedida aos autores do trabalho.

88 Além de as reuniões entre Argentina e Chile serem extraordinariamente mais frequentes do que da Argentina com o Brasil (já tendo ocorrido cerca de quarenta vezes, em detrimento das seis reuniões brasileiras), Argentina e Chile gozaram de um bem-sucedido compartilhamento de experiências em missões de paz e estabilização e treinamento conjunto de suas Forças Armadas para composição de brigadas conjuntas. Além disso, os dois antigos inimigos possuem em comum uma metodologia-padrão para os gastos com o setor de Defesa – denominado COMPEMSERG – que permite a total transparência mútua em relação ao aparelhamento militar. Ver Runza, op. cit.

89 Entrevista concedida à autora.

DEFESA COOPERATIVA E RELAÇÕES COM A ARGENTINA NA ERA CARDOSO (1995-2002)... 287

aconteceria com base no trato informal e na expectativa natural existente entre dois amigos.

A despeito das idas e vindas do relacionamento brasileiro-argentino, são louváveis as iniciativas no sentido de cristalizar nas duas sociedades uma cultura de amizade. A exemplo disso, no dia 16 de março de 2004, no Rio Janeiro, Lula e Kirchner decidiram instituir o "Dia da Amizade Argentino-Brasileira", que deveria ser, doravante, comemorado anualmente, em celebração do aniversário de assinatura da Ata de Iguaçu, firmada em 1985, por Sarney e Alfonsín, a qual foi precursora da integração regional.[90] No ano seguinte, a data foi comemorada como acordada, resultando na assinatura de diversos memorandos e acordos,[91] dentre os quais, pela força de nosso recorte temático, destacamos o Acordo Quadro de Cooperação em Matéria de Defesa, que entrou em vigor em 19 de abril de 2007, com base na portaria 6.084, e que tem como objetivo principal:

> [...] fortalecer a cooperação política em matéria de defesa, por meio da troca de experiências em desenho e gestão de políticas de defesa e de ações nas áreas de planejamento, gestão orçamentária, pesquisa e desenvolvimento, apoio logístico e aquisição de produtos e serviços de defesa.

De acordo com o documento, para que este objetivo seja alcançado, seria necessário:

> [...] compartilhar conhecimentos e experiências adquiridas na área de operações, em particular na utilização de equipamento militar de origem

||||||||||||

90 Ata de Copacabana. Notas oficiais do site do Ministério da Fazenda do Brasil: <www. fazenda.gov.br/releases>.

91 Todos os atos bilaterais resultantes desta comemoração estão presentes, na íntegra, na publicação: *Iguaçu + 20. Dia da amizade Brasil-Argentina*, da Fundação Alexandre de Gusmão, que pode ser baixada gratuitamente pelo site: <www.funag.br/estantevirtual/americadosul>.

nacional e estrangeira, na padronização e interoperacionalidade, bem como em operações internacionais de manutenção da paz e no apoio mútuo no cumprimento dos regimes internacionais de desarmamento de que ambos países participam;

[...] compartilhar conhecimentos nas áreas de ciência e tecnologia, por meio de contatos científicos e de pesquisa nas diferentes áreas da defesa, mediante troca de informações, visitas recíprocas e outras iniciativas de interesse mútuo;

[...] colaborar em assuntos relacionados a equipamentos e sistemas militares na área da indústria da defesa, promovendo a participação conjunta em programas de investigação, intercâmbio de informação técnica e encontros de especialistas em armamento e equipamento;

[...] promover ações conjuntas de treinamento e instrução militar, exercícios militares combinados, bem como a troca de informações correspondente; e, cooperar em outras áreas de defesa que possam ser de interesse mútuo.

Ainda que saibamos que a vontade política suprime o Direito Internacional no que tange a fazer valer, na esfera prática, acordos e tratados, acreditamos que no plano institucional esse acordo suplantou o Mecanismo de Consulta e Coordenação (MCC), firmado no governo de Cardoso, por dois motivos: o MCC (que resultou nos dois encontros de Itaipava e nos quatro do MAE) não tinha legitimidade jurídica interna, dado que sua configuração dispensava ratificação por parte do Congresso Nacional e, consequentemente, a ele não recaíam cobranças quanto ao seu devido seguimento. Já o acordo que acabamos de citar insere-se no rol dos Acordos Internacionais sujeitos ao efeito jurídico explicado. Além disso, seu texto, assim como o MCC e o MAE, evoca a conexão entre teoria e prática e, ainda que destaque o respeito às respectivas legislações nacionais, ele garante que a cooperação passe desde a coordenação de políticas até o âmbito operacional, conforme trechos abaixo, do artigo 3 do referido acordo, denominado "Alcances da Cooperação":

1. A cooperação entre as Partes, no campo da defesa, se desenvolverá da seguinte forma:

a. visitas mútuas de delegações civis e militares de alto nível dos respectivos Ministérios de Defesa a entidades civis e militares;

b. visitas mútuas de delegações, reuniões de pessoal e reuniões técnicas;

c. reuniões entre as instituições de defesa equivalentes;

d. intercâmbio de instrutores e estudantes de instituições militares;

e. participação em cursos teóricos e práticos, seminários, debates e simpósios em entidades militares, bem como em entidades civis de interesse para a área de defesa e de comum acordo entre as Partes;

f. visitas de navios de guerra;

g. eventos culturais e desportivos;

h. criação de facilidades na relação entre as bases industriais de defesa de ambos países.[92]

Portanto, ainda que pesem sobre a cooperação com a Argentina as históricas diferenças referentes aos lineamentos de política externa adotados por ambos os países, bem como as assimetrias institucionais relativas à execução da política externa, mais específicas nas questões de Defesa, é importante ressaltar o cultivo de uma cultura de amizade, certamente predecessora de um futuro quadro de harmonização das controvérsias.

Outro traço de continuidade que podemos observar na administração de Lula é o seguimento das manobras militares conjuntas entre os dois países. Já no primeiro ano do primeiro mandato do presidente, o Brasil somou um número maior de exercícios militares conjuntos

---

92 Acordo Quadro de Cooperação em Matéria de Defesa. Site do Ministério das Relações Exteriores – Departamento de Atos Internacionais bilaterais: <www.mre.gov. br>.

com a Argentina do que o registrado durante todo o segundo mandato de Cardoso. Só no ano de 2003, as Forças Armadas dos dois países realizaram juntas 18 exercícios combinados, 4 conferências bilaterais, 26 intercâmbios bilaterais, 25 visitas mútuas, 31 cursos e 4 operações conjuntas para manutenção da paz;[93] enquanto durante os quatro anos do segundo mandato de Cardoso obtêm-se registro, ao todo, da realização de 15 exercícios bilaterais combinados e 6 reuniões conjuntas entre o Estado-Maior Conjunto dos dois países.[94]

Dentre aqueles realizados no primeiro ano do governo Lula, os mais importantes estão sintetizados no quadro abaixo:[95]

Data e Local	Partes envolvidas	Atividade	Descrição:
Santa Maria, Brasil, 2003	Marinha	Exercício Laço Forte	Exercício Combinado no mar
Brasil, 2003	Exército	SACI III	Exercício Combinado para Operações Convencionais
Buenos Aires, 2003	Estado-Maior Conjunto	Conferência	Conferência sobre aliança estratégica
25 a 30 de outubro/ Santa Maria (Brasil)	Exército	Laço Forte	Exercício Combinado para Operações Convencionais (Gabinete)

Nos anos seguintes, os exercícios bilaterais tiveram significativa frequência, como mostram os quadros a seguir:

|||||||||||

93 Runza, op.cit., p.5.
94 Segundo dados sitematizados por Flemes, op. cit., p.145-51.
95 A lista de todos os exercícios combinados no âmbito bilateral pode ser encontrada em Runza, op. cit., p.5.

DEFESA COOPERATIVA E RELAÇÕES COM A ARGENTINA NA ERA CARDOSO (1995-2002)... 291

QUADRO 1: EXERCÍCIOS COMBINADOS BILATERAIS OCORRIDOS NO ANO DE 2004[96]

Data e Local	Partes envolvidas	Exercício:	Descrição:
17 a 21 de maio/ Fronteira Sudeste do Brasil e Nordeste da Argentina	Força Aérea	Prata II	Exercício Combinado de Forças Aéreas de Controle do Tráfico Irregular Interfronteiras
17 a 23 de outubro/ Córdoba (Argentina)	Exército	Duende	Exercício Combinado para Operações Convencionais
24 a 30 de outubro/ Rosário do Sul (Brasil)	Exército	Saci	Exercício Combinado para Operações Convencionais
25 a 30 de outubro/ Santa Maria (Brasil)	Exército	Laço Forte	Exercício Combinado para Operações Convencionais (Gabinete)
20 a 25 de novembro/ Rio de Janeiro	Marinha	Fraterno XXIII/ Águas internacionais	Exercício de Adestramento combinado no Mar

QUADRO 2: EXERCÍCIOS COMBINADOS BILATERAIS OCORRIDOS NO ANO DE 2005[97]

Data e Local	Partes envolvidas	Exercício:	Descrição:
11 a 14 de outubro, Rio de Janeiro	Marinha	Fraterno XVIV	Exercícios avançados, diurnos e noturnos, de manobra tática, envolvendo as três modalidades: terrestre, aéreo, naval.
29 de outubro a 4 de novembro de 2005	Exército	Saci	Exercício Combinado para Operações Convencionais
29 de outubro a 6 de novembro de 2005	Exército	Duende	Exercício Combinado para Operações Convencionais

|||||||||||

96 Informações contidas no site da "Jefatura de Gabinete de Ministros" da Argentina: <http://www.jgm.gov.ar/Paginas/InformeDiputado/Informe%2062/Anexos/Anexo%20pregunta%20415.pdf>.

97 Segundo registros do site da Marinha do Brasil (www.mar.mil.br/menu_v/operações_navais) e da planilha de registro de medidas de fomento da confiança, de caráter militar, preparada pelo Ministério da Defesa argentino à Organização dos Estados Americanos (OEA): <www.oas.org/pdf>.

Percebe-se, portanto, uma diminuição da frequência de exercícios combinados bilaterais, na passagem do ano de 2004 para 2005, entretanto, funcionaram neste último ano outras medidas de confiança mútua executadas no plano militar, como as exemplificadas abaixo:

QUADRO 3: EVENTOS MILITARES ENTRE BRASIL E ARGENTINA[98]

Data	Evento
12-16 de setembro de 2005	VII Reunião de consulta entre os EMC dos dois países, referentes à reunião anual, com sede alternada, para intercâmbio de informações
25-28 de abril de 2005	Reunião do Comitê Naval Operativo
14 de março de 2005 a 10 de janeiro de 2006	Curso de mestrado em Defesa nacional, oferecido pela Argentina a oficiais brasileiros
18 a 28 de julho de 2005	Operações para manutenção da paz
2 a 5 de novembro de 2005	Reunião do JEMGE (Argentina) com Comandante do Exército brasileiro
7 a 11 de novembro de 2005	Sexta reunião de Mandos regionais, ocorrida na Argentina
19 de dezembro de 2005 a 30 de março de 2006	Curso de Comando na Argentina (recepção de um oficial brasileiro)
2 a 4 de junho de 2005	Intercâmbio de Especialistas em Aviação
27 de setembro a 3 de outubro de 2005	Intercâmbio de especialistas no tema da educação superior militar
Abril de 2005	Início do desenvolvimento de projeto tecnológico para construção de veículo leve de emprego geral "GAUCHO"
25 a 30 de abril de 2005	Simpósio comum sobre logística militar
26 a 30 de outubro de 2005	Visita de oficiais argentinos ao curso de altos estudos em Política Estratégica do Exército do Brasil
18 a 22 de julho de 2005	Conferência bilateral de inteligência estratégica
27 a 30 de junho	Reunião para firma de ata de acordo bilateral no âmbito do Estado-Maior Conjunto
Setembro a novembro de 2005	Intercâmbio entre pilotos de caça

||||||||||||

98 Elaborado a partir de dados preparados pelo Ministério da Defesa da Argentina à Organização dos Estados Americanos (OEA). Disponível em: <www.oas.gov/pdf>. As informações não estão em ordem cronológica, pois seguem a sistematização do relatório consultado.

Data	Evento
12 a 19 de setembro de 2005	Intercâmbio entre os chefes do Centro de Informação e Controle
19 a 23 de setembro de 2005	Intercâmbio de tripulantes de helicópteros com missão de tiro
26 a 30 de setembro 2005	Intercâmbio de instrutores de avião Tucano
15 de janeiro de 2005 a 15 de janeiro de 2006	Curso de Comando e Estado-Maior

Por outro lado, entre os anos de 2004 e 2005 notou-se o crescimento do número de operações militares combinadas no âmbito multilateral. Em termos comparativos, por exemplo, em 2004 as forças do Brasil e da Argentina participaram, juntas, de cinco exercícios bilaterais[99] para quatro multilaterais, descritos no quadro abaixo:

QUADRO 4: EXERCÍCIOS COMBINADOS MULTILATERAIS DOS QUAIS PARTICIPARAM, JUNTOS, BRASIL E ARGENTINA, EM 2004:

Data e Local	Partes envolvidas	Exercício:	Descrição:
13 a 19 de junho, Assunção, Paraguai	Estado-Maior Conjunto dos Estados Unidos, Paraguai, Argentina, Brasil. Colômbia, Peru, Venezuela, Uruguai, Chile, Bolívia e Equador.	Operações de Paz no Sul	Encontro bilateral para apresentações de cada país envolvido
25 de setembro a 10 de outubro, Chile	Forças Aéreas da Argentina, Chile, Brasil e Estados Unidos		Exercício combinado de forças aéreas
2 a 19 de novembro, Uruguai	Marinha da Argentina, Brasil, Uruguai e Estados Unidos	Unitas/ Águas Internacionais	Exercício multilateral de adestramento combinado no mar/à altura das águas do Uruguai
Novembro, Brasil	Força Aérea da África do Sul, Argentina, Brasil, França, Peru e Venezuela	Cruzex IV (também conhecido como Cruzeiro do Sul)	Exercício multilateral combinado de forças aéreas

||||||||||||

99 Descritos no quadro I.

QUADRO 5: EXERCÍCIOS COMBINADOS MULTILATERAIS DOS QUAIS PARTICIPARAM, JUNTOS, BRASIL E ARGENTINA, EM 2005:

Data e Local	Partes envolvidas	Exercício:	Descrição:
12 a 16 de setembro de 2005, Província do Entre Rios, Argentina	Forças Armadas do Brasil, Paraguai, Uruguai, com presença especial do Chile.	Irmandade	Treinamento visando à compatibilização de critérios doutrinários e práticos, já que buscaram desenvolver sua capacidade de atuação conjunta, de modo a trabalhar com a hipótese de um eventual ataque estrangeiro aos países do Mercosul
s/d-Costa brasileira	Forças Armadas do Brasil, da Argentina, do Uruguai, dos Estados Unidos, e da Espanha	Unitas[100]	

É interessante ressaltar que esses exercícios sucederam a primeira Reunião do Comitê de Comandantes dos Exércitos do Mercosul, realizada em março de 2005, em Buenos Aires, e que, após a ocorrência do exercício "Irmandade", houve uma nova reunião, em setembro daquele ano, em Brasília, incorporando a presença da Venezuela. Tais reuniões não foram divulgadas pela imprensa, porém a ocorrência dessas operações foi o suficiente para levantar, na mídia, a especulação sobre a tão esperada integração militar *mercosuriana*.[101] No ano de 2006, Brasil e Argentina participaram juntos da Operação

||||||||||||

100 A operação Unitas já acontece, regularmente, há 47 anos, e foi estabelecida de modo a compartilhar a experiência dos Estados Unidos na Segunda Guerra Mundial. A coordenação do exercício se alterna ciclicamente entre Brasil, Argentina e Uruguai. Informações disponíveis no site da Marinha do Brasil: <https://www.mar.mil.br/menu_v/operacoes_navais/Navais.htm>.

101 Exércitos do Mercosul iniciam exercícios conjuntos na Argentina. *Uol últimas notícias*. Disponível em: <http://noticias.uol.com.br/ultnot/efe/2005/09/13/ult1808u49020.jhtm>.

Cruzex 2006 – conhecida como Cruzeiro do Sul, a qual foi mais completa e complexa que as demais, envolvendo quatro fases, com duração de quase dois meses, compreendendo: mobilização e exercício simulado prévio, treinamento real, operações aéreas integradas em cenário de guerra fictícia e, por fim, desmobilização. Participaram as Forças Aéreas da Argentina, Brasil, Chile, França, Peru, Uruguai e Venezuela.[102]

---

102 Segundo informações do site da Aeronáutica do Brasil: <www.fab.mil.br/portal/operações_aéreas>.

CONSIDERAÇÕES FINAIS

A PARTIR DO GOVERNO DE Fernando Henrique Cardoso, a Defesa, enquanto claro objeto de parceria, passou a ser inserida nos discursos oficiais e nos entendimentos com a Argentina em um contexto de anúncio de uma "institucionalização do diálogo" em matéria de Defesa com tal país. Ou seja, não obstante outros momentos de declaração de amizade e diversos episódios de cooperação entre as duas Forças Armadas ocorridos anteriormente, foi a primeira vez, desde o início da estabilização das relações bilaterais – historicamente marcadas por conjeturas de conflito –, que se registrou, oficialmente e no âmbito bilateral, a intenção de coordenar a Defesa na circunferência política.

Os dois mandatos de Cardoso, porém, apontaram para um conhecido quadro de idas e vindas nas relações com esse país vizinho, e de insucesso das tratativas para a institucionalização do diálogo em Defesa, o que, por sua vez, está relacionado à sobrevivência de algumas condicionantes estruturais ou forças profundas com as quais a chancelaria desse presidente talvez não tenha sabido lidar. A primeira delas seria constituída pela sobrevivência de uma memória de rivalidade a configurar o comportamento do Brasil como de cautela e parcimônia para com seu parceiro. Tal rivalidade é alimentada, em parte, pela memória histórica diplomática, como visto no Capítulo 1, motivo pelo qual o estudo de decisões contemporâneas de política externa não pode ser desvencilhado do conhecimento do passado e da memória que se construiu sobre determinado sócio internacional. É nessa direção que Cervo considera que não se pode diagnosticar a efetividade de processos cooperativos sem a devida análise da parcela do passado da qual se alimenta o corpo diplomático. Em suas palavras:

> O conhecimento do passado alimenta virtualmente o movimento de aproximação e desunião, porque tanto pode atuar para reproduzir imagens, mitos, estereótipos, quanto para descaracterizá-los e apontar a trilha das oportunidades de entendimento e colaboração entre os líderes sociais e os povos ou ainda, incrementar os riscos da irracionalidade.[1]

O Brasil continua alimentando uma memória de rivalidade[2] para com a Argentina, na medida em que, uma vez produzidos os registros diplomáticos, tem-se consciência de que eles influenciarão

||||||||||

1 Cervo, A dimensão regional e internacional da independência americana. In: Rapoport; Cervo, *El Cono Sur.* Una história común, p.71.
2 Mais uma vez, esclarecemos que rivalidade e inimizade não correspondem ao mesmo padrão. Como define Wendt: "Inimigos são o último espectro de importância das relações que governam o uso da violência entre o eu e o outro distintos em espécies de rivais e amigos. As três posições constitutivas de estruturas sociais são baseadas em representações do outro segundo a definição de sua própria postura. Compreendendo como o Eu e o Outro são representados, como eles interagem. Como o outro é compreendido ou representado e quais as implicações para o eu. Inimigos são construídos por representações dos outros, como um ator que (1) não reconhece o direito do Eu de existir autonomamente e então (2) não está disposto a limitar o uso da violência contra o EU. Aproveitando a deixa de Schmitt (1976), esta é uma visão limitadora que normalmente descreve o inimigo como um antagonista violento. Minha definição é baseada numa distinção entre hobbesianos e lockeanos (cultura). A distinção consiste na percepção da intenção do outro, particularmente se ele (o outro) é pensado como um intento para anular o Eu, ou simplesmente desgastante para ser roubado,

CONSIDERAÇÕES FINAIS 299

futuras decisões. Se nós pesquisadores não temos acesso à documentação classificada, é nela que os alunos do Instituto Rio Branco se apoiam para escrever suas monografias de conclusão de curso, sendo por esse motivo que elas não são, em sua totalidade, abertas à consulta pública. Por outro lado, o Brasil de Cardoso baseou sua cautela em relação à Argentina ao fato de esta ter se feito um obstáculo para seus anseios de alcance de uma liderança regional. Tão logo a Argentina mostrou-se resignada à liderança do Brasil, uma nova era sentimental teria se inaugurado na relação com ela, o que ficou registrado nos Capítulos 2 e 3. Talvez Lula inaugure uma nova fase de cultivo de uma cultura de amizade entre os dois países, ao propor a ação conjunta entre embaixadas e consulados e também a coordenação dos planos de ensino dos institutos diplomáticos dos dois países. Ainda não se sabe até que ponto essas propostas vingariam.

Outro resíduo estrutural constatado no governo de Cardoso diz respeito à especificidade da percepção cooperativa brasileira. Baseado em uma matriz de nacionalismo de fins, o Brasil coloca em prática uma política externa pragmática que visa à concatenação de eixos, em detrimento da oposição entre opções de parcerias. Assim, a cooperação que o país ensejou com a Argentina não apenas coincidiu com as relações que estabeleceu com os Estados Unidos, mas estabeleceu entre elas uma situação de retroalimentação. Como reflexo disso, é possível diagnosticar a instrumentalização que Cardoso fez das relações com a Argentina, tanto no campo da Segurança Internacional, como exposto no Capítulo 2, como no caso da Defesa cooperativa. No último aspecto, não fica apenas patente o pragmatismo com o qual o Brasil conduz o diálogo com a Argentina – sempre pautado em uma agenda aberta e flexível, não institucionalizada –, como a própria instrumentalização que faz das

||||||||||||

derrotado por ele. Tanto a rivalidade como a inimizade implicam que o outro não reconhece o EU. Ver: Wendt, *Social Theory of International Politics*, p.260-1.

relações entre as Forças Armadas dos dois países, consumadas por meio da realização de exercícios conjuntos. Isso, por sua vez, nos alude a um outro traço estrutural constatável: aquele que diz respeito à desarticulação entre a visão do Itamaraty e a dos militares acerca dos objetivos de política externa. Enquanto para estes, em um cenário de sucateamento das estruturas militares, a realização de manobras deveria servir como um esforço conjunto para reforço das capacidades ou dos meios, na visão do Itamaraty as Forças Armadas também são um instrumento, não do Estado, mas da diplomacia, para reforçar o aumento do poder simbólico do país, resumido na imagem de um país dotado de vocação e preparo para atuar em missões de paz. Levando em conta que em tal atuação o Itamaraty vislumbrava alcançar os grandes recintos decisórios internacionais, como o Conselho de Segurança, foi preciso estabelecer com as Forças Armadas algum tipo de diálogo.

Como visto, entretanto, no Capítulo 3, trata-se de um diálogo desregulado e subordinado às vontades da diplomacia. Nas relações com a Argentina no campo da Defesa, isso resultou na ausência de tentativa de concatenação entre a visão diplomática e a militar, durante a ocorrência da reunião de Itaipava. Embora a comitiva brasileira tenha sido dividida de modo a existir um número equivalente de membros dos dois setores, foi a chancelaria que coordenou as negociações e imprimiu seu caráter não só ao funcionamento do mecanismo, como ao único documento lá produzido. A cooperação em Defesa, contudo, segue seu curso em dois flancos: diplomático-estratégico (coordenado pela diplomacia) e outro militar-tático (executado pelas Forças Armadas). Enfatizamos que não defendemos que as Forças Armadas tenham qualquer papel estratégico ou decisório na política externa. O que defendemos é que sua ação operacional – por exemplo, no caso das manobras conjuntas com a Argentina – seja concatenada a um objetivo de Estado. A centralização da elaboração da política externa no seio do Itamaraty faz que apenas a visão diplomática – segundo a qual a cooperação substitui

Considerações finais

301

o acúmulo de meios reais de poder, sendo por isso dispensável o diálogo com as Forças Armadas – prevaleça.

Claro que a conjuntura é também importante fator explicativo ao constatarmos ser verdade que, em alguns momentos, o trajeto cooperativo sofreu embargo nos diferentes objetivos de política externa de Cardoso e Menem: o que fica evidente quando se analisam os diferentes papéis que os Estados Unidos exerciam em cada país; quando se assiste à reprovação, por parte da Argentina, da disputa pelo Brasil a um assento permanente no Conselho de Segurança das Nações Unidas; quando a Argentina condena o fato de o Brasil querer fazer emergir uma liderança individual na atuação em missões de paz da ONU; ou, em contrapartida, no momento em que o Brasil acoima pública e oficialmente o ingresso da Argentina à Otan, como aliado extra. Inclusive, esse episódio representou um divisor de águas, já que é quando, segundo o ex-ministro Lampreia, "*o Brasil coloca a Argentina na geladeira*".[3] Mas se esse fosse o único motivo, a saída de Menem do poder, ao final de 1998, deveria afastar focos capitais de desentendimento bilateral, o que não aconteceu. Não obstante, não apenas o segundo mandato de Cardoso no Brasil se concluiu sem que tivessem sido devidamente postos em prática os preceitos do dito MCC e de seu derivante Mecanismo de Análise Estratégica (MAE), como até hoje assistimos ao relacionamento bilateral caminhar na insegurança. Isso nos permite pensar que qualquer que seja o período abordado, é forçoso inserir a reflexão das relações Brasil-Argentina em perspectiva de longa duração,[4] imaginando que à força da conjuntura soma-se o peso da estrutura.[5]

|||||||||||

3   Lampreia, Entrevista concedida à autora. Rio de Janeiro, junho de 2009.

4   Não nos referimos aqui à longa duração *braudeliana*, mas à constatação de que a história das relações internacionais só pode ser compreendida se houver disposição em se investigar os sentimentos nacionais profundos e a evolução histórica do desejo dos Estados por mais poder na cena internacional, o que se origina e se alimenta ao longo dos séculos. Essa é a essência da história das relações internacionais.

5   Compreendemos como estrutura o conjunto de condicionantes da política externa de um Estado, qualificados como estáticos e perenes, ou seja, que não são passíveis

Acreditamos que para que um processo cooperativo ou integrativo possa fluir bem ao longo do tempo faz-se imperativa a colaboração de alguns fatores, a saber: 1) É preciso que esteja amadurecida uma cultura de amizade e cooperação no âmbito das sociedades políticas envolvidas e, por outro lado, são demandadas ações educativas por parte do Estado para que tal mentalidade se consolide no seio das instituições responsáveis pela execução da política exterior; 2) Faz-se necessário que a política externa funcione efetivamente dentro dos parâmetros constitucionais e democráticos, isentando-se do controle corporativo e de ideologias, estando sujeita ao pleno controle político; 3) É indispensável o gênio e o talento do homem de Estado – seja ele o chanceler ou o presidente da República – para guiar com segurança o bonde das relações internacionais.

||||||||||||

de interação com as mudanças conjunturais. Estão geralmente relacionados ao rol de valores nacionais que influem tanto na imagem que um país faz de si e dos outros países com os quais convive, como em sua organização política formal, isto, no modelo institucional escolhido para executar sua política externa. Ver: Seintenfus, *Relações Internacionais*, p.91-2.

REFERÊNCIAS BIBLIOGRÁFICAS E DOCUMENTAIS

ALBUQUERQUE, J. A. G. A percepção da política externa dos Estados Unidos e do Brasil por diplomatas brasileiros. In: _____; OLIVEIRA, H. A. (Org.). *A política externa brasileira na visão de seus protagonistas.* Rio de Janeiro: Lumens Juris, 2005.

_____.; OLIVEIRA, H. A. (Org.). *A política externa brasileira na visão de seus protagonistas.* Rio de Janeiro: Lumens Juris, 2005.

_____.; SEINTENFUS, R.; CASTRO, S. H. N. *Sessenta anos de política externa (1930-1990).* 2.ed. Rio de Janeiro: Lumen Juris, 2006.

ALEXANDRE, C. V. M. *O Congresso brasileiro e a política externa (1985-2000).* Rio de Janeiro, 2006. Dissertação (Mestrado em Relações Internacionais) – Pontifícia Universidade Católica do Rio de Janeiro (PUC/Rio).

ALMEIDA, H. *Sob os olhos de Perón*: o Brasil de Vargas e as relações com a Argentina. São Paulo; Rio de Janeiro: Record, 2005.

ALMEIDA, P. R. de. A política da política externa: o papel dos partidos. In: _____. *Relações internacionais e política externa do Brasil.* Porto Alegre: UFRGS, 2004.

ALMEIDA, P. R. de. Um exercício comparativo de política externa: FHC e Lula em perspectiva. *Achegas*, Rio de Janeiro, n.17, 12 maio 2004.

_____. Uma releitura da história: Raymond Aron revisitado. In: _____. *Os primeiros anos do século XXI*. Rio de Janeiro: Paz e Terra, 2002.

ALSINA JR., J. P. S. Entrevista concedida à autora. Brasília: ago. 2009.

_____. *Política externa e política de defesa no Brasil*: síntese imperfeita. Brasília: Câmara dos Deputados, 2006.

ALTEMANI, H.; LESSA, A. C. *Relações internacionais do Brasil*: temas e agendas. São Paulo: Saraiva, 2006.

ALVES, V. C. *Da Itália à Coreia*: decisões sobre ir ou não à guerra. Belo Horizonte: UFMG, 2007.

AMORIM, C. *A diplomacia do governo Lula*. Aula Magna do senhor ministro de Estado das relações exteriores, no Instituto Rio Branco, no dia 10/04/2003. Disponível no site no Ministério das Relações Exteriores: www.mre.gov.br.

ARON, R. *Paz e guerra entre as nações*. Tradução de: Sérgio Bath. Brasília: UnB; São Paulo: Imprensa Oficial, 2002.

ARTBREM 051910 of01298A TEKA CO DE BRASEMB BUENOS AIRES PARA EXTERIORES, 05/08/98. Desclassificado de acordo com o dec. 5.301, de 09/12/2004. Disponível no arquivo histórico do Itamaraty.

ATA de Copacabana. Notas oficiais do site do Ministério da Fazenda do Brasil: <www.fazenda.gov.br/releases>.

ATA de Itaipava. Disponível para consulta no Arquivo de Estado do Ministério das Relações Exteriores do Brasil.

AVISO 2 C/SG/SEAP/SGIE-MRE-PEXT. Disponível no Arquivo Histórico do Ministério das Relações Exteriores.

AVISO 5/GM3/15 de 30 de janeiro de 1998. Disponível no Arquivo Histórico do Ministério das Relações Exteriores.

AVISO n.01468/SC-2/FA-22 de 10/02/1995. Disponível no Arquivo Histórico do Ministério das Relações Exteriores.

AVISO n.11 DAOC-I/SPD/DPL-MRE-PEXT PDEF BRAS IND. Disponível no Arquivo Histórico do Ministério das Relações Exteriores.

AVISO n.245/MM, Dist. 27/09/1995. Disponível no Arquivo Histórico do Ministério das Relações Exteriores.

REFERÊNCIAS BIBLIOGRÁFICAS E DOCUMENTAIS

305

AYERBE, L. F. *Estados Unidos e América Latina*: a construção da hegemonia. São Paulo: Unesp, 2000.

BANDEIRA, L. A. M. *As relações perigosas*: Brasil-Estados Unidos (de Collor a Lula, 1990-2004). Rio de Janeiro: Civilização Brasileira, 2004.

_____. *Conflito e integração na América do Sul. Brasil, Argentina e Estados Unidos. Da Tríplice Aliança ao Mercosul 1870-2003*. 2.ed. Rio de Janeiro: Revan, 2003.

_____. *Relações Brasil-EUA no contexto da globalização*: rivalidade emergente. São Paulo: Senac, 1999.

BARBOZA, M. G. *Na diplomacia, o traço todo da vida*. 3.ed. rev. e ampl. Rio de Janeiro: Francisco Alves, 2007.

_____. Apresentação. In: CARDIM, C. H.; ALMINO, J. (orgs.). *Rio Branco*: a América do Sul e a modernização do Brasil. Rio de Janeiro: EMC, 2002.

BEIRED, J. L. B. "A grande Argentina": um sonho nacionalista para a construção de uma potência na América Latina. *Revista Brasileira de História*, v.21, n.42, São Paulo, 2002.

BERNAL-MEZA, R. *América Latina en el mundo*. El pensamiento latinoamericano y la teoria de las relaciones internacionales. Buenos Aires: Grupo Editor Latinoamericano, 2005.

_____. Políticas exteriores comparadas rumo ao Mercosul. *Revista Brasileira de Política Internacional*, ano 42, n.2, Brasília, p.40-51, 1999.

BLACKMER, D. L. M. Introduction: an appreciation of Lucian W. Pye. In: SAMUELS, R. J.; WEINER, M. *The Political Culture of Foreign Area & International Studies*. Brasseys (US), 1992.

BOBBIO, N.; MATTEUCCI, N.; PASQUINO, G. *Dicionário de política*. São Paulo: Imprensa Oficial, 2004.

BRASIL. Resenha de política exterior do Brasil. Brasília: Ministério das Relações Exteriores, 1992.

_____. *Resenha de política exterior do Brasil*. Brasília: Ministério das Relações Exteriores, 1991.

_____. *Resenha de política exterior do Brasil*. Brasília: Ministério das Relações Exteriores, 1987.

_____. *Resenha de política exterior do Brasil*. Brasília: Ministério das Relações Exteriores, 1986.

BRASIL. *Resenha de política exterior do Brasil*. Brasília: Ministério das Relações Exteriores, 1983.

_____. *Resenha de política exterior do Brasil*, número 23. DF: Ministério das Relações Exteriores, 1979.

BUENO, C. *A República e sua política exterior*: Os anos de apogeu – de 1902 a 1918. São Paulo: Paz e Terra, 2003.

_____. Pan-Americanismo e projetos de integração: temas recorrentes na história das relações hemisféricas (1826-2003). *Política Externa*, v.13, n.1, jun.-ago. 2004, p.65-80.

CANNABRAVA, I. O processo de paz Equador-Peru (1995-1998). In: SILVA, R. M. (coord.). *Missões de paz. A diplomacia brasileira nos conflitos internacionais*. Disponível em: <http://www2.mre.gov.br/missoes_paz/port/capitulo11>.

CARASALES, J. *De rivales a socios. El proceso de cooperación nuclear entre Argentina y Brasil*. Buenos Aires: Nuevo Haver, 1997.

CARDIM, C. H; ALMINO, J. (orgs.). *Rio Branco*: a América do Sul e a modernização do Brasil. Rio de Janeiro: EMC, 2002.

CARDOSO, F. H. *A arte da política*: a história que vivi. Rio de Janeiro: Civilização Brasileira, 2006.

CARRIQUIRY, G. *Una apuesta por América Latina*. Memoria y destino históricos de un continente. Buenos Aires: Editorial Sudamericano, 2005.

CASTELAN, D. R. *Segurança e Defesa na década de 90*: interpretações do Itamaraty e das Forças Armadas. In: Simpósio em Relações Internacionais do Programa de Pós-Graduação em Relações Internacionais San Tiago Dantas, I, 2007, São Paulo. Disponível em: < http://www.santiagodantassp.locaweb.com.br/br/simp/artigos/castelan.pdf>.

CASTRO, C. *A invenção do Exército brasileiro*. Rio de Janeiro: Jorge Zahar, 2002.

_____. *O espírito militar*. Um antropólogo na caserna. 2.ed. Rio de Janeiro: Jorge Zahar, 2005.

CASTRO, S. H. N.; FONSECA, G. (orgs.). *Temas de política externa brasileira II*. v.1. 2.ed. São Paulo/Rio de Janeiro: Paz e Terra, 1997.

CAVAGNARI, G. L. Introdução ao estudo de uma potência média. *Premissas*, Campinas, 1994.

CERVO, A. L. Entrevista concedida à autora. Brasília: fev. 2008.

CERVO, A. L.*História da política exterior do Brasil.* 3.ed. ampl. Brasília: UnB, 2008.

_____. *Inserção internacional*: formação dos conceitos brasileiros. São Paulo: Saraiva, 2008.

_____. Intelectuais argentinos e brasileiros: olhares cruzados. In: FRIGE-RIO, A.; RIBEIRO, G. L. *Argentinos e brasileiros*: encontros, imagens e estereótipos. Petrópolis: Vozes, 2001.

_____; BUENO, C. *História da política exterior do Brasil.* Brasília: UnB, 2002.

CLAUSEWITZ, C. V. *Da guerra.* Tradução de: Maria Teresa Ramos. São Paulo: Martins Fontes, 1996.

COLACRAI, M. Las relaciones de la Argentina y Brasil durante los noventa: temas de defensa y seguridad. Disponível em: <http://www.ilea.ufrgs.br/nerint/artigos/BrasilArgentina.rtf>.

CORRÊA DA COSTA, S. *Crônica de uma guerra secreta.* Nazismo na América: a conexão argentina. São Paulo: Record, 2005.

CRARTBREM 02/01/96. De BRASEMB Buenos Aires para Exteriores. MSG OF00012BX. Dist. DAMI/DAMII. Desc. PDEF ARGT EQUA. Confidencial. Desclassificado de acordo com a Dec.5.301 de 9/12/2004. Arquivo Histórico do Ministério das Relações Exteriores.

CRARTBREM 02/11/95 De BRASEMB Buenos Aires para Exteriores. MSG OF 01430A Dist. G/SG/SGAP/SGEZ. Urgentíssimo. Pext Argt. Confidencial. Desclassificado de acordo com a Dec.5.301 de 9/12/2004. Arquivo Histórico do Ministério das Relações Exteriores.

CRARTBREM 26/03/95. De Brasemb Buenos Aires a Exteriores MSG OF 00353A. Normal. Dist. DAM-I/DNU/DMC TEKA 26. Desclassificado de acordo com a Dec.5.301 de 9/12/2004. Arquivo Histórico do Ministério das Relações Exteriores.

CRARTBREM 31/03/95 MASG OF00377A. Normal. Dist. DamI/DamII/DNU/SINEX/DE. Confidencial. Desclassificado de acordo com a Dec.5.301 de 9/12/2004. Arquivo Histórico do Ministério das Relações Exteriores.

CRONOLOGIA da política externa do governo Lula (2003-2006). Brasília (DF): Ministério das Relações Exteriores; Secretaria de Planejamento diplomático; Fundação Alexandre de Gusmão, 2007.

DANESE, S. *A escola da liderança*. Ensaios sobre a política externa e a inserção internacional do Brasil. Rio de Janeiro: Record, 2009.

_____. *Diplomacia presidencial*: história e crítica. Rio de Janeiro: Topbooks, 1999.

DE BRASEMB Buenos Aires para Exteriores/ Dist.G,SG,SGIE,DMC, DAM-1/Confidencial ARTBREM 152332 OF00750B/ TEKA15/ 14/06/95. Desclassificado de acordo com a Dec.5.301 de 9/12/2004. Arquivo Histórico do Ministério das Relações Exteriores.

DECLARAÇÃO do Porta-voz do Ministério das Relações Exteriores do Brasil, sobre a solicitude argentina de ingresso à Otan. Disponível em: <http://www.embarg.org.br/DeclArgOTAN090799.htm>.

DECLARACIÓN de San Carlos de Bariloche. Disponível em: <http://www.summit-americas.org/hemispheric>.

DESP. Tel. Minutado em 22/07/1996. Desclassificado de acordo com o decreto 5301 de 09/12/2004. Disponível para consulta no Arquivo de Estado do Ministério das Relações Exteriores do Brasil.

DESP. TELEGRÁFICO 1256 de 17/10/96, Confidencial, Urgentíssimo, ENER PEMU. Desclassificado de acordo com o dec. 5.301 de 09/12/2004.

DESP. Telegráfico n.074, DAM-I, Confidencial. Desclassificado de acordo com o decreto 5301 de 09/12/2004. Disponível para consulta no Arquivo de Estado do Ministério das Relações Exteriores do Brasil.

DESP. Telegráfico n.1163, DEA/DAM-I/SPD PEXT BRAS ARGT. Desclassificado de acordo com o decreto 5301 de 09/12/2004. Disponível para consulta no Arquivo de Estado do Ministério das Relações Exteriores do Brasil.

DESP. Telegráfico n.222, DAM-I/SGA/DIV/DAÍ/DOC, PEXT-BRAS--ARGT, 08/03/96, p.3. Desclassificado de acordo com o decreto 5301 de 09/12/2004. Disponível para consulta no Arquivo de Estado do Ministério das Relações Exteriores do Brasil.

DESP. Telegráfico, minutado em 17/10/96, LCA 002.tel. Desclassificado de acordo com o decreto 5301 de 09/12/2004. Disponível para consulta no Arquivo de Estado do Ministério das Relações Exteriores do Brasil.

DESP. Telegráfico, n.845 de 18/08/97, DAM-I/CASG/DOI/DIN. Desclassificado de acordo com o decreto 5301 de 09/12/2004. Disponível para consulta no Arquivo de Estado do Ministério das Relações Exteriores do Brasil.

DESPACHO Telegráfico 1245 de 17/10/1996. Desclassificado de acordo com o dec. 5.301 de 09/12/2004.

DESPTEL OF DAM-I/SPD/DEA 1162 27/09/96. Confidencial. Desclassificado de acordo com decreto 5.301, de 9/12/2004. Disponível no Arquivo Histórico de Estado do Ministério das Relações Exteriores.

DEUTSCH, K. *Análise das relações internacionais.* Brasília: UnB, 1978.

DINIZ, E.; PROENÇA JR., D. *Política de Defesa no Brasil*: uma análise crítica. Brasília: UnB, 1998.

DOUGHERTY, J. E.; PFALTZGRAFF, R. L. Jr. *Relações internacionais*: as teorias em confronto. Tradução de: Marcos Farias Ferreira et al. Lisboa: Gradiva, 2003.

DUROSELLE, J.-B. *Todo Império perecerá.* Teoria das relações internacionais. Tradução de: Ane Lize Spaltemberg de Seiqueira Magalhães. Brasília: UnB; São Paulo: Imprensa Oficial do Estado, 2000.

EBEL, R. H.; TARAS, R.; COCHRANE, J. D. *Political Culture and Foreign Policy in Latin America.* Case studies from the circum-caribbean. Tradução nossa. EUA: State University of New York Press, 1991.

FERREIRA, O. S. Entrevista concedida à autora. Campinas (SP), jun. 2008.

_____. *Forças Armadas para quê?* São Paulo: Edições GRD, 1988.

FLEMES, D. *Brazil's cooperative leadership in Southern Latin America's security policies.* Hamburgo: Univ. Diss., 2005.

FRIGERIO, A.; RIBEIRO, G. L. *Argentinos e brasileiros*: encontros, imagens e estereótipos. Petrópolis (RJ): Vozes, 2001.

FOLHA de S. Paulo – Brasil – 4/8/2003. Informe Brasil 099. In: *Observatório Cone Sul de Defesa e Forças Armadas.*

FONSECA JR., G. *A legitimidade e outras questões internacionais*: poder e ética entre as nações. Rio de Janeiro: Paz e Terra, 1998.

GARCIA, E. V. *Diplomacia brasileira e política externa.* Documentos históricos (1943-2008). Rio de Janeiro: Contraponto, 2008.

GONÇALVES, W.; SILVA, G. *Dicionário de relações internacionais.* Barueri: Manole, 2005.

GUERREIRO, R. S. *Lembranças de um empregado do Itamaraty.* São Paulo: Siciliano, 1992.

GUIMARÃES, S. P. (org.). *Argentina*: visões brasileiras. Brasília: CAPES, IPRI, 2000.

HEREDIA, E. El Cono Sur y América Latina: Interacciones (Siglo XIX). In: RAPOPORT, M.; CERVO, A. *El Cono Sur*. Una história común. Buenos Aires: Fondo de Cultura Económica, 2002.

HOBSBAWM, E. Introdução: A invenção das tradições. In: _____; RANGER, T. (orgs.). *A invenção das tradições*. Tradução de: Celina Cardim Cavalcante. Rio de Janeiro: Paz e Terra, 2002.

IÑÍGUEZ, C. P. *La nación sudamericana*. Del imperativo histórico-cultural a la realización económico-política. Buenos Aires: Nuevo Hacer, 2004.

JAGUARIBE, H. *O nacionalismo na atualidade brasileira*. São Paulo: ISEB, 1953.

KANTOR, I. Usos diplomáticos da Ilha-Brasil. Polêmicas cartográficas e historiográficas. *Varia História*, Belo Horizonte, v.23, n.37, p.70-80, jan.-jun. 2007.

LAFER, C. *A identidade internacional do Brasil e a política externa brasileira*: passado, presente e futuro. 2.ed. São Paulo: Perspectiva, 2007.

_____. Novas dimensões da política externa brasileira. *Revista Brasileira de Ciências Sociais, ANPOCS*, n.3, p.73, 1987.

LAGOS, R. (compilador). *América Latina*: integración o fragmentación?. Buenos Aires: Edhasa, 2008.

LAMPREIA, L. F. A política externa do governo FHC: continuidade e renovação. *Revista Brasileira de Revista Internacional*, ano 42, n.2, Brasília, p.5-17, 1998.

_____. *Diplomacia brasileira*: palavras, contextos e razões. 2.ed. Rio de Janeiro: Lacerda editores, 1999.

_____. Entrevista concedida à autora. Rio de Janeiro, jun. 2009.

_____. *O Brasil e os ventos do mundo*: memórias de cinco décadas na cena internacional. Rio de Janeiro: Objetiva, 2010.

LEIRNER, P.; CASTRO, C. (orgs.) *Antropologia dos militares*: reflexões sobre pesquisas de campo. Rio de Janeiro: FGV, 2009.

LIMA, M. R. S. de. Interesses e solidariedade: o Brasil e a crise centro--americana. XI Encontro Anual da ANPOCS, Água de São Pedro, 1987.

MAGNOLI, D. *O corpo da pátria*: imaginação geográfica e política externa no Brasil (1808-1912). São Paulo: Unesp, 1997.

MALLMANN, M. I. Relações políticas internacionais: como entendê-las? *Civitas. Revista de Ciências Sociais*, v.5, n.2, jul.-dez. 2005.

MARTINS, E. C. de R. *Cultura e Poder*. 2.ed. rev. e atual. São Paulo: Saraiva, 2007.

MELLO E SILVA, A. de. O Brasil no continente e no mundo. Atores e imagens na política externa brasileira contemporânea. *Estudos Históricos*, n.15, Rio de Janeiro, 1995.

MELLO, L. I. A. *Argentina e Brasil*: a balança de poder no Cone Sul. São Paulo: Annablume, 1996.

MEMORANDUM de entendimiento sobre consulta y coordinación. Tradução nossa. Disponível em: <www.embarg.org.ar>.

MENEZES, D. T. *O militar e o diplomata*. Rio de Janeiro: Biblioteca do Exército, 1997.

MERLE, M. *Sociologia das relações internacionais*. Brasília: UnB, 1981.

MINGST, K. *Fundamento de las relaciones internacionales*. México: CIDE, 2006.

MINISTÉRIO DAS RELAÇÕES EXTERIOES. *Atos Internacionais. Prática diplomática brasileira. Manual de procedimentos*. Brasília: Divisão de Atos Internacionais, maio 2008.

MIYAMOTO, S. *Geopolítica e poder no Brasil*. Campinas: Papirus, 1992.

MORAES NETO, G. *Dossiê Brasília*. Os segredos dos presidentes. São Paulo: Globo, 2005.

MOURA, C. P. de. *O Instituto Rio Branco e a diplomacia brasileira*: um estudo de carreira e socialização. Rio de Janeiro: FGV, 2007.

MOURA, G. *A autonomia na dependência*: a política externa brasileira de 1935 a 1942. Rio de Janeiro: Nova Fronteira, 1980.

_____. *Sucessos e ilusões*: relações internacionais do Brasil durante e após a Segunda Guerra Mundial. Rio de Janeiro: FGV, 1991.

MSG OF 00023 BX 06/01/1995 DMC/DAMI/DIR. De Brasemb para Exteriores. Arquivo Histórico do Ministério das Relações Exteriores.

MSG OF 01346Z, de 19/10/1995, Urgentíssimo, DAM-I, POIN ARGT, Confidencial. Desclassificado de acordo com o decreto 5301 de 09/12/2004. Disponível para consulta no Arquivo de Estado do Ministério das Relações Exteriores do Brasil.

MSG OF00012A, de 02/01/96, normal, DAM-I/DAM-II, PDEF ARGT EQUA, Confidencial. Desclassificado de acordo com o decreto 5301 de

312 DIPLOMACIA E DEFESA NA GESTÃO FERNANDO HENRIQUE CARDOSO (1995-2002)

09/12/2004. Disponível para consulta no Arquivo de Estado do Ministério das Relações Exteriores do Brasil, 1ª e 2ª Partes.

MSG OF000178. De Brasemb Buenos Aires a Exteriores, em 03/01/1996. Confidencial. Desclassificado de acordo com a Dec.5.301 de 9/12/2004. DAM-I. Arquivo Histórico do Ministério das Relações Exteriores.

MSG OF00067A, 21/01/95, Urgentíssimo, G/SG/DAM-I/DMC Confidencial. Desclassificado de acordo com o decreto 5301 de 09/12/2004. Disponível para consulta no Arquivo de Estado do Ministério das Relações Exteriores do Brasil.

MSG OF00067A, 21/01/95, Urgentíssimo, G/SG/DAM-I/DMC Confidencial. Desclassificado de acordo com o decreto 5301 de 09/12/2004. Disponível para consulta no Arquivo de Estado do Ministério das Relações Exteriores do Brasil, 2ª parte.

MSG OF00067A, 21/01/95, Urgentíssimo, G/SG/DAM-I/DMC Confidencial. Desclassificado de acordo com o decreto 5301 de 09/12/2004. Disponível para consulta no Arquivo de Estado do Ministério das Relações Exteriores do Brasil, 5ª parte.

MSG OF00074Z, 12/01/96, DAM-I, PDEF AMER Confidencial. Desclassificado de acordo com o decreto 5301 de 09/12/2004. Disponível para consulta no Arquivo de Estado do Ministério das Relações Exteriores do Brasil.

MSG OF002207 TEKA 21 ARTBREM 212145. DAMI/DMC/PEXT. De Brasemb Buenos Aires para Exteriores. Arquivo Histórico do Ministério das Relações Exteriores.

MSG OF00406BX 26/03/96, Urgentíssimo, DAM-I/DNU PEXT BRAS ARGT, Confidencial. Desclassificado de acordo com o decreto 5301 de 09/12/2004. Disponível para consulta no Arquivo de Estado do Ministério das Relações Exteriores do Brasil.

MSG OF00763A, 21/05/96, Normal, Dist. Dam-I, PDEF, BRAS, ARGT, Confidencial. Desclassificado de acordo com o decreto 5301 de 09/12/2004. Disponível para consulta no Arquivo de Estado do Ministério das Relações Exteriores do Brasil.

MSG OF00925Z de 30/07/97, Normal, PEXT. Confidencial. Desclassificado de acordo com o decreto 5301 de 09/12/2004. Disponível para consulta no Arquivo de Estado do Ministério das Relações Exteriores do Brasil.

MSG OF01046Z, 22/07/96, Normal, DAM-I, POIN ARGT, Confidencial. Desclassificado de acordo com o decreto 5301 de 09/12/2004. Disponível para consulta no Arquivo de Estado do Ministério das Relações Exteriores do Brasil.

MSG OF01067A, de 25/08/95, DAA/DAMI, GVIO BRAS ARGT, Confidencial. Desclassificado de acordo com o decreto 5301 de 09/12/2004. Disponível para consulta no Arquivo de Estado do Ministério das Relações Exteriores do Brasil.

MSG OF01068B TEKA 26, 25/08/95 (APLR-7776889). Desclassificado de acordo com o decreto 5301 de 09/12/2004. Disponível para consulta no Arquivo de Estado do Ministério das Relações Exteriores do Brasil.

MSG OF01188DX 22/09/95 Distribuição DEA/DAM I. Confidencial. Desclassificado de acordo com a Dec.5.301 de 9/12/2004. Arquivo Histórico do Ministério das Relações Exteriores.

MSG OF01344A, de 17/09/96, Normal, SPD/DAM-I. GREU ARGT, Confidencial. Desclassificado de acordo com o decreto 5301 de 09/12/2004. Disponível para consulta no Arquivo de Estado do Ministério das Relações Exteriores do Brasil.

MSG OF01453BX 08/11/95 Urgentíssimo, DAM-I, PEXT BRAS ARGT, Confidencial. Desclassificado de acordo com o decreto 5301 de 09/12/2004. Disponível para consulta no Arquivo de Estado do Ministério das Relações Exteriores do Brasil, 1ª e 2ª Partes.

NOGUEIRA, J. P.; MESSARI, N. *Teoria das relações internacionais*: correntes e debates. Rio de Janeiro: Elsevier, 2005.

NYE JR., J. S. *Compreender os conflitos internacionais*. Uma introdução à teoria e à história. Lisboa: Gradiva, 2002.

_____. *O paradoxo do poder americano*. Por que a única superpotência do mundo não pode prosseguir isolada. Tradução de: Luiz Antonio Oliveira de Araújo. São Paulo: Unesp, 2002.

_____. The New Rome Meets the New Barbarians. *The Economist*, London, p.24, 23 mar. 2002.

OF 01095Z de 01/09/95 Urgentíssimo, DPTS, PEMU, Confidencial. Desclassificado de acordo com o dec. 5.301 de 09/12/2004. Arquivo Histórico do Ministério das Relações Exteriores.

OF0013 ARTBREN 290753 OF00131Z, 29/01/1998. Desclassificado de acordo com o decreto 5301 de 09/12/2004. Disponível para consulta no Arquivo de Estado do Ministério das Relações Exteriores do Brasil.

OF00353A 26/003/95, Normal, PEXT BRAS ARGT, Confidencial. Desclassificado de acordo com o decreto 5301 de 09/12/2004. Disponível para consulta no Arquivo de Estado do Ministério das Relações Exteriores do Brasil, 5ª parte.

OF0101 PEXT BRAS ARGT, Confidencial, Urgentíssimo, SG/SGAP/ SGA/DAM-I/DCJ, de 008/09/1998. Desclassificado de acordo com o decreto 5301 de 09/12/2004. Disponível para consulta no Arquivo de Estado do Ministério das Relações Exteriores do Brasil.

OF013131Z de 13/10/95, Normal, PEXT BRAS ARGT, Confidencial. Desclassificado de acordo com o dec. 5.301 de 09/12/2004. Arquivo Histórico do Ministério das Relações Exteriores.

OF1317Z de 12/10/95, urgentíssimo, DEPTS/DAM I, PEMU, Confidencial. Desclassificado de acordo com o dec. 5.301 de 09/12/2004. Arquivo Histórico do Ministério das Relações Exteriores.

OFÍCIO 02071-SC-3. Disponível no Arquivo Histórico do Ministério das Relações Exteriores.

OFÍCIO 2349-AS/1.32-EMEX. Disponível no Arquivo Histórico do Ministério das Relações Exteriores.

OFÍCIO interministerial, n.72/MM/MRE, de 16 de agosto de 1995. Disponível no Arquivo Histórico do Ministério das Relações Exteriores.

OFÍCIO n.20/SPD-MRE-PEXT, de 18 de abril de 1997. Disponível no Arquivo Histórico do Ministério das Relações Exteriores.

OFÍCIO n.355/SAE-3.2 Disponível no Arquivo Histórico do Ministério das Relações Exteriores.

OFÍCIO n.50/DAM-I/CASG/ARC-MRE-PEXT BRAS ARGT. Disponível para consulta no Arquivo de Estado do Ministério das Relações Exteriores do Brasil.

OFÍCIO n.9 DNU-MRE/PEMU-OPAS e Ofício n.10/DNU-MRE/ PEMU. Disponíveis no Arquivo Histórico do Ministério das Relações Exteriores.

OFÍCIO no. 04352/SC-3 de 27 de novembro de 1996, Dist. DOI/DNU. Disponível no Arquivo Histórico do Ministério das Relações Exteriores.

OLIVEIRA, H. A. de. *Política externa brasileira*. São Paulo: Saraiva, 2005.

OTERO, D. Políticas y ideologías en los procesos de integración del Cono Sur. In: RAPOPORT, M.; CERVO, A. (comp.). *El Cono Sur*. Una historia común. Buenos Aires: Fondo de Cultura Económica, 2002.

PARADISO, J. Ideias, ideologías e política externa na Argentina. Tradução de: Sérgio Bath. *Diplomacia, Estratégia, Política (DEP)*, n.5, jan.-mar. 2007. Brasília: Projeto Raúl Prebisch.

PARAGUAI ameaça fazer com Itaipu o que Evo Morales fez com o gás. *O Estado de S. Paulo*, Economia e negócios, 24 fev. 2008.

PECEQUILO, C. S. A política externa do Brasil no século XXI: os eixos combinados de cooperação vertical e horizontal. *Revista Brasileira de Política Internacional*, v.51, n.2, p.136-53, 2008.

RAPOPORT, M.; CERVO, Amado. *El Cono Sur. Una historia común*. Buenos Aires: Fondo de Cultura Económica, 2002.

REBELO, A. Entrevista concedida à autora. Brasília, ago. 2009.

RÉMOND, R. *História do século XX*: de 1914 aos nossos dias. São Paulo: Cultrix, 1974.

_____. Uma história presente. In: _____ (org.). *Por uma história política*. Rio de Janeiro: FGV, 2003.

RENOUVIN, P.; DUROSELLE, J. B. *Introdução à história das relações internacionais*. Tradução de: Hélio de Souza. São Paulo: Difusão Europeia do Livro, 1967.

REYNOLDS, P. A. *Introducción al Estudio de las Relaciones Internacionales*. Madrid: Tecnos, 1977. In: GONÇALVES, W. Relações Internacionais. Disponível em: <http://www.cedep.ifch.ufrgs/Textos_Elet/pdf/WilliamsRR.II.pdf>.

RICUPERO, R. O Brasil, a América Latina e os EUA desde 1930: 60 anos de uma relação triangular. In: ALBUQUERQUE, J. A. G.; SEINTEN-FUS, R.; CASTRO, S. H. N. *Sessenta anos de política externa (1930-1990)*. 2.ed. Rio de Janeiro: Lumen Juris, 2006.

ROCHA, F.; SAINT-PIERRE, H. L.; SILVA, P. S. Parlamento e Defesa: o caso brasileiro. In: FOLLIETI, G.; TIBILETTI, L. (ed.). *Parlamento y Defensa en América Latina. El papel de las comisiones.* Buenos Aires: Ser en el 2000, 2004, v.I.

RODRIGUES, J. H. *Interesse nacional e política externa.* Rio de Janeiro: Civilização Brasileira, 1966.

ROLIM, M. H. C. *Multidões em cena.* Propaganda política no varguismo e no peronismo. 2.ed. São Paulo: Unesp, 2008.

RUNZA, R. A. Análisis y Evaluación de las relaciones argentino-brasileñas de defensa, desde la perspectiva del Mecanismo de Análisis Estratégico (MAE). Investigación preparada para el Proyecto: *¿Hacia una Comunidad Regional de Seguridad? Una investigación comparativa de las políticas de seguridad nacionales en el Sur de Latinoamérica.* (Instituto de Estudios Iberoamericanos de la Universidad de Hamburgo). Disponível no site do Banco Interamericano de Desenvolvimento: <http://www.iadb.org>.

RUSSEL, R.; TOKATLIAN, J. G. *El lugar de Brasil en la política exterior argentina.* Tradução nossa. Buenos Aires: Fondo de Cultura Económica, 2003.

SAINT-PIERRE, Hector Luis. Reconceitualizando novas ameaças: da subjetividade da percepção à segurança cooperativa. In: MATHIAS, S. K.; SOARES, S. A. *Novas ameaças:* dimensões e perspectivas. São Paulo: Sicurezza, 2003.

_____; WINAND, E. C. A. O legado da transição na democrática para a Defesa: os casos brasileiro e argentino. In: SAINT-PIERRE, H. L. (org.). *Controle civil sobre os militares e política de defesa na Argentina, no Brasil, no Chile e no Uruguai.* São Paulo: Unesp, 2007.

SARAIVA, J. F. S. História das relações internacionais: objeto de estudo e evolução do conhecimento. In: _____. (org.). *Relações Internacionais:* dois séculos de história – entre a preponderância europeia e a emergência americano-soviética (1815-1947). Vol. 1. Brasília: Fundação Alexandre Gusmão/Instituto Brasileiro de Relações Internacionais, 2001.

_____. *História das relações internacionais contemporâneas:* da sociedade internacional do século XIX à era da globalização. 2.ed. São Paulo: Saraiva: 2007.

SARAIVA, M. G. A diplomacia brasileira e as visões sobre a inserção externa do Brasil: institucionalismo pragmático x autonomistas. *ARI 46/2010 – 12/03/2010*.

SEDNET MSG OF01375A 02/10/97 Normal Dist. DMC/DAM I, PEXT BRAS ARGT, Confidencial. Desclassificado de acordo com o dec. 5.301 de 09/12/2004. Arquivo Histórico do Ministério das Relações Exteriores do Brasil.

SEDNET QD BRAZEXT ARTBREM 2907530OF 00129Z CO. De Brasemb para Exteriores em 29/01/1998. DNU/DAM I/DAM II. Confidencial. Urgente. Desclassificado de acordo com a Dec.5.301 de 9/12/2004. Arquivo Histórico do Ministério das Relações Exteriores.

SEDNET QD BRAZNET.ARTBREM 051910 OF01298A TEKA CO, de 05/08/98. Confidencial. Desclassificado de acordo com decreto 5.301, de 9/12/2004. Disponível no Arquivo Histórico de Estado do Ministério das Relações Exteriores.

SEITENFUS, R. *O Brasil vai à guerra*: o processo de envolvimento brasileiro na Segunda Guerra Mundial. 3.ed. Barueri: Manole, 2003.

_____. *Relações Internacionais*. Barueri: Manole, 2004.

SEIXAS CORRÊA, L. F. Diplomacia e história: política externa e identidade nacional brasileira. *Política Externa*, v.9, n.1.

SHUMWAY, N. *A invenção da Argentina*. História de uma ideia. Tradução de: Sérgio Bath e Mário Hilga. Brasília: UnB, 2008.

SOUZA, A. de. *A agenda internacional do Brasil*: a política externa brasileira de FHC a Lula. Rio de Janeiro: Campus/CEBRI, 2009.

TIBILETI, L. Entrevista concedida à autora. Buenos Aires: out. 2006.

UGARTE, J. M. Entrevista concedida à autora. Buenos Aires: Congreso de La Nación, out. 2006.

VAZ, A. da C. O governo Lula. Uma nova política exterior? *Nueva Sociedad: Anuario Social y Político de América Latina y el Caribe*, Caracas, 2003.

VIGEVANI, T.; OLIVEIRA, M. F.; CINTRA, R. Política externa no período FHC: a busca da autonomia pela integração. *Tempo Social: Revista de Sociologia da USP*, São Paulo, v.15, n.2, p.31-61, nov. 2003.

WEINER, M.; SAMUELS, R. J. (ed.). *The Political Culture of Foreign Area and International Studies*: Essays in Honor of Lucian W. Pye. Potomac Books, 1992.

WENDT, A. *Social Theory of International Politics*. Cambridge: Cambridge University Press, 1999.

WINAND, E. C. A. *A segurança internacional na política externa do Brasil*: idas e vindas no processo de construção e consolidação da confiança mútua com a Argentina (1985-1994). Franca, 2006. Dissertação (Mestrado em História) – Universidade Estadual Paulista "Júlio de Mesquita Filho".

SOBRE O LIVRO

Formato: 14 × 21 cm
Mancha: 23 × 38 paicas
Tipologia: Adobe Caslon Pro 10,5/14
Papel: Off-white 80 g/m² (miolo)
Cartão Supremo 250 g/m² (capa)

1ª edição: 2016

EQUIPE DE REALIZAÇÃO

Edição de texto
Marina Ruivo (Copidesque)
Carmen T. S. Costa (Revisão)

Capa
Estúdio Bogari

Editoração eletrônica
Sergio Gzeschnik (Diagramação)

Assistência editorial
Alberto Bononi
Jennifer Rangel de França

Impresso por :

Graphium
gráfica e editora

Tel.:11 2769-9056